Das
Gesetz über Kapitalabfindung an Stelle von Kriegsversorgung
(Kapitalabfindungsgesetz — KAG.)
vom 3. Juli 1916

(RGBl. S. 680 ff.)

mit Erläuterungen, den Ausführungsbestimmungen des Bundesrats, den Anweisungen der Landeszentralbehörden **Preußens, Bayerns, Sachsens, Württembergs und Badens** und den sonstigen einschlägigen Vorschriften

herausgegeben von

Dr. Friedrich Koppmann,

Intendanturassessor a. K., Hilfsreferent im K. bayer. Kriegsministerium.

1917

München, Berlin und Leipzig

J. Schweitzer Verlag (Arthur Sellier).

Dr. F. P. Datterer & Cie. (Inh. Arthur Sellier) München und Freising.

Vorwort.

Mit dem vorliegenden Werkchen ist in erster Linie beabsichtigt, allen Militär- und Zivilbehörden, die sich mit dem Vollzuge des Gesetzes über Kapitalabfindung an Stelle von Kriegsversorgung (Kapitalabfindungsgesetz) zu befassen haben, ein Hilfsmittel an die Hand zu geben, vermöge dessen ihnen ein Eindringen in den Geist des Gesetzes und dessen Anwendung erleichtert werden soll.

Auch dürfte es ein vielleicht nicht unwillkommener Ratgeber für die Kriegsbeschädigten und Kriegerwitwen sein.

Ausgehend von der Erwägung, daß ein Gesetz nur auf Grund seiner *Entstehungsgeschichte* richtig verstanden werden kann, erschien es angezeigt, die Auslegungsbehelfe wie die Begründung zum Gesetzentwurfe und die Reichstagsverhandlungen, insbesondere jene der Reichstagskommission, *eingehend* heranzuziehen.

Durch den Abdruck aller einschlägigen wichtigeren Gesetze, Verordnungen usw. dürfte ein Nachschlagen in anderen Werken meistenteils vermieden werden und dadurch das Büchlein für die Praxis wertvoller erscheinen lassen.

Möge es seinen Zweck erfüllen!

München, im *Dezember* 1916.

Der Verfasser.

Abkürzungen.

ABBl.	= Armee-Verordnungsblatt des preuß. Kriegsministeriums.
AusfBest. d. Bundesrats	= Bekanntmachung des Bundesrats betr. Ausführungsbestimmungen zum Kapitalabfindungsgesetz vom 8. Juli 1916 (RGBl. S. 684).
Anweis.	= Ausführungsanweisung zum Kapitalabfindungsgesetz der verschiedenen Bundesstaaten.
Begründung	= Begründung zum Entwurfe eines Gesetzes über Kapitalabfindung.
BGB	= Bürgerliches Gesetzbuch.
EBGB.	= Einführungsgesetz zum BGB.
ZPO.	= Zivilprozeßordnung für das Deutsche Reich.
GBO.	= Grundbuchordnung.
Kommissionsbericht	= Bericht der Kommission über den Entwurf eines Gesetzes über Kapitalabfindung.
KAG.	= Kapitalabfindungsgesetz.

Martineck	=	Das Gesetz über Kapitalabfindung an Stelle von Kriegsversorgung (KAG.) in sozialmedizinischer Beleuchtung, Jena 1916.
MVG.	=	Mannschaftsversorgungsgesetz 1906.
MHG.	=	Militärhinterbliebenengesetz 1907.
RGBl.	=	Reichsgesetzblatt.
Reichstagsverhandlungen	=	stenogr. Berichte des Reichstags 13. Legislaturperiode, II. Session, 1914/16.
MVBl.	=	Militär-Verordnungsblatt.
Vorl. Anw. d. pr. KrM.	=	Vorläufige Anweisung des preuß. Kriegsministeriums zum KAG.

Inhaltsverzeichnis.

Einleitung.

I.

„In allen Teilen des deutschen Landes von der Wasserkante bis zu den Alpen ist doch nun einmal das eigene Heim der Inbegriff alles Schönen und Erhebenden. Es ist eine Quelle der Kraft und, wie wir für den Frieden hoffen wollen, ein Hort ruhigen Glückes."

Mit diesen echt deutschen Worten hatte der preußische Kriegsminister Seine Exzellenz Generalleutnant Wild von Hohenborn im Reichstage den Gesetzentwurf über Kapitalabfindung an Stelle von Kriegsversorgung (Kapitalabfindungsgesetz) eingeführt. Er hat damit ebenso kurz als trefflich den Zweck des Kapitalabfindungsgesetzes, allen kriegsbeschädigten Kriegsteilnehmern und den Witwen derer, die ihre Treue für das deutsche Vaterland mit dem Tode besiegelt haben, den Erwerb oder die wirtschaftliche Stärkung eigenen Grundbesitzes zu ermöglichen, gekennzeichnet.

Darüber hinaus aber kommt dem Kapitalabfindungsgesetze eine hochwichtige vaterländische, sozialpolitische Bedeutung zu.

Die Zukunft eines Volkes beruht von jeher wesentlich auf der Zahl seiner selbständigen, bodenständigen Glieder.

Die Liebe zur Heimat, zum Vaterlande, zum ererbten Besitz, der nicht nur ein Vermögensstück oder eine Ware, sondern eben „die" Heimat, die Basis des Familienlebens und der wirtschaftlichen wie ethischen Betätigung ist, muß notwendigerweise mit der Lossagung von der eigenen Scholle schwinden.

Ein Volk, dessen Bauernstand immer mehr zurückgeht, das dem unheilvollen Zuge vom Lande in die Stadt folgt, bewegt sich in absteigender Richtung. Denn der Bauer ist es, wie Heinrich Riehl in seinem Büchlein „Wege und Stege" treffend bemerkt, dessen Arm die Schlachten schlägt, und zwar nicht nur, wie der gegenwärtige Krieg zeigt, mit der Waffe, sondern auch mit dem Pfluge. Mehr denn je wird es in Zukunft darauf ankommen, daß das deutsche Volk sich unabhängig vom Auslande durch eigene Beschaffung der Bodenerzeugnisse und seines Viehstandes erhält; und dazu bedarf es eines zahlreichen und gesunden Bauernstandes.

Gewiß kann ein großes Volk nicht nur aus Landwirtschaft treibenden Personen bestehen, es bedarf auch der Handwerker, Arbeiter, Kaufleute, Beamten und der geistigen Berufe usw., die alle ihre Tätigkeit nach zum erheblichen Teile in Städten mit ihren engen Häusern und Straßen leben müssen. All die großen Probleme der Gegenwart, wie Bevölkerungszu- und abnahme, die Hebung der Gesundheit und Verminderung der Sterblichkeit, die Bekämpfung der Arbeitslosigkeit, die Förderung des in den Städten im argen liegenden Wohnungswesens und der sittlichen Moral werden eine Lösung finden können, wenn es gelingt, die Stadtbevölkerung hinauszuführen auf das Land.

Diesen Bestrebungen dient die allerorten einsetzende Heimstättenbewegung. In der nächsten oder weiteren Umgebung der Stadt soll der Städter eine Siedelung erwerben können, ein Häuschen mit einem Gärtchen, das er sein Eigen nennen darf, das er allein mit seiner Familie bewohnt; hier sind die Bedingungen zu gesunder und sittlicher Erziehung des Menschen gegeben, hier kann jede Familie ein Nahrungsmittelproduzent, zum mindesten für den eigenen Bedarf werden.

Nicht mehr in engen Mietkasernen soll der Fabrikarbeiter usw. hausen, sondern im eigenen Heim in frischer Landluft, hier kann er im Kreise seiner Familie seine freien Stunden, seine freien Feiertage, ferne vom Wirtshausleben, als freier Mann verbringen, hier braucht er nicht, wie bei den teuren Mietwohnungen an die volkswirtschaftlich so zu verurteilende Einschränkung seiner Kinderzahl denken.

So erweist sich also die Kapitalabfindung nicht nur für die Kriegsteilnehmer und ihre Angehörigen, sondern auch für den Staat, die Gesellschaft und die Volkswirtschaft als außerordentlich wichtig.

II.

Bereits im Mai 1915 war auf Grund Kommissionsbeschlusses des Reichstags (Nr. 75 der Drucksachen) dem Reichskanzler vom Reichstage ein Antrag zur Berücksichtigung überwiesen worden, der den Vorschlag machte, an Stelle der Teilrente mit dem Einverständnisse der Rentenempfänger eine Abfindungssumme zu gewähren, falls mit ziemlicher Sicherheit festgestellt werden könne, daß die beschränkte Erwerbsfähigkeit im Laufe der Zeit keine wesentliche Veränderung erfahren werde und die Persönlichkeit sowie die Sachlage die Gewähr dafür gebe, daß die Abfindungssumme wirklich zur Erringung einer selbständigen Existenz benutzt werde.

Diese Anregung wurde im August 1915 in etwas eingeschränkter Form von der Budgetkommission des Reichstags wiederholt angenommen und schließlich auch vom Reichstage genehmigt, indem dieser die Resolution vom 26. August 1915 annahm:

„Den Herrn Reichskanzler zu ersuchen, baldigst einen Gesetzentwurf vorzulegen, durch welchen die Ansiedelung von Kriegsbeschädigten und Kriegerwitwen auf eigener Scholle mit Hilfe der Kapitalisierung eines Teiles der diesen zustehenden Bezüge herbeigeführt werden kann.“

(Stenographischer Bericht 1915, Seite 382.)

Diesem Wunsche kamen die verbündeten Regierungen bereits zu Anfang des Jahres 1916 nach, indem sie den Entwurf eines Gesetzes über Kapitalabfindung an Stelle von Kriegsversorgung (Kapitalabfindungsgesetz) unterm 31. März 1916 (Nr. 253 der Reichstagsdrucksachen — abgeändert) vorlegten. Der Gesetzentwurf ging über die Reichstagsresolution hinaus, indem durch ihn auch die Möglichkeit gegeben wurde, eine städtische Heimstätte zu erwerben und schon vorhandenen Besitz zu erhalten und zu stärken.

Schon am 10. April 1916 gelangte der Entwurf in erster Lesung in der 43. Plenarsitzung des Reichstags (Verhandlungen 1916 Seite 956—967) zur Beratung und wurde dortselbst an die Budgetkommission verwiesen.

In dieser Kommission wurde er in 2 Lesungen eingehend beraten und nicht unerheblichen Änderungen unterzogen (Nr. 350 der Reichstagsdrucksachen: Bericht der Kommission für den Reichshaushaltsetat).

Am 3. Juni 1916 wurde der Gesetzentwurf in der 58. Plenarsitzung des Reichstags (Verhandlungen 1916 Seite 1463—1468) in 2. und daran anschließend sofort in 3. Lesung angenommen.

Er erhielt unterm 3. Juli 1916 die kaiserliche Bestätigung, wurde als Gesetz im Reichsgesetzblatte vom 11. Juli 1916 Nr. 154 Seite 680—684 amtlich verkündet und erhielt am 25. Juli 1916 Gesetzeskraft (Art. 2 der Reichsverfassung).

III.

Das Kapitalabfindungsgesetz ist auf dem Grundsatze der Kapitalisierung der nach dem Mannschaftsversorgungsgesetze und, soweit Witwen der Unterklassen in Betracht kommen, der nach dem Militärhinterbliebenengesetze gewährten Renten aufgebaut.

Die Kapitalisierung der Rente beruht auf folgendem, von dem Oberregierungsrat Alfred Mayer in Frankfurt a. O. vorgeschlagenen Prinzip:

Die Kapitalisierung der Rente ist eine Umkehrung des Leibrentensystems. So gut man sich gegen Hingabe eines Kapitals bei einer Leibrentenversicherungsanstalt eine Leibrente kaufen kann, so gut muß sich umgekehrt durch die Hingabe einer lebenslänglichen Leibrente — wie die Rente der Kriegsbeschädigten und der Witwen — an eine Gesellschaft jederzeit ein flüssiges Kapital beschaffen lassen.

Die Höhe dieses Kapitals wird sich nach dem Lebensalter, dem Gesundheitszustande und der beruflichen Tätigkeit des Leibrentenempfängers richten; das Kapital muß umso höher sein, je jünger der Rentenempfänger ist und wenn ein gesunder Beruf und geordnete, ruhige und sorgenfreie Lebensverhältnisse, wie sie die Beschäftigung mit der Landwirtschaft bietet, im wesentlichen eine gewisse Langlebigkeit verbürgt.

Unter diesen Gesichtspunkten betrachtet, erscheint die Kapitalisierung einer Rente ein ebenso sicheres Geschäft, wie der Verkauf einer Leibrente. Fälle früheren Todes einiger Versicherter werden durch die Langlebigkeit Anderer wieder ausgeglichen. Bei der Umkehrung des Leibrentenprinzips ergibt sich auch die Tatsache, daß derjenige, der früher stirbt, auf Kosten der länger Lebenden mehr Kapital erhält, als ihm seine einfache Rente gegeben hätte.

Das Kapitalabfindungsgesetz hat die erstmalige Möglichkeit der Abfindung an die Vollendung des 21. Lebensjahres des Rentenempfängers geknüpft; Von diesem Zeitpunkte an (siehe § 2 Ziff. 1) bis zum noch nicht zurückgelegten 55. Lebensjahr kann nach Maßgabe einer in § 5 niedergelegten Skala ein Vielfaches der Versorgungsgebührnisse bezahlt werden. Beim 21. Lebensjahr ist das 18½fache, beim 55. Lebensjahr das 8¼fache des Jahresbetrages der betreffenden Versorgungsgebührnisse errechnet. Der Berechnung der Abfindungssumme ist ein Zinsfuß von 4% zugrunde gelegt.

Nur ausnahmsweise kann auch über das 55. Lebensjahr hinaus eine entsprechende Abfindung gewährt werden. (§ 2 Ziff. 1 2. Halbsatz.)

Kapitalabfindung können **folgende Personen erhalten:**

a) alle Unteroffiziere und Mannschaften des deutschen Heeres, der Marine, der Schutztruppen, sowie die auf dem Kriegsschauplatz verwendeten Personen der freiwilligen Krankenpflege, die aus Anlaß des gegenwärtigen Krieges eine Dienstbeschädigung erlitten haben und deshalb auf Grund des Mannschaftsversorgungsgesetzes vom 31. Mai 1906 einen Anspruch auf Kriegsversorgung haben;

b) die Witwen aller Militärpersonen der Unterklassen und der auf dem Kriegsschauplatz verwendeten Personen der freiwilligen Krankenpflege, die im Kriege geblieben oder infolge Kriegsverwundung gestorben sind oder die eine sonstige Kriegsdienstbeschädigung erlitten haben und an deren Folgen gestorben sind, wenn der Tod vor Ablauf von zehn Jahren nach Friedensschluß oder in Ermangelung eines solchen zehn Jahre nach Kriegsbeendigung eingetreten ist, mit der Maßgabe, daß der Lauf der Frist mit dem Schlusse des Jahres beginnt, in welchem der Krieg beendet worden ist. (§ 1 Abs. 1).

Neben dem bereits erwähnten **Lebensalter** ist die Bewilligung der Kapitalabfindung an folgende **Voraussetzungen** geknüpft:

1. Der Versorgungsanspruch (Militärrente, Kriegswitwengeld) muß anerkannt sein.

2. Es darf nicht anzunehmen sein, daß der Versorgungsgrund später wegfällt, d. h. die Erwerbsunfähigkeit darf nicht unter zehn vom Hundert herabsinken.

3. Für eine nützliche Verwendung des Geldes muß Gewähr bestehen. (§ 2 Ziff. 1 mit 4.)

Der Umfang der Kapitalabfindung ist in § 3 bestimmt. Hienach werden von der Kapitalabfindung, soweit **Kriegsrentenempfänger** in Betracht kommen, **nur**

1. die **Kriegszulage** (§ 14 MVG.),
2. die **Verstümmelungszulage** (§ 13 MVG.),
3. die **Tropenzulage** (§§ 67 u. 69 MVG., diese aber **nur** bis zur Höhe der Kriegszulage [180 ℳ])

umfaßt, während die eigentliche Militärrente u. die übrigen Nebenrenten nicht durch Zahlung eines Kapitals abgefunden werden können. Kriegszulage und Verstümmelungszulage können nebeneinander kapitalisiert werden.

Bei den **Kriegswitwen** wird nur ein **Teil** der ihnen nach dem Militärhinterbliebenengesetze vom 17. Mai 1907 (§ 20) zustehenden Bezüge kapitalisiert und zwar die Bezüge für die Witwe eines Feldwebels, Vizefeldwebels, Sergeanten mit der Löhnung eines Vizefeldwebels oder eines Zugführers der freiwilligen Kriegskrankenpflege bis zur Höhe von 300 ℳ,

für die Witwe eines Sergeanten, Unteroffiziers, Zugführerstellvertreters oder Sektionsführers der freiwilligen Kriegskrankenpflege bis zur Höhe von 250 ℳ, für die Witwe eines Gemeinen, oder einer jeden anderen Person des Unterpersonals der freiwilligen Kriegskrankenpflege bis zur Höhe von 200 M.

Die Abfindung kann auf einen Teilbetrag der Versorgungsgebührnisse der Kriegsrentenempfänger und Kriegswitwen beschränkt werden (§ 3 Abs. 2).

Anlangend die **Verwendung der Kapitalabfindung**, so kann diese entweder zum **Erwerbe** oder zur **Festigung eigenen Grundbesitzes** gewährt werden (§ 1).

Die Begründung zum Gesetze sagt, daß die Ansiedelung und Seßhaftmachung im Sinne des Kapitalabfindungsgesetzes nicht nur den Erwerb oder die Gründung **landwirtschaftlicher oder gärtnerischer Betriebe**, sondern auch das **städtische Heimstättenwesen** umfassen soll. Das erstere wird vornehmlich für Angehörige landwirtschaftlicher, das letztere für Angehörige aller Berufe in Betracht kommen. Auf die Besitzform, unter welcher der Abfindungsberechtigte den Grundbesitz erwirbt, kommt es nicht an, vielmehr sollen unter die Bestimmung des § 1 auch die Form des Rentengutes, der Erbpacht und des Erbbaurechtes sowie diejenigen Besitzformen fallen, die für die Befestigung kleinerer landwirtschaftlicher oder gärtnerischer Besitzungen landgesetzlich bestehen oder künftig geschaffen werden.

Ebenso wird der Grunderwerb durch Beitritt zu einer gemeinnützigen Bau- oder Wohnungsgenossenschaft als genügend erachtet (§ 1 Abs. 2).

Unter wirtschaftlicher Stärkung eigenen Grundbesitzes sollen alle Maßnahmen verstanden werden, die geeignet sind, einen vorhandenen Besitz und die Gelegenheit zu ländlicher Arbeit nicht nur den zu Versorgenden selbst, sondern auch ihren Angehörigen zu erhalten und zu stärken. Dazu sind zu rechnen: die Abstoßung von Schulden oder die sonstige Verbesserung der Schuldverhältnisse, der Aufbau oder Wiederherstellung von Gebäuden, die Vergrößerung zu kleinen Besitzes, die Vervollständigung landwirtschaftlichen Inventars. Die gleichen Gesichtspunkte kommen auch für die Witwen in Betracht. Zahlreiche Witwen gefallener Landwirte, von Kleinbauern und ländlichen Arbeitern, sind ohne Gewährung eines entsprechenden Kapitals zur Entschuldung oder zur Erhaltung des Besitzes nicht mehr imstande und würden gezwungen sein, ihren Besitz aufzugeben. Die **bestimmungsgemäße Verwendung** ist durch die **Form** der Auszahlung der Abfindungssumme **und** in der Regel **durch** Maßnahmen zur Verhinderung alsbaldiger Weiterveräußerung des Grundstücks oder des an ihm bestehenden Rechtes zu **sichern**. In welcher Weise dies zu geschehen hat, ist Sache der obersten Militärverwaltungsbehörde. Dieser ist insbesondere die Befugnis eingeräumt, auf die Dauer von nicht über 2 Jahren auf dem durch die Kapitalabfindung erworbenen Grundstücke eine Veräußerungs- und Belastungsbeschränkung eintragen zu lassen, die mit der Eintragung im Grundbuche wirksam wird (§ 6).

Mit der Auszahlung der Abfindungssumme **erlöschen** die Ansprüche auf die der Kapitalabfindung zugrunde gelegten Versorgungsgebührnisse **endgültig**, und zwar mit dem Ersten des auf die Auszahlung folgenden Monats (§ 4 Abs. 2).

Allerdings **kann** dieser erloschene Anspruch in gewissen Fällen **wieder aufleben** (§ 10) und zwar:

1. Wenn im Falle der **nicht bestimmungsgemäßen Verwendung** der Abfindungssumme innerhalb einer von der obersten Militärverwaltungsbehörde be-

stimmten Frist die Militärbehörde die **Zurückzahlung** des Abfindungskapitals verlangt (§ 7);

ferner:

2. wenn die Zurückzahlung **wegen Vereitelung des Kapitalabfindungszweckes** gefordert wird (§ 8 Abs. 1);

3. wenn dem Abgefundenen auf dessen **Antrag** die durch die Kapitalabfindung erloschenen Gebührnisse gegen Rückzahlung der Abfindungssumme wieder bewilligt werden, weil er das Grundstück zur Erlangung einer **anderen Erwerbsmöglichkeit weiterveräußert** oder wenn andere **wichtige** Gründe vorliegen (§ 9 Abs. 1).

Besondere Bestimmungen sieht das Gesetz (§ 11) für den Fall der **Wiederverheiratung** der Kriegerwitwe vor.

Hier ist binnen 3 Monaten nach erfolgter Eheschließung die Abfindungssumme insoweit **zurückzuzahlen**, als sie den Gesamtbetrag der bei ihrer Festsetzung berücksichtigten und bis zu ihrer Wiederverheiratung fällig gewesenen Versorgungsgebührnisse übersteigt.

Um aber eine sich wieder verehelichende Witwe nicht in finanzielle Schwierigkeiten zu bringen, wird ihr abweichend von § 30 Militärhinterbliebenengesetzes der **dreifache** Betrag desjenigen Versorgungsteiles belassen, der der Kapitalabfindung zugrunde gelegt ist: überdies kommt jener Betrag von der zurückzuzahlenden Summe in Abzug, den die Witwe an **fortlaufenden** Versorgungsgebührnissen bis zur Wiederverheiratung an Stelle der Kapitalabfindung erhalten hätte.

Auf Antrag kann beim Vorliegen **besonderer** Umstände von der Rückzahlung ganz oder teilweise abgesehen werden.

Zur **Sicherung** der **Rückzahlung** der Abfindungssumme kann in den unter 1 und 2 aufgezählten Fällen die Eintragung einer **Sicherungshypothek**, im Falle der Wiederverehelichung der Witwe eine **Sicherungshypothek oder eine andere Sicherheit** verlangt werden (§§ 8 Abs. 2, 11 Abs. 2).

Verlangt die oberste Militärverwaltungsbehörde die Rückzahlung der Abfindungssumme, so beschränkt sich die Verpflichtung zur Rückzahlung auf den Betrag, auf den die Abfindungssumme festzusetzen gewesen wäre, wenn der Abgefundene den Antrag auf Kapitalabfindung im Falle des § 8 Abs. 1 (Vereitelung des Abfindungszweckes) im Zeitpunkte der **Rückforderung**, im Falle des § 9 Abs. 1 im Zeitpunkte der **Rückzahlung** gestellt hätte (§§ 8 Abs. 3, 9 Abs. 2).

Das Kapitalabfindungsgesetz ist nicht auf der sogenannten Mußvorschrift, sondern auf der sogenannten **Kannvorschrift** aufgebaut. Demzufolge hat die oberste Militärverwaltungsbehörde nur das Recht (§ 1), eine Kapitalabfindung zu bewilligen, sie kann eine solche verweigern, wenn sie zu der Überzeugung gelangt, daß die Abfindung dem Rentenempfänger nicht zum Vorteile gereichen würde.

Der Versorgungsberechtigte hat daher **keinen klagbaren** Anspruch auf Bewilligung der Kapitalabfindung, nicht einmal aus der Bewilligung selbst kann auf Auszahlung geklagt werden (§ 12). Infolgedessen können auch Gläubiger des Berechtigten den Anspruch auf Auszahlung nicht pfänden.

Innerhalb der für die bestimmungsgemäße Verwendung der Abfindungssumme gesetzten Frist (§ 7) ist ein der Abfindungssumme gleichkommender Betrag an Geld, Wertpapieren und Forderungen auch **nach** der Auszahlung der Summe der Pfändung entzogen (§ 12 Abs. 2).

IV.

Über den **Antrag auf Kapitalabfindung** entscheidet **die oberste Militärverwaltungsbehörde** (§ 1 Abs. 3).

Als solche gilt für das Heer das Kriegsministerium des Kontingents (Preußen, Bayern, Sachsen, Württemberg), für die kaiserliche Marine das Reichsmarineamt und für die kaiserlichen Schutztruppen das Reichskolonialamt.

Das bei Kapitalabfindungsanträgen einzuhaltende **Verfahren** regelt die Bekanntmachung des Reichskanzlers vom 8. Juli 1916 betreffend Ausführungsbestimmungen des Bundesrates zum Gesetz über Kapitalabfindung an Stelle von Kriegsversorgung (Kapitalabfindungsgesetz) RGBl. 1916 Nr. 154 S. 684—689.

Das Verfahren gestaltet sich im wesentlichen in Kürze folgendermaßen:

Der Antrag auf Kapitalabfindung ist seitens der Rentenempfänger bei dem Bezirksfeldwebel, von den Witwen bei der Ortspolizeibehörde anzubringen.

Das Bezirkskommando veranlaßt die ärztliche Untersuchung des Antragstellers zwecks Feststellung, ob vom ärztlichen Standpunkte aus Bedenken gegen die Gewährung der Kapitalabfindung bestehen. Es obliegt dem Bezirkskommando die Prüfung, ob die Voraussetzungen des § 2 Nr. 1 bis 3 KAG. gegeben sind.

Das Bezirkskommando legt alsdann den Antrag dem Generalkommando vor; erachtet dieses auf Grund selbständiger Nachprüfung die Voraussetzungen des § 2 Nr. 1 bis 3 KAG. für gegeben, so bescheidet es den Antragsteller und gibt zugleich an, bis zu welcher Höhe im Falle nachgewiesener nützlicher Verwendung die Kapitalabfindung gewährt werden könnte und wohin er sich wegen der weiteren Behandlung seines Antrages zu wenden hat. Diese Stelle ist die Landeszentralbehörde oder die von ihr bestimmte Behörde. Diese prüft, ob die nützliche Verwendung der Kapitalabfindung vorliegt. Die Prüfung erstreckt sich auf die gesamten Familien- und Vermögensverhältnisse, auf die beabsichtigte Verwendung und auf die hiezu erforderliche Höhe des Betrags.

Auf Grund dieser Ermittelungen und der gutachtlichen Äußerung der Landeszentralbehörde trifft die oberste Militärverwaltungsbehörde die endgültige Entscheidung.

In dem Bewilligungsbescheide wird die Höhe der Abfindung, der Verwendungszweck und der Empfangsberechtigte angegeben, eine nach Lage des Falles zu bemessende Frist für den Nachweis der Verwendung des Betrages festgesetzt, die Anordnung besonderer Sicherungsmaßnahmen getroffen und auf die Rechtsfolgen des § 8 (Vereitelung des Abfindungszweckes) hingewiesen.

Der Landeszentralbehörde obliegt die Überwachung der nützlichen Verwendung.

Hält die oberste Militärverwaltungsbehörde eine nützliche Verwendung des Geldes nicht für gewährleistet, so erhält der Antragsteller vor der Entscheidung schriftlich Kenntnis von den Gründen und hiemit Gelegenheit zur Äußerung (§ 2 Abs. 2).

Zum Kapitalabfindungsgesetze und den Ausführungsvorschriften des Bundesrats hiezu sind in den einzelnen Bundesstaaten Vollzugsvorschriften ergangen, so für Preußen die vorläufigen Anweisungen des Kriegsministeriums vom 26. Juli 1916 (AVBl. 1916 S. 320), und die Ausführungsanweisungen vom 29. September 1915, für Bayern die Ausführungsanweisungen des Staatsministeriums des Innern v. 6. Dezember 1916, bayer. Staatsanzeiger 1916 Nr. 286 2. Blatt und

VBl. d. bayer. KM. 1916 S. 1099 und die Anweisungen des bayer. Kriegsministeriums vom 15. Dezember 1916 VBl. S. 1097 ff., für Württemberg die Anweisungen vom 8. August 1916 und 10. August 1916 (WürttMilVBl. 1916 S. 427 ff., Württemb. Regierungsblatt 1916 S. 59 ff.), für Sachsen die Anweisungen im MilVBl. 1916 Nr. 49 S. 408 und die Anweisungen des Ministeriums des Innern vom 8. November 1916 (Sächs. Staatszeitung Nr. 261), für Baden die Anweisungen vom 2. Dezember 1916, Ges.- u. VBl. Nr. 101 S. 360 ff., für Mecklenburg-Schwerin Bekanntmachung vom 17. November 1916 (RegBl. Nr. 181 S. 1133), für Oldenburg AusfBekanntmachung vom 8. August 1916 (Oldenburgischer Anzeiger Nr. 188), für Sachsen-Meiningen Bekanntmachung vom 31. Juli 1916 (RegBl. Nr. 123 S. 707), für Sachsen-Koburg-Gotha AusfAnw. vom 26. Oktober 1916 (RegBl. Nr. 93 S. 747), für Anhalt AusfAnw. vom 20. November 1916 (Anhaltischer Staatsanzeiger vom 30. November 1916 Nr. 281), für Sachsen-Weimar Ministerial-Verordnung vom 11. November 1916, Reg.-Bl. Nr. 63 S. 291 ff., für Hamburg Bekanntm. vom 3. August 1916, Amtsbl. der Freien- und Hansastadt Hamburg S. 364, für Elsaß-Lothringen Ausf.-Anw. vom 11. November 1916, Zentral- und Bezirksbl. für Elsaß-Lothringen, Hauptblatt Nr. 49

I.

Gesetz über Kapitalabfindung an Stelle von Kriegsversorgung (Kapitalabfindungsgesetz).

Vom 3. Juli 1916.

(RGBl. S. 680 ff.).

[Siehe auch PrABBl. 1916 S. 295 ff., VBl. d. bayer. KM. 1916 S. 687 ff., SächsMilVBl. 1916 S. 408, Württ.-MilVBl. 1916 S. 391 ff.].

Wir Wilhelm, von Gottes Gnaden Deutscher Kaiser, König von Preußen ꝛc. verordnen im Namen des Reichs, nach erfolgter Zustimmung des Bundesrats und des Reichstags, was folgt:

§ 1. Personen, die aus Anlaß des gegenwärtigen Krieges auf Grund des Mannschaftsversorgungsgesetzes oder des Militärhinterbliebenengesetzes Anspruch auf Kriegsversorgung haben, können auf ihren Antrag zum Erwerb oder zur wirtschaftlichen Stärkung eigenen Grundbesitzes nach Maßgabe der folgenden Vorschriften durch Zahlung eines Kapitals abgefunden werden.

Eine Kapitalabfindung kann auch dann gewährt werden, wenn Versorgungsberechtigte zum Erwerb eigenen Grundbesitzes einem gemeinnützigen Bau- oder Siedlungsunternehmen beitreten wollen.

Über den Antrag entscheidet die oberste Militärverwaltungsbehörde.

§ 2. Eine Kapitalabfindung kann bewilligt werden, wenn

1. die Versorgungsberechtigten das 21. Lebensjahr vollendet und das 55. Lebensjahr noch nicht zurückgelegt haben; ausnahmsweise kann auch nach dem 55. Lebensjahr eine entsprechende Abfindung gewährt werden,
2. der Versorgungsanspruch anerkannt ist,
3. nach Art des Versorgungsgrundes ein späterer Wegfall der Kriegsversorgung nicht zu erwarten ist,
4. für eine nützliche Verwendung des Geldes Gewähr besteht.

Hält die oberste Militärverwaltungsbehörde eine nützliche Verwendung des Geldes nicht für gewährleistet, so ist dem Antragsteller vor der Entscheidung schriftlich Kenntnis von den Gründen und Gelegenheit zur Äußerung zu geben.

§ 3. Die Kapitalabfindung kann umfassen:

Die Kriegszulage (§ 14 des Mannschaftsversorgungsgesetzes vom 31. Mai 1906 — Reichs-Gesetzbl. 1906 S. 593 ff. —), die Verstümmelungszulage (§ 13 des Mannschaftsversorgungsgesetzes vom 31. Mai 1906 — Reichs-Gesetzbl. 1906 S. 593 ff. —) und die Tropenzulage in der Höhe der Kriegszulage (§§ 67 und 69 des Mannschaftsversorgungsgesetzes vom 31. Mai 1906 — Reichs-Gesetzbl. 1906 S. 593 ff. —) sowie die auf Grund des Militärhinterbliebenengesetzes vom 17. Mai 1907 — Reichs-Gesetzbl. 1907 S. 214 ff. — zustehenden Bezüge für die Witwe eines Feldwebels, Vizefeldwebels, Sergeanten mit der Löhnung eines Vizefeldwebels oder eines Zugführers der freiwilligen Kriegskrankenpflege bis zur Höhe von 300 Mark, für die Witwe eines Sergeanten, Unteroffiziers, Zugführerstellvertreters oder Sektionsführers der freiwilligen Kriegskrankenpflege bis zur Höhe von 250 Mark, für die Witwe eines Gemeinen oder einer jeden anderen Person des Unterpersonals der freiwilligen Kriegskrankenpflege bis zur Höhe von 200 Mark.

Die Abfindung kann auf einen Teilbetrag dieser Versorgungsgebührnisse beschränkt werden.

§ 4. Der Berechnung der Abfindungssumme wird das Lebensjahr zugrunde gelegt, das der Antragsteller in demjenigen Jahre, welches auf den Tag der Antragstellung folgt, vollendet.

Der Anspruch auf die Gebührnisse, an deren Stelle die Kapitalabfindung tritt, erlischt mit dem Ersten des auf die Auszahlung der Abfindungssumme folgenden Monats.

§ 5. Als Abfindungssumme ist unter Berücksichtigung des Lebensalters das aus der nachstehenden Lebensstellung ersichtliche Vielfache der Versorgungsgebührnisse zu zahlen, und zwar bei dem

21. Lebensjahre	das	18 1/2	fache,
22. „	„	18 1/4	„
23. „	„	18	„
24. „	„	17 3/4	„
25. „	„	17 1/2	„

26.	Lebensjahre	das	17¼fache,
27.	„	„	17 „
28.	„	„	16¾ „
29.	„	„	16½ „
30.	„	„	16¼ „
31.	„	„	16 „
32.	„	„	15¾ „
33.	„	„	15½ „
34.	„ . . .	„	15¼ „
35.	„ . .	„	15 „
36.	„ .	„	14¾ „
37.	„	„	14½ „
38.	„	„	14¼ „
39.	„	„	14 „
40.	„	„	13¾ „
41.	„	„	13½ „
42.	„	„	13¼ „
43.	„	„	13 „
44.	„	„	12¾ „
45.	„	„	12½ „
46.	„	„	12¼ „
47.	„	„	12 „
48.	„	„	11¾ „
49.	„	„	11¼ „
50.	„	„	10¾ „
51.	„	„	10¼ „
52.	„	„	9¾ „
53.	„	„	9¼ „
54.	„ .	„	8¾ „
55.	„	„	8¼ „

des Jahresbetrags der betreffenden Bezüge oder eines Teiles derselben.

§ 6. Die bestimmungsgemäße Verwendung des Kapitals ist durch die Form der Auszahlung und in der Regel durch Maßnahmen zur Verhinderung alsbaldiger Weiterveräußerung des Grundstücks oder des an ihm bestehenden Rechtes zu sichern. Zu diesem Zwecke kann die oberste Militärverwaltungsbehörde insbesondere anordnen, daß die Weiterveräußerung und Belastung des auf Grund der Kapitalabfindung erworbenen Grundstücks innerhalb einer Frist von nicht über zwei Jahren nur mit ihrer Genehmigung zulässig ist. Diese Anordnung wird mit der Eintragung in das Grundbuch wirksam. Die Eintragung erfolgt auf Ersuchen der obersten Militärverwaltungsbehörde.

§ 7. Die Abfindungssumme ist auf Erfordern insoweit zurückzuzahlen, als sie nicht innerhalb einer von der obersten Militärverwaltungsbehörde bemessenen Frist bestimmungsgemäß verwendet ist.

§ 8. Wird der Zweck der Kapitalabfindung vereitelt, so ist auf Erfordern der obersten Militärverwaltungsbehörde die Abfindungssumme zurückzuzahlen.

Zur Sicherung der Rückzahlung der Abfindungssumme kann die oberste Militärverwaltungsbehörde die Eintragung einer Sicherungshypothek verlangen.

Die Verpflichtung zur Rückzahlung beschränkt sich auf den Betrag, auf den die Abfindungssumme festzusetzen gewesen wäre, wenn der Abgefundene den Antrag auf Kapitalabfindung im Zeitpunkt der Rückforderung gestellt hätte.

§ 9. Dem Abgefundenen können auf Antrag die durch die Kapitalabfindung erloschenen Gebührnisse gegen Rückzahlung der Abfindungssumme wieder bewilligt werden, wenn er zur Erlangung einer anderen Erwerbsmöglichkeit das Grundstück weiterveräußert oder wenn andere wichtige Gründe vorliegen.

Die Vorschrift des § 8 Abs. 3 findet entsprechende Anwendung; der Berechnung ist der Zeitpunkt der Rückzahlung zugrunde zu legen.

§ 10. Der nach § 4 Abs. 2 erloschene Anspruch lebt mit Wirkung vom Ersten des Monats wieder auf, in dem die Abfindungssumme zurückgezahlt ist.

§ 11. Schließt eine abgefundene Witwe eine weitere Ehe, so ist die Abfindungssumme binnen drei Monaten nach der Eheschließung insoweit zurückzuzahlen, als sie den Gesamtbetrag der bei ihrer Festsetzung berücksichtigten und bis zu ihrer Wiederverheiratung fällig gewesenen Versorgungsgebührnisse übersteigt. Von dem hiernach zurückzuzahlenden Betrag ist der Witwe der dreifache Betrag desjenigen Versorgungsteils zu belassen, welcher der Kapitalabfindung zugrunde gelegt ist.

Zur Sicherung der Rückzahlung kann die Eintragung einer Sicherungshypothek oder eine andere Sicherheit verlangt werden.

Liegen besondere Umstände vor, so kann von der Rückzahlung ganz oder teilweise abgesehen werden.

§ 12. Aus der Bewilligung der Abfindung kann nicht auf Auszahlung geklagt werden.

Innerhalb der im § 7 vorgesehenen Frist ist ein der ausgezahlten Abfindungssumme gleichkommender Betrag an Geld, Wertpapieren und Forderungen der Pfändung nicht unterworfen.

Urkundlich unter Unserer Höchsteigenhändigen Unterschrift und beigedrucktem Kaiserlichen Insiegel.

Gegeben Großes Hauptquartier, den 3. Juli 1916.

(Siegel) **Wilhelm**

Dr. Helfferich

II.

Erläuterungen zu dem Gesetze über Kapitalabfindung an Stelle von Kriegsversorgung (Kapitalabfindungsgesetz).

Vom 3. Juli 1916.

(RGBl. S. 680 ff.).

§ 1.

Personen, die aus Anlaß des gegenwärtigen Krieges auf Grund des Mannschaftsversorgungsgesetzes oder des Militärhinterbliebenengesetzes Anspruch auf Kriegsversorgung haben, können auf ihren Antrag zum Erwerb oder zur wirtschaftlichen Stärkung eigenen Grundbesitzes nach Maßgabe der folgenden Vorschriften durch Zahlung eines Kapitals abgefunden werden.

Eine Kapitalabfindung kann auch dann gewährt werden, wenn Versorgungsberechtigte zum Erwerb eigenen Grundbesitzes einem gemeinnützigen Bau- oder Siedlungsunternehmen beitreten wollen.

Über den Antrag entscheidet die oberste Militärverwaltungsbehörde.

1. Aus der Fassung des § 1 ergibt sich, daß die Vorschriften dieses Gesetzes auf die seit dem 1. August

1914 mit Kriegsversorgung aus dem aktiven Heeresdienst entlassenen Personen sowie die seit jenem Zeitpunkt kriegsversorgungsberechtigt gewordenen Witwen Anwendung finden sollen (Begründung zu § 1 S. 5). Personen, die vor dem 1. August 1914 an kriegerischen Unternehmungen des Deutschen Reiches teilgenommen haben, z. B. an der Chinaexpedition 1900/01, und deren Witwen fallen demnach nicht unter die Bestimmungen des KAG.

Wer als Teilnehmer an dem **„gegenwärtigen Kriege"** anzusehen ist, bestimmt auf Grund des § 17 OPG. und § 7 MVG. die kaiserl. Verordnung vom 7. September 1915 (PrAVBl. 1915 S. 419, VBl. des bayer. KM. 1915 Nr. 52 S. 873/74, MarineVBl. 1915 S. 300, RGBl. 1915 S. 599, Württ. MilVBl. 1915 S. 582, SächsMilVBl. 1915 S. 452).

Hienach gelten als Teilnehmer an dem gegenwärtigen Kriege:

1. Die Angehörigen des deutschen Heeres, der Marine, der Schutz- und Polizeitruppen in den Schutzgebieten, die während des Krieges an einer Schlacht, einem Gefecht, einem Stellungskampf oder an einer Belagerung teilgenommen haben, gleichgültig, ob diese Teilnahme bei den deutschen oder den Streitkräften eines mit dem Deutschen Reiche verbündeten oder befreundeten Staates erfolgt ist.

2. Die Angehörigen des deutschen Heeres, der Marine, der Schutz- und Polizeitruppen, die, ohne vor den Feind gekommen zu sein (Ziff. 1), sich während des Krieges aus dienstlichem Anlaß mindestens 2 Monate im Kriegsgebiete aufgehalten haben.

Als Kriegsgebiet sind anzusehen:

a) Das Gebiet der Staaten, mit denen das Deutsche Reich und die mit ihm verbündeten oder befreundeten Staaten sich im Kriege befinden, einschließlich der Kolonien dieser Staaten, und Luxemburg,

b) sämtliche deutschen Schutzgebiete,

c) die Gebietsteile des Deutschen Reiches und der mit ihm befreundeten oder verbündeten Staaten, soweit in ihnen kriegerische Operationen stattgefunden haben,

d) das gesamte Meeresgebiet und

e) das Küstengebiet,

soweit sie vom Feinde gefährdet sind.

In zweifelhaften Fällen entscheidet darüber, ob die Voraussetzungen zu c gegeben sind, die oberste Militärverwaltungsbehörde des Heeres, ob sie zu d u. e vorliegen, die oberste Marineverwaltungsbehörde. Diese bestimmt auch, bis zu welchen Grenzen Einbuchtungen und Häfen als Meeresgebiet anzusehen sind:

2. Der **Kreis** der für das Kapitalabfindungsgesetz in Betracht kommenden Personen bestimmt sich durch das Recht auf Kriegsversorgung nach dem Mannschaftsversorgungsgesetze 1906.

Insoweit diese Personen berechtigt sein würden, kommen auch deren Witwen für die Abfindung in Betracht (Begründung S. 4).

Neben den Waisen (§ 21 MHG.) und den Eltern (§ 22 MHG.) von Kriegsteilnehmern findet das Kapitalabfindungsgesetz auf die nach dem Offizierspensionsgesetz 1906 rentenberechtigten Personen keine Anwendung. In der Reichstagskommission wurde ein Antrag auf Ausdehnung des KAG. auf die Offiziere eingebracht. Er wurde aber wieder zurückgezogen, nachdem regierungsseitig die Erklärung abgegeben wurde, daß über diese Frage bereits seit längerer Zeit Erwägungen im Gange seien; in das vorliegende Gesetz hätte man die Abfindung für Offiziere nicht hineinzubringen vermocht, man hätte zwei Gesetze und eine besondere Skala machen müssen; die Pensionsverhältnisse der Offiziere seien auf ganz anderen Grundlagen aufgebaut, als die der Mannschaften und vor allem stünden Kriegs- und Verstümmelungszulagen auf einer ganz anderen Höhe. Es sei zweifelhaft, ob wegen einer Kapitalabfindung der Offiziere an den Reichstag herangetreten werden müsse und ob es nicht möglich sei, den Offizieren auf andere Weise die dem Kapitalabfindungsgesetze entsprechenden Vorteile zu sichern. (Kommissionsbericht S. 10 u. 11, und Resolution a vom 3. Juni 1916, Reichstagsverhandlungen 1916 S. 1467). Keine Anwendung findet das Kapitalabfindungsgesetz auch auf Personen, die, ohne Heeresangehörige gewesen zu sein, im Kriege geblieben sind oder verwundet worden waren, also auf sämtliche von der Heeresverwaltung zur Arbeitsleistung herangezogene Zivilpersonen (Schipper), die Armierungsarbeiter, bei Fliegerangriffen oder beim Russeneinfall in Ostpreußen oder Franzoseneinfall in Elsaß-Lothringen usw. getötete und verletzte Zivilpersonen. Dagegen fallen solche Personen, die anläßlich des stattgehabten Vordringens der Russen in den bedrohten Bezirken Ost- und Westpreußens sich zum Kriegsersatzgeschäft melden mußten oder bereits gemustert waren, und denen aufgegeben war, sich nach dem Innern des Reiches zu begeben, unter den Begriff „als im militärischen Dienste befindlich" im Sinne des § 38 B 2 des Reichsmilitärgesetzes vom 2. Mai 1874. Sie sind daher Angehörige der aktiven Armee. Beschädigungen solcher Personen sind Kriegsdienstbeschädigungen und die Beschädigten nach dem Mannschaftsversorgungsgesetze zu beurteilen. Haben Beschädigungen zum Tode geführt, so stehen den Hinterbliebenen Versorgungsgebührnisse nach dem Militärhinterbliebenengesetze zu. Hier kann daher Kapitalabfindung möglich sein. Sind Wehrpflichtige nach Bekanntgabe des obrigkeitlichen Befehles jedoch in ihrem Wohn- oder vorübergehenden Aufenthaltsort verblieben und hatten sie zur Zeit ihrer Beschädigung oder Tötung durch den Feind überhaupt noch nichts zur Ausführung des Befehles getan, so läßt sich eine Zugehörigkeit zum aktiven Heere nicht annehmen. Hier ist Mannschaftsversorgungsgesetz und Militärhinterbliebenengesetz, daher auch das KAG. nicht anwendbar.

Anspruch auf Kriegsversorgung haben nach dem **Mannschaftsversorgungsgesetze** vom 31. Mai 1906 (RGBl. 1906 S. 593 ff.) die zur Klasse der Unteroffiziere und Gemeinen zählenden Personen des Soldatenstandes des Reichsheeres, der Marine und der Schutztruppen, die eine Kriegsverwundung oder eine sonstige Kriegsdienstbeschädigung erlitten und hiedurch einen Anspruch auf eine Militärrente erworben haben (§§ 1, 2 MVG.).

Zu den Personen der Unterklassen des Soldatenstandes zählen die Feldwebel, Unteroffiziere und die Gemeinen (§ 9 MVG.), ferner die Schiffsjungen (§ 52 MVG.) und die auch zum Dienstgrade der Gemeinen zählenden Schiffsjungenunteroffiziere, die Feldunterärzte, die militärdienstpflichtigen Feldeisenbahnbediensteten und das auf dem Kriegsschauplatze verwendete Personal der freiwilligen Krankenpflege, zu dem auch die weiblichen Personen der freiwilligen Krankenpflege gehören (§ 44 MVG.). Das im Etappengebiet verwendete Personal der freiwilligen Krankenpflege gilt als auf dem Kriegsschauplatz befindlich im Sinne des § 44 MVG. und § 19 Mil.-HinterblG.

Zu den Personen der Unterklassen des Soldatenstandes gehören auch die Offiziersstellvertreter (Anlage 3 zur Kriegsbesoldungsvorschrift, PrAVBl. 1915 Nr. 17 S. 159, VBl. d. bayer. KM. 1915 S. 388 § 5 und WürttMilVBl. 1915 S. 226, SächsMVBl. 1915 S. 167), die Beamtenstellvertreter (PrAVBl. 1915 Nr. 17 S. 159, VBl. d. bayer. KM. 1915 S. 1047/48, WürttMilVBl. 1915 S. 658, SächsMilVBl. 1915 S. 134), **nicht** dagegen die Deckoffiziere der Marine (§ 50 MVG.), Deckoffizierleutnants, Deckoffizieringenieure, ferner die Feldwebelleutnants (PrAVBl. 1915 Nr. 17 S. 157 ff., VBl. d. bayer. KM. 1915 S. 385 Ziff. 4, WürttMilVBl. 1915 S. 224, SächsMilVBl. 1915 S. 146, 167), Anl. ? zur KriegsbesVorschrift), die Feldhilfsärzte und Feldhilfsveterinäre (PrAVBl. 1916 S. 139, VBl. d. bayer. KM.

1916 S. 359 Ziff. 5, WürttMilVBl. 1916 S. 175, Sächs.-MVBl. 1916 S. 182).

Wegen der Dienstgradeinteilung vom Feldwebel abwärts im Sinne des § 9 MVG. siehe Anlage 13 zum III. Teil der Pensionierungsvorschrift für das preußische Heer vom 16. März 1912 S. 133 (DVE. Nr. 11 a) und für das bayerische Heer vom 25. Januar 1913 (DV. 503), abgedruckt im Anhang Nr. 6.

Für die im Kriege gefallenen oder infolge von Kriegsverwundungen und sonstigen Kriegsdienstbeschädigungen gestorbenen Personen des Soldatenstandes, die ihre Beförderung noch erlebt, von der Beförderung aber keine Kenntnis mehr erhalten haben, gilt der durch die Beförderung erreichte höhere Dienstgrad im Sinne des § 23 Nr. 1 MHG. als der Dienstgrad, den der Verstorbene zuletzt vor seinem Tode bekleidet hatte. Nach diesem Dienstgrade richtet sich daher auch die Höhe der Kriegsversorgung, nicht aber auch die sog. allgemeine Versorgung der Hinterbliebenen. Es erhält z. B. die Witwe eines noch zum Leutnant beförderten Vizefeldwebels die Offizierskriegsversorgung und kann daher Kapitalabfindung nicht mehr geltend machen (siehe Ohlshausen, MilHinterblGes. Note 1 a zu § 23 S. 98).

3. Mit dem Anspruche auf Militärrente (Friedensrente § 9 MVG.) haben die Unterklassen der Personen des Soldatenstandes einen Anspruch auf eine **Kriegszulage**, wenn die Erwerbsfähigkeit infolge einer durch den Krieg herbeigeführten Dienstbeschädigung aufgehoben oder gemindert ist.

Die Höhe der Kriegszulage ist monatlich 15 Mk., d. i. jährlich 180 Mk. (§ 14 MVG.).

Sind die Unterklassen der Personen des Soldatenstandes durch Verlust einer Hand, eines Fußes, der Sprache, des Gehörs auf beiden Ohren oder der beiden Augen (Erblindung) an ihrer Gesundheit schwer geschädigt, so haben sie für die Dauer dieses Zustandes neben dem Anspruch auf Rente auch Anspruch auf **Verstümmelungszulage**. Diese **kann** auch bewilligt werden bei Störungen der Bewegungs- und Gebrauchsfähigkeit einer Hand, eines Armes, eines Fußes oder eines Beines, wenn die Störung so hochgradig ist, daß sie dem Verluste des Gliedes gleich zu achten ist, bei Verlust oder Erblindung eines Auges im Falle nicht völliger Gebrauchsfähigkeit des anderen Auges, bei anderen schweren Gesundheitsstörungen, wenn sie fremde Wart und Pflege nötig machen (§ 13 MVG.).

Je nach der Schwere der Verstümmelung beträgt die Zulage 54 Mk. bzw. 27 Mk. monatlich, d. i. jährlich 648 Mk. bzw. 324 Mk. Sie kann sich im Falle des § 13 Abs. 4 MVG. auch zwischen den genannten Beträgen bewegen.

Anspruch auf **Tropenzulage** haben die Personen der Unterklassen der Schutztruppen, die entweder infolge außerordentlicher Einflüsse des Klimas während eines dienstlichen Aufenthaltes in den Schutzgebieten oder infolge der besonderen Fährlichkeiten des Dienstes in den Schutzgebieten rentenberechtigt geworden sind, falls nicht die Verminderung ihrer Erwerbsfähigkeit eine Folge ihres Vorsatzes ist.

Kriegszulage und Tropenzulage werden nicht nebeneinander gewährt.

Die Höhe der Tropenzulage ist monatlich 25 Mk., d. i. jährlich 300 Mk. (§§ 67 ff. MVG.).

Kriegszulage, Verstümmelungszulage und Tropenzulage, die **stets** nur neben der Rente, **nicht** ohne diese gewährt werden können, sind jene drei Arten der **Kriegs**versorgung für **Kriegsrentenempfänger**, die von der Kapitalabfindung umfaßt werden (siehe § 3 des Ges.), die Tropenzulage jedoch nur in Höhe der Kriegszulage (siehe Note 2 zu § 3 S. 92 f.). Voraussetzung ist jedoch immer, daß die genannten Zulagen im gegenwärtigen Kriege, nicht etwa bei früheren militärischen Unternehmungen z. B. anläßlich der Chinaexpedition 1900/01 oder im türkisch-italienischen Kriege 1911/12 oder im Balkankriege 1912/13 (RGBl. 1916 S. 653, VBl. d. bayer. KM. 1916 S. 696) erworben wurden.

Wegen Alterszulage und Luftdienstzulage siehe Note 3 zu § 3 S. 93.

4. Anspruch auf Kriegsversorgung im Sinne des § 1 KAG. auf Grund des **Militärhinterbliebenengesetzes** vom 17. Mai 1907 (RGBl. 1907 S. 214 ff.) haben nur die Witwen der zum Feldheere gehörigen Militärpersonen der Unterklassen und der auf dem Kriegsschauplatze verwendeten Personen der freiwilligen Krankenpflege (Note 2 S. 26), die

1. im Kriege geblieben oder infolge einer Kriegsverwundung gestorben sind;

2. eine sonstige Kriegsdienstbeschädigung erlitten haben und an ihren Folgen gestorben sind, wenn der Tod vor Ablauf von 10 Jahren nach dem Friedensschlusse eingetreten ist. Bei Fehlen eines Friedensschlusses beginnt die Frist mit dem Schlusse des Jahres, in welchem der Krieg beendigt worden ist (§§ 19 u. 17 MHG.).

Unter den durch den jetzigen Krieg geschaffenen Verhältnissen sind als zum Feldheer im Sinne des § 19 MHG. gehörig anzusehen:

1. sämtliche mobilen Formationen ohne Rücksicht auf ihren Aufenthaltsort, einschließlich der Besatzungstruppen und Militärbehörden in Belgien, Luxemburg und Polen,

2. die Besatzung armierter Festungen, solange diese als „bedroht" erklärt sind,

3. Angehörige immobiler Formationen

a) für die Dauer ihres Aufenthalts im Kriegsgebiet und auf dem Hin- und Rückwege;

b) während ihres Aufenthaltes außerhalb des Kriegsgebiets insoweit, als sie durch bestimmte kriegerische Ereignisse oder Zustände zur Abwehr feindlicher Unternehmungen in Anspruch genommen werden oder ihren Wirkungen ausgesetzt sind (PrAVBl. 1915 Nr. 47 S. 486, VBl. d. bayer. KM. 1915 Nr. 914 S. 971, WürttMilVBl. 1915 S. 612, SächsMilVBl. 1915 S. 504).

4. Nur solche Witwen, die **Anspruch** auf **Kriegsversorgung** haben, können nach dem KAG. abgefunden werden.

Es scheiden daher Witwen, die lediglich einen Anspruch auf eine militärische Friedensversorgung haben (§§ 12 ff. MHG.) und solche Witwen, denen auf Grund des § 26 MHG. Abs. 2 durch die oberste Militärverwaltungsbehörde des Kontingents eine den §§ 19 ff. MHG. entsprechende und in deren Ermessen gestellte Kriegsversorgung gewährt wurde, aus.

Dies gilt auch für die Witwenbeihilfen nach § 27 MHG. und für Witwen, denen allenfalls nach § 34 MHG. schon vor der Todeserklärung eines vermißten Kriegsteilnehmers eine Kriegsversorgung bewilligt wurde.

Die Höhe des Kriegswitwengeldes bestimmt sich nach § 20 MHG. Sie beträgt für die Witwe eines Feldwebels, Vizefeldwebels, eines Sergeanten mit der Löhnung eines Vizefeldwebels, eines Zugführers der freiwilligen Kriegs-Krankenpflege oder eines Unterbeamten mit einem pensionsfähigen Diensteinkommen von jährlich mehr als 1200 Mk., wenn die allgemeine Versorgung zusteht, 300 Mk. jährlich, wenn diese nicht zusteht, 600 Mk. jährlich, für die Witwe eines Sergeanten, Unteroffiziers, Zugführerstellvertreters oder Sektionsführers der freiwilligen Kriegskrankenpflege oder eines Unterbeamten mit einem pensionsfähigen Diensteinkommen von jährlich 1200 Mk. und weniger mit allgemeiner Versorgung 200 Mk., ohne allgemeine Versorgung 500 Mk. jährlich, endlich für die Witwe eines Gemeinen oder einer jeden anderen Person des Unterpersonals der freiwilligen Kriegskrankenpflege mit allgemeiner Versorgung 100 Mk. und ohne allgemeine Versorgung 400 Mk. jährlich.

Die Kriegswitwengelder werden nach § 3 KAG. **nur zum Teil** von der Kapitalabfindung umfaßt. Hierüber siehe Note 5, 6 und 7 zu § 3 S. 95 ff.

Wegen des Ruhens der Versorgungsgebührnisse siehe Note 1b zu § 2 S. 61.

5. Unter die nach § 1 KAG. versorgungsberechtigten Personen fallen auch die militärischen Luftfahrer, soferne sie an dem gegenwärtigen Kriege teilgenommen haben, sowie deren Witwen. Für die militärischen Luftfahrer enthält zwar das Fürsorgegesetz für militärische Luftfahrer vom 29. Juni 1912 (RGBl. S. 415) besondere Vorschriften, die ein Spezialgesetz wohl nicht nur für den Frieden, sondern auch für den Krieg gegenüber den übrigen militärischen Versorgungsgesetzen darstellen dürften. Einer besonderen Erwähnung im Rahmen des Kapitalabfindungsgesetzes bedurfte aber das Fürsorgegesetz für militärische Luftfahrer schon deshalb nicht, weil ja die Vorschriften des Mannschaftsversorgungsgesetzes und des Militärhinterbliebenengesetzes im vollen Umfange auf die militärischen Luftfahrer Anwendung finden (§§ 1, 2 des Ges.), mithin zum mindesten in Gesetzeskonkurrenz mit dem Fürsorgegesetze für militärische Luftfahrer stehen.

6. Der in § 1 erwähnte Personenkreis kann durch Zahlung eines Kapitales abgefunden werden. Ein in der Reichstagskommission gestellter Antrag, das Wort „können“ zu ersetzen durch das Wort „sind“, wurde abgelehnt (Kommissionsbericht S. 10, 13). Es besteht daher für den Versorgungsberechtigten kein klagbarer Anspruch, und für die oberste Militärverwaltungsbehörde keine Verpflichtung zur Kapitalabfindung jedes Antragstellers. Die sog. „Kannvorschrift“ wurde in der Hauptsache damit gerechtfertigt, daß nicht jeder Gesuchsteller für den mit der Kapitalabfindung verfolgten Zweck geeignet sei (Kommissionsbericht S. 4). Würde jedem, der darum nachsucht, eine Abfindung ohne nähere Prüfung der Gesamtverhältnisse gewährt werden müssen, so könnte es leicht sein, daß diese zum Schaden der Versorgungsberechtigten verloren ginge. Mit dieser Kannvorschrift ist natürlich nicht gesagt, daß die oberste Militärverwaltungsbehörde ganz nach ihrem Ermessen oder Belieben die Abfindung bewilligen oder versagen

kann. Es liegt vielmehr schon in der Natur des Gesetzes begründet, daß, falls die Voraussetzungen gegeben sind, auch die Bewilligung zu erfolgen hat, genau so, wie dies auch bei anderen Kannvorschriften, z. B. bei denen des § 20 Abs. 2 und § 22 MHG. der Fall ist. Es handelt sich hier um Leistungen, die auf gesetzlicher Vorschrift beruhen, wenn auch aus Zweckmäßigkeitsgründen ein Anspruch darauf nicht eingeräumt ist. Das Ermessen ist kein willkürliches, sondern ein pflichtgemäßes Ermessen insoferne, als die Gebührnisse nach Absicht des Gesetzes auch wirklich gewährt werden sollen, soferne nur die gesetzlichen Voraussetzungen hiefür als gegeben anzunehmen sind.

7. Die Abfindung durch Kapital erfolgt nur auf **Antrag** des Versorgungsberechtigten. Der Antrag ist an keine Frist gebunden. (**Nr. 1 der Bundesrats-Ausf.-Bestimmungen** RGBl. 1916 S. 684 ff.) Das Recht auf Antragstellung kann daher durch Zeitablauf nicht verwirkt werden. Begrenzt ist die Antragstellung selbst nur durch die Bestimmung des § 2 Ziff. 1 KAG. und zwar durch das Lebensalter des Versorgungsberechtigten, insoweit, als in der Regel eine Antragstellung vor dem 21. Lebensjahr nicht zweckdienlich ist. Damit soll nicht gesagt sein, daß unter allen Umständen eine Antragstellung vor dem 21. Lebensjahr ausgeschlossen wäre (siehe hiezu Ziff. 3 der Anw. d. preuß. KM. vom 26. Juli 1916 AVBl. S. 320 und Note 3 zu § 4 S. 101, VollzAnw. d. bayer. KM. Ziff. 3, VBl. d. bayer. KM. S. 1097). Solche Fälle sind sehr wohl denkbar, z. B. wenn ein Vormund für seinen Mündel mit dessen Einverständnis, bevor dieser das 21. Lebensjahr vollendet, Antrag auf Kapitalabfindung stellt, weil er das Mündelgeld in einem gerade sehr vorteilhaft zu erwerbenden Grundbesitz festlegen will und zum Erwerbe oder Ausstattung desselben mit Vieh, Geräten usw. noch Mittel fehlen, die durch Kapitalabfindung aus den Versorgungsgebührnissen des Mündels beschafft werden können (siehe auch Note 3 zu § 4 S. 101).

Ebenso kann der Antrag auf Kapitalabfindung schon im Zeitpunkte der Geltendmachung der Ansprüche auf Grund des Mannschaftsversorgungs- oder des Militärhinterbliebenengesetzes gestellt werden, wodurch dem Versorgungsberechtigten teilweise doppelte amtsärztliche Untersuchungen usw. erspart werden können. Nur die Bewilligung der Abfindung kann nicht erfolgen, solange nicht der Versorgungsanspruch anerkannt ist und nicht feststeht, ob nach Art des Versorgungsgrundes mit einem späteren Wegfall der Kriegsversorgung gerechnet werden muß (§ 2 Ziff. 2 und 3 KAG.).

Auch ist es möglich, daß der Versorgungsberechtigte, insbesondere, wenn die Abweisung aus den in § 2 Ziff. 1 mit 3 angeführten Gründen erfolgt ist, in einem späteren Zeitpunkt, wenn die früheren Hinderungsgründe weggefallen sind, wieder einen Kapitalabfindungsantrag stellt (Kommissionsbericht S. 33).

8. Berechtigt zur Antragstellung ist nicht nur der Versorgungsberechtigte selbst, sondern jede geschäftsfähige Person, die von diesem zur Antragstellung bevollmächtigt ist. Selbstverständlich muß die Vertretungsbefugnis in einwandfreier, gehöriger Form ersichtlich sein; eine mündliche Bevollmächtigung ist aus diesem Grunde unzureichend. Die Frage der Vertretung der Versorgungsberechtigten wurde auch in der Reichstagskommission anläßlich der 2. Lesung zu § 1 berührt. Es wurde der Wunsch geäußert, daß die Antragsteller sich der Mithilfe von Arbeitersekretariaten usw. bedienen dürfen. Der Vertreter des Kriegsministeriums gab hierauf die Erklärung ab, daß eine solche Mithilfe zulässig sei (Kommissionsbericht S. 32). Hierin liegt, daß sich die Versorgungsberechtigten in jeder Lage des Verfahrens, also auch bei der Antragstellung dritter Personen bedienen können.

Die Vertretung durch einen Bevollmächtigten kann insbesondere in Erkrankungsfällen des Versorgungsberechtigten eintreten.

Geschäftsunfähige (§ 104 BGB.) und in der Geschäftsfähigkeit beschränkte Personen (§§ 106ff., 114, 1906 BGB.) bedürfen zur Vornahme von Rechtshandlungen stets eines gesetzlichen Vertreters (Vormund, Pfleger), und müssen den Antrag durch diesen stellen lassen.

Die Pensionierungsvorschriften für das preußische und bayerische Heer lassen bei Anmeldung von Versorgungsansprüchen, Einsprüchen usw. nur bei den zuletzt genannten, nicht aber bei geschäftsfähigen Personen eine Vertretung zu (siehe Nr. 40 PV.). Eine analoge Anwendung dieser übrigens der Gesetzeskraft entbehrenden Vorschrift läßt sich bei Anträgen auf Kapitalabfindung, die über den Rahmen der Mannschaftsversorgung hinausgehen, nicht ohne weiteres durchführen. Immerhin erscheint es zweckmäßig, wenn der Versorgungsberechtigte tunlichst selbst die Antragstellung betätigt, schon weil er sich nicht selten Kosten erspart. Die Anweisungen des preuß. KM. zum KAG. vom 26. Juli 1916 (AVBl. S. 320) bestimmen unter Ziff. 1: „Für die Anmeldung des Antrags sind die in Ziff. 39 bis 41 und 44 bis 46 der Pens.-Vorschrift erlassenen Bestimmungen insoweit maßgebend, als die Anträge an die Militärbehörde zu richten sind." Für Anträge, die an die Ortspolizeibehörden zu richten sind, finden demnach die Vorschriften der Pensionierungsvorschrift keine Anwendung (siehe auch Vollz.-Vorschr. d. bayer. KM. vom 15. Dezember 1916 VBl. d. KM. S. 1099 f. Ziff. 1).

Die §§ 39—41 und 44—46 der Pensionierungsvorschrift lauten:

„**39.** 1. Nach der Entlassung aus dem aktiven Militärdienste sind alle Gesuche und Einsprüche in Versorgungsangelegenheiten stets bei dem für den Gesuchsteller zuständigen Bezirksfeldwebel anzubringen.

2. Die in dieser Beziehung maßgebenden Bestimmungen sind im Militärpaß unter Abschnitt VIII (Anl. 12) zusammengestellt; die Mannschaften sind auf diese bei Gelegenheit hinzuweisen (Ziff. 35).

3. Im Falle schriftlicher Anmeldung gilt als Anmeldetag der Tag, an dem das Gesuch bei einer militärischen oder anderen inländischen Behörde eingegangen ist (s. Ziff. 98).

40. 1. Versorgungsansprüche und Einsprüche hat der Gesuchsteller selbst und in seinem eigenen Interesse möglichst mündlich zu erheben. Es sind jedoch auch schriftliche Anträge zuzulassen, z. B. wenn wegen des Körperzustandes des Mannes oder wegen zu großer Entfernung seines Wohnsitzes von demjenigen des Bezirksfeldwebels oder von dem Meldeorte das persönliche Erscheinen unmöglich oder schwierig ist.

2. Das persönliche Erscheinen der Mannschaften bei dem Bezirksfeldwebel hat abgesehen von der kostenfreien Auskunft auch den Vorteil, daß der Bezirksfeldwebel durch seine Kenntnis der gesetzlichen Bestimmungen in der Lage ist, diejenigen Verhältnisse alsbald klarzustellen, auf die es im gegebenen Falle ankommt.

3. Eine Vertretung durch dritte Personen bei Anmeldung von Versorgungsansprüchen, Einsprüchen usw. ist nur bei Minderjährigen und bei Personen zulässig, die durch außerhalb ihres Willens liegende Verhältnisse an der persönlichen — mündlichen oder schriftlichen — Anmeldung ihres Anspruchs oder Einspruchs verhindert sind. Ist für jemanden ein Pfleger oder Vormund bestellt, so darf nur dieser den Antrag stellen.

44. Ist ein schriftlicher Antrag eingereicht, sein Inhalt aber für die sachliche Beurteilung des Versorgungsanspruchs noch nicht ausreichend, so hat der Bezirksfeldwebel den Antragsteller möglichst zum persönlichen Erscheinen zu veranlassen, um die Klarlegung des Sachverhalts durch mündliche Verhandlung bewirken zu können (Ziff. 43).

45. Kann der Gesuchsteller wegen Krankheit nicht persönlich erscheinen, so ist die Ortsbehörde um seine Vernehmung zu ersuchen, und zwar unter genauer Bezeichnung der Punkte, auf die es ankommt. Kann aber der Bezirksfeldwebel sich selbst in die Wohnung des Erkrankten begeben und hier die Sachlage feststellen, so hat dies im Interesse der sachlichen Erledigung zu geschehen (Ziff. 42)."

Bei Behandlung der Anmeldung und Aufnahme der Anträge findet auch die Ziffer 48 der Pensionierungsvorschrift sinngemäße Anwendung (siehe hiezu Note 15; VollzAnw. des bayer. KM. Ziff. 1 Satz 2).

Rentenempfänger haben den Antrag bei dem Bezirksfeldwebel, schriftlich oder mündlich, Witwen bei der Ortspolizeibehörde oder einer anderen von der Landeszentralbehörde bestimmten Amtsstelle anzubringen **(Nr. 1 Abs. 2 d. Ausf.-Best. d. Bundesrats).** Er muß Angaben über das Lebensalter des Versorgungsberechtigten, über die im § 2 Nr. 2 und 3 und bei Witwen über die im § 2 Nr. 2 aufgeführten Voraussetzungen, sowie in jedem Falle wenigstens eine allgemeine Angabe über den Verwendungszweck (§ 2 Nr. 4) enthalten **(Nr. 1 Abs. 1 d. Ausf.-Best.).** Zuständig für die Annahme des Antrages (Nr. 1 d. Ausf.-Best. d. Bundesrats) ist der Feldwebel des Bezirkskommandos, dessen Kontrolle der Antragsteller unterliegt (Nr. 1 d. Anw. d. preuß. KM., VollzAnw. d. bayer. KM. Ziff. 1 Abs. 2).

Die in Nr. 1 Abs. 1 d. Ausf.-Best. d. Bundesrats geforderten Angaben (über das Lebensalter usw.) sollen die Prüfung und Feststellung der Verhältnisse erleichtern, sind jedoch amtlich nachzuprüfen, insbesondere sind Jahr und Tag der Geburt einwandfrei festzustellen (Ziff. 2 d. Anw. d. preuß. KM. u. Ziff. 2 d. bayer. VollzVorschr.).

Der Antrag der Witwen ist in Preußen bei der Ortspolizeibehörde des Wohnorts oder in Ermangelung dieses des Aufenthaltsorts der Witwe anzubringen (preuß. Anw. Nr. 1), ebenso in Bayern (Anw. Nr. 1 Abs. 1), desgleichen in Sachsen, Anw. Nr. 1, in Württemberg bei der Ortspolizeibehörde bzw. den Fürsorgestellen, Anw. I. Ortspolizeibehörde ist in Sachsen in Städten revidierter Städteordnung der Stadtrat, sonst die Bezirkshauptmannschaft. In Baden kommt die örtliche Fürsorgestelle des Vereins „Badischer Heimatdank", in Ermangelung einer solchen die Ortspolizeibehörde in Betracht (Anw. Nr. 1).

Außer den in Nr. 1 Abs. 1 der Ausf.-Best. d. Bundesrats vorgeschriebenen Angaben muß der Antrag Namen und Dienstgrad des verstorbenen Ehemannes und Jahr und Tag der Geburt der Witwe enthalten (preuß. Anw. Nr. 1 Abs. 2, ebenso Bayern, Anw. Nr. 1 Abs. 2).

Erweist sich ein Antrag als mangelhaft, so ist er durch den Antragsteller ergänzen zu lassen.

Alsdann ist der Antrag dem Bezirkskommando vorzulegen. Für Witwen von Angehörigen der Marine oder der Schutztruppen erfolgt die Vorlage unmittelbar an die oberste Militärverwaltungsbehörde, d. i. für die Marine das Reichsmarineamt in Berlin und für die Schutztruppen das Reichskolonialamt in Berlin (**Ausf.-Best. Nr. 1 Abs. 3 und Nr. 9**); bei denjenigen Antragstellern, die das 55. Lebensjahr vollendet haben, sind die Anträge unter Angabe der besonderen Gründe, die ausnahmsweise die Berücksichtigung gerechtfertigt erscheinen lassen, dem Kriegsministerium vorzulegen (Ziff. 4 d. Anw. d. preuß. KM., Ziff. 4 d. bayer. VollzVorschr.).

Bei Vorlage des Antrags an das Generalkommando ist die Stellungnahme des Bezirkskommandos zum Ausdruck zu bringen.

Außer den Versorgungsakten sind alle Beweisstücke, die für die Prüfung des Antrages nach § 2 Nr. 1 bis 3 des KAG. noch erforderlich sind, sowie eine beglaubigte Abschrift der Seite 4 der Rentenliste oder Rentennachliste beizufügen (Ziff. 6 d. Anw. d. preuß. KM., ferner VollzAnw. d. bayer. KM. Ziff. 6).

Für die Kapitalabfindungsanträge sind von den Bezirkskommandos besondere Verzeichnisse zu führen. Der gesamte Schriftwechsel betreffend Gewährung einer Kapitalabfindung ist zu den Rentenakten zu nehmen, die nach Auszahlung der Abfindungssumme besonders kenntlich zu machen sein werden.

9. Eine Abfindung durch Zahlung eines Kapitals kann entweder zum **Erwerbe** oder zur **wirtschaftlichen Stärkung eigenen Grundbesitzes** erfolgen.

Hiezu besagt die Begründung zum Entwurfe (S. 4):

„... So muß mit Rücksicht auf die Volkswirtschaft und die Gesundheitspflege angestrebt werden, den Kriegsteilnehmern und ihren Witwen die Möglichkeit zu geben, mit Hilfe eines Kapitals sich auf *eigener Scholle ansässig zu machen* oder *vorhandenes Besitztum zu erhalten*.

Die Ansiedelung und Seßhaftmachung in diesem Sinne soll nicht nur den *Erwerb* oder die *Gründung landwirtschaftlicher* oder *gärtnerischer* Betriebe, sondern auch das *städtische Heimstättenwesen* umfassen. Die ersteren werden vornehmlich für Angehörige *landwirtschaftlicher*, die letzteren für Angehörige *aller* Berufe in Betracht kommen.

Auf die *Besitzform*, unter welche der Ansiedlungsberechtigte den Grundbesitz erwirbt, kommt es *nicht* an, vielmehr *sollen unter die Bestimmung des § 1 auch die Form des Rentenguts, der Erbpacht, und des Erbbaurechtes* sowie *diejenigen Besitzformen* fallen, welche für die *Befestigung kleinerer landwirtschaftlicher* oder *gärtnerischer Besitzungen landesrechtlich bestehen oder künftig geschaffen werden*.

Ebenso wird in besonders geeigneten Fällen der Grunderwerb durch Beitritt zu einer gemeinnützigen Bau- oder Wohnungsgenossenschaft als genügend erachtet werden können. Unter *Festigung eigenen Grundbesitzes sollen alle Maßregeln verstanden werden, die geeignet sind, einen vorhandenen Besitz und die Gelegenheit zu ländlicher Arbeit nicht nur den zu Versorgenden selbst, sondern auch ihren Angehörigen zu erhalten und zu stärken*.

Dazu werden zu rechnen sein: Die *Abstoßung von Schulden* oder die *sonstige Verbesserung der Schuldverhältnisse*, der *Aufbau* oder die *Wiederherstellung* von *Gebäuden*, die *Vergrößerung leistungsfähigen Besitzes* durch *Neuerwerbungen*, die *Vervollständigung landwirtschaftlichen Inventars* usw.

Die gleichen Gesichtspunkte kommen auch für die Witwen in Betracht, deren Ehemänner den Tod für das Vaterland erlitten haben. Zahlreiche Witwen gefallener Landwirte, von Kleinbauern und ländlichen Arbeitern, sind ohne Gewährung eines entsprechenden Kapitals zur Entschuldung oder zur Erhaltung des Besitzes nicht mehr imstande und werden gezwungen sein, ihren Besitz aufzugeben."

Im Reichstagsplenum sowohl (Verhandl. S. 961) als auch insbesondere in den Kommissions-Beratungen wurde angeregt, die Kapitalabfindung auch an Personen zu gewähren, die keinen Grund und Boden besitzen oder erwerben wollen, also vor allem den Gewerbetreibenden die Wohltaten des Gesetzes zuteil werden zu lassen. Ein diesbezüglicher Antrag wurde aber schließlich abgelehnt. Der Vertreter des Kriegsministeriums erklärte, an dem Besitze von eigenen Grund und Boden müsse unter allen Umständen festgehalten werden. Die Militärverwaltung übernehme durch die Gewährung der Kapitalabfindung eine große Verantwortung und sie müsse, bevor sie die Verantwortung übernehme, sich darüber klar sein, ob auch die Grundlage dafür gegeben sei, daß die Abfindung zum Segen gereiche. Deshalb sei gerade dieser Punkt für die Heeresverwaltung sehr wichtig gewesen, und es sei besonders eingehend geprüft worden: wie weit wolle man gehen und wie weit könne man gehen, ohne den Mann zu gefährden, daß er sein Kapital verliere.

Besonders die Frage, ob die Abfindung auf Handwerker und Gewerbetreibende ausgedehnt werden könne, ohne gleichzeitige Ansässigmachung, habe die Regierung lebhaft beschäftigt. Man sei aber zu dem Entschluß gekommen, am eigenen Grund und Boden festzuhalten, dabei aber das Gewerbe zuzulassen unter der Voraussetzung, daß der Mann eine kleine Siedelung habe. Der Grund hiefür liege ausschließlich in den äußeren Verhältnissen. Bei gewerblichen Unternehmungen fehle fast regelmäßig das Maß der Sicherheit für die Entwickelung, wie es der eigene

Grund und Boden biete. Nur unter der Voraussetzung, daß diese Sicherheit in ausreichendem Maße gegeben sei, habe man sich zu der Kapitalabfindung entschlossen, die noch bei Beratung des Mannschaftsversorgungsgesetzes im Jahre 1906 so gut wie unausführbar bezeichnet worden sei. Bei dem gewerblichen Betriebe hänge alles von der Konjunktur ab. Veränderungen der Produktionsweise, Erhöhung der Preise für Rohstoffe, Steigerung der Konkurrenz, Verringerung des Abnehmerkreises könnten ein gutes und aussichtsvolles Unternehmen, in verhältnismäßig geringer Zeit unrentabel machen.

Außerdem müsse man berücksichtigen, daß heute noch gar nicht übersehen werden könne, wie die Konjunktur nach dem Kriege sein werde. Dazu die Schwierigkeit der Beurteilung, die sehr viel von dem subjektiven Empfinden abhängig sein würde (Kommissionsbericht S. 9).

Endlich wurde auch ein Antrag, die Beleihung oder Abtretung der Versorgungsgebührnisse zum Zwecke der Kreditbeschaffung oder der Bezahlung einer Lebensversicherungssumme an gemeinnützige Bau- oder Kreditorganisationen sowie inländische Lebensversicherungsgesellschaften abgelehnt (Kommissionsbericht S. 8).

Der Begriff **„Erwerb"** im Sinne des KAG. setzt Erwerb zu Eigentum (§§ 873 ff. BGB.) oder in den Eigentum ähnlichen und gleichgestellten Rechtsformen (Erbpacht, EG. BGB. Art. 63; Erbbaurecht §§ 1012 ff. BGB. usw.) voraus. Die bloße Pachtung von Grundstücken oder Anwesensmiete, wenn auch für längere Dauer, begründet nicht die Möglichkeit einer Kapitalabfindung. Dagegen kann der Erwerb in der Anwesensübernahme durch Übergabsvertrag bestehen.

Daß der zu erwerbende Grundbesitz mit einem Wohnhause versehen ist oder versehen werden soll, ist zwar im Gesetz nicht ausdrücklich ausgesprochen. Da das Gesetz aber, wie sich aus seiner Begründung ergibt, die Seßhaftmachung auf eigener Scholle fördern will, wird das Vorhandensein oder die Errichtung eines Wohnhauses vorausgesetzt werden müssen.

Der Grundbesitz soll zur Befriedigung des eigenen Wohnbedürfnisses oder zur Ausübung des eigenen Geschäftsbetriebes dienen. Die Erbauung oder der Erwerb von hauptsächlich zur Vermietung bestimmten Häusern kann nicht in Betracht kommen. AusfAnw. für Preußen Nr. 3, ebenso für Bayern.

Als Grundbesitz kommen selbstverständlich auch die an Grundstücken bestehenden vererblichen und übertragbaren Nutzungsrechte, wie Streurechte, Fischereirechte, auch wenn auf sie landesgesetzlich (siehe EG. BGB. Art. 196) die sich auf Grundstücke beziehenden Vorschriften und auf den Erwerb eines solchen Rechtes die auf den Erwerb des Eigentums an einem Grundstück geltenden Vorschriften des BGB. Anwendung finden, nicht in Betracht.

Die Maßnahmen zur **wirtschaftlichen Stärkung** eines Grundbesitzes können naturgemäß recht verschiedenartig sein. Die wichtigste ist wohl die Entschuldung von Grundbesitz. Sie kann in der Löschung von Buch- und Sicherungshypotheken bestehen, oder in der sonstigen Verbesserung der Schuldverhältnisse des Grundstücks, z. B. Umwandlung einer kündbaren Hypothek in eine Abtragshypothek, in dem Aufbau oder Wiederherstellung von Wohn- und Wirtschaftsgebäuden, der Vergrößerung leistungsunfähigen oder leistungsschwachen Grundbesitzes durch Zukauf geeigneter Landflächen, der Vervollständigung von landwirtschaftlichem Inventar, die Ausführung von Meliorationen usw. (AusfAnw. f. Preußen Nr. 4, ebenso für Bayern), aber auch in der Tilgung von Kurrentschulden, wenn diese die Existenz des Versorgungsberechtigten auf dem Besitztum gefährden; z. B. es handelt sich um die ganze oder fristenweise Abzahlung einer Dampfdreschmaschine, die dem Eigentümer sehr schwer fällt, und die ihm neben hohen Zinsen bei jeder neuen Fristenzahlung, die er nicht einhalten kann, Prozeß-, Pfändungs- und Beschlagnahmekosten verursacht oder ihn in Gefahr bringt, daß der Gläubiger von seinem Eigentumsvorbehalte Gebrauch macht und damit die bereits geleisteten Zahlungen verfallen.

Selbstverständlich eignet sich nicht jede Kurrentschuld zur Abfindung; eine Reihe solcher Schulden können ohne Mühe in einem ordnungsmäßig geführten Betriebe getilgt werden, weshalb es einer ganz besonderen Prüfung bedarf, ob die Wegfertigung auch wirklich zur Festigung des Grundbesitzes beiträgt. So sind beispielsweise laufende Ausgaben zur Deckung von Viehschulden in der Regel nicht zur Kapitalabfindung geeignet, dagegen ein außerordentlicher Viehverlust durch Seuchen oder sonstige Unglücksfälle.

Entscheidend ist, daß die Maßnahmen zur wirtschaftlichen Stärkung eigenen Grundbesitzes nicht nur Verbesserungen darstellen, die an sich zwar nützlich und zweckmäßig sind, aber die wirtschaftlichen Verhältnisse des Grundstücks nicht ausschlaggebend beeinflussen, sondern daß sie den Grundbesitz wirtschaftlich so stärken, daß, während bisher seine Erhaltung unsicher war, sie jetzt gesichert erscheint (AusfAnw. f. Preußen Nr. 4, ebenso für Bayern).

Die Ablösung von Bodenzinsen, Zehnten u. dgl., von Reallasten (Servituten) kann im Einzelfalle zur wirtschaftlichen Stärkung des Grundbesitzes für den Versorgungsberechtigten sowohl, als für dessen Familie wesentlich beitragen. Dies gilt auch z. B. für die Ablösung eines Austrages (Leibgeding), der bei Anwesenskauf oder im Wege der Zwangsversteigerung vom Ersteher übernommen werden mußte. Gerade hinsichtlich solcher Austräge (Zwangsausträge) lehrt die Praxis, daß sie neben dem häuslichen Unfrieden viel Hemmnisse in der Bewirtschaftung des Objektes und oft eine wesentliche Schmälerung der Einkünfte des Eigentümers bilden, zumal wenn die Austragsleistungen, was nicht selten geschieht, absichtlich sehr reichlich angesetzt wurden.

Bei Prüfung der Frage, ob eine Austragsablösung eine Stärkung des Grundbesitzes bildet, wird zu beachten sein, ob der Versorgungsberechtigte als bisheriger Austragsverpflichteter nicht etwa später auf Grund seiner gesetzlichen Unterhaltspflicht (§§ 1601 ff. BGB.) vom früheren Berechtigten herangezogen werden könnte. Würde dies mit großer Wahrscheinlichkeit zutreffen, so könnte wohl von einer Festigung des Grundbesitzes für die Zukunft kaum gesprochen werden. Denn die bisherigen vertraglichen Leistungen würden nur in gesetzliche Leistungen verwandelt, die Lasten werden die gleichen bleiben. Solche Fälle dürften wohl zur Kapitalabfindung nicht geeignet sein.

10. Nur wenn es sich um **eigenen** Grundbesitz des Versorgungsberechtigten handelt, kann die Kapitalabfindung gewährt werden. Ob jemand einen Grundbesitz sein eigen nennt, ist aus den bei den Amtsgerichten geführten Grundbüchern ersichtlich. Soweit es sich also um die wirtschaftliche Stärkung eines Grundbesitzes des Antragstellers handelt, wird regelmäßig ein Grundbuchauszug verlangt werden müssen; von den Antragstellern selbst vorgelegte Grundbuchauszüge können, weil häufig veraltet, nicht ein richtiges Bild über die Eigentums- und sonstigen Verhältnisse geben. Von dem Besitze können z. B. Teile erst vor kurzer Zeit in andere fremde Hände übergegangen sein, so daß der Versorgungsberechtigte nur mehr Eigentümer eines Teiles seines früheren Besitzes ist; er hat z. B. das Hauptgut verkauft und sich nur mehr ein sogenanntes Hintergut zurückbehalten.

Wichtig ist die Eigentumsfrage in Ansehung des ehelichen Güterrechts und sonstigen Familienrechtes.

Am einfachsten ist wohl der Fall, wenn der Versorgungsberechtigte mit seiner Ehefrau im Güterstande der allgemeinen Gütergemeinschaft lebt. Das Vermögen der Frau und des Mannes ist gemeinschaftliches Vermögen (Gesamtgut), § 1438 BGB. Gehört zum gemeinschaftlichen Vermögen ein Grundbesitz, so sind die Ehegatten Eigentümer desselben zu gesamter Hand und als solche auch im Grundbuche eingetragen. Da der versorgungsberechtigte Ehegatte somit eigenen Grundbesitz, wenn auch nur gemeinsam mit seiner Ehefrau, hat, so dürfte bei dem Güterstande der allgemeinen Gütergemeinschaft ebensowenig ein Bedenken gegen die Bewilligung einer Kapitalabfindung bestehen, wie auch in jenen Fällen, in denen der Versorgungsberechtigte mit anderen Personen, z. B. mit seinen Kindern Eigentumsgemeinschaft zu einem bestimmten Bruchteile hat.

Es erscheint mithin nicht notwendig, daß der Kriegsrentenempfänger oder die Kriegerswitwe Alleineigentum an einem Grundbesitze hat. Es entspricht ja auch durchaus der Auffassung des Gesetzgebers, daß die Abfindung nicht nur dem zu Versorgenden selbst, sondern auch seinen Angehörigen einen Vorteil bieten soll, um diesen den Besitz zu erhalten (Begründung S. 4).

Eine andere Frage ist es, wie die Fälle zu beurteilen sind, in denen der Versorgungsberechtigte mit seiner Ehefrau im gesetzlichen Güterstande der Verwaltung und Nutznießung lebt (§§ 1373 ff. BGB.). Hat hier die Ehefrau einen Grundbesitz mit in die Ehe gebracht, der zum eingebrachten Gute gehört, so ist der Ehemann berechtigt, die zum eingebrachten Gute gehörenden Sachen in Besitz zu nehmen, er hat an ihnen die Verwaltung und Nutznießung. Eigentümer ist er aber hiemit nicht geworden; der Grundbesitz ist und bleibt Alleineigentum der Frau; er steht auch im Grundbuche nur auf den Namen der Frau eingetragen. Der Rentenempfänger hat somit keinen eigenen Grundbesitz oder Anteil daran und es wird daher wohl eine Kapitalabfindungsmöglichkeit verneint werden müssen. Dieses Ergebnis erscheint auf den ersten Blick allerdings befremdend; um so mehr, als die Fälle des Güterstandes der Verwaltung und Nutznießung die Regel bilden und erfahrungsgemäß die Unterschiede zwischen Mein und Dein unter Ehegatten sich zu vermischen pflegen.

Trotzdem wird man aus prinzipiellen Erwägungen an dem eigenen Besitz des Ehemannes festhalten müssen. Das eingebrachte Gut der Ehefrau ist eben einmal Frauengut, das nach deutschem Privatrechte weder wachsen noch schwinden soll.

Die Möglichkeit, daß eine in das Frauengut verwendete Abfindung für den Versorgungsberechtigten verloren geht, bleibt aber immer bestehen. Sie kann eintreten durch Scheidung der Ehe, aber auch durch andere Umstände, und so wird für eine nützliche Verwendung des Geldes keine nach allen Richtungen hin hinreichende Gewähr bestehen. Was für den Güterstand der Verwaltung und Nutznießung gilt, findet auch auf den Güterstand der Gütertrennung (§ 1426 BGB.) und auf Grundbesitze Anwendung, die zum Vorbehaltsgut der Ehefrau gehören, während das Gesamtgut beim Güterstande der Errungenschaftsgemeinschaft (§ 1519 BGB.) nach den Regeln der allgemeinen Gütergemeinschaft zu beurteilen ist.

11. Die in § 1 Abs. 1 genannten Personenkreise sollen durch Zahlung eines Kapitals **abgefunden** werden. Aus dem Worte „abgefunden" ergibt sich von selbst, daß mit der Hingabe der bewilligten Summe alle Ansprüche aus den kapitalisierten Versorgungsgebührnissen endgültig erloschen sind. Eine Ausnahme findet sich nur in der Bestimmung der §§ 7, 8 und 9 und in bedingter Weise in der Heiratsabfertigung der Witwe nach § 11 des Ges. (siehe Note 2 zu § 9 S. 140 und Note 4 zu § 11 S. 152).

Aus dem endgültigen Erlöschen des Anspruches auf den kapitalisierten Teil der Versorgungsgebührnisse ergibt sich auch, daß die Abfindung keine Vorschußzahlung darstellt.

12. Abs. 2 des § 1 KAG. ist neu. Er wurde erst von der Reichstagskommission eingefügt.

Schon bei der ersten Lesung des Entwurfs im Reichstagsplenum wurde hervorgehoben, daß zwar nach der Begründung zum Entwurfe (siehe Note 9 zu § 1

S. 38) auch der Beitritt zu den gemeinnützigen **Wohnungs- und Baugenossenschaften** unter den Begriff der Seßhaftmachung durch Erwerb oder wirtschaftlichen Stärkung eigenen Grundbesitzes fallen solle, aber man müsse versuchen, dies im Gesetze selbst zum Ausdruck zu bringen, um spätere Unklarheiten und Unebenheiten zu verhindern. Die Wohnungs- und Baugenossenschaften hätten in Deutschland eine ganz außerordentlich segensreiche Tätigkeit entfaltet. Sie würden dadurch, daß der Kriegsinvalide durch Ablösung eines kleinen Teiles seiner Rente Anteile kaufen kann, eine erhebliche Förderung erfahren (Verhandlungen des Reichstages S. 962). Bei der Kommissionsberatung ging ein Antrag (Nr. 274, 2) dahin, in § 1 Abs. 1 hinter dem Worte „eigenen" einzufügen „oder genossenschaftlichen".

Ein anderer Antrag (Nr. 275) wollte dem § 1 folgenden Zusatz hinzufügen:

„Der Beitritt zu einer gemeinnützigen Baugenossenschaft oder Siedelungsgenossenschaft gilt grundsätzlich als Erwerb eigenen Grundbesitzes im Sinne dieses Gesetzes. Welche Genossenschaften als gemeinnützige in diesem Sinne gelten, bestimmt der Reichskanzler."

Der erste Antragsteller meinte, bisher sei immer nur von dem Erwerbe von Eigenbesitz gesprochen. Er glaube aber, daß der genossenschaftliche Besitz nicht ausgeschlossen werden solle.

Der zweite Antragsteller glaubte, daß der erste Antragsteller zu weit gehe, denn es können nur gemeinnützige Genossenschaften in Betracht kommen. Es sei aber notwendig, die Baugenossenschaften, welche seit vielen Jahren segensreich wirken, mit in das Gesetz zu nehmen. Durch das Kapitalabfindungsgesetz könne das Baugenossenschaftswesen außerordentlich gefördert werden.

Der Vertreter des preuß. Kriegsministeriums bat zu erwägen, ob es nicht möglich sei, diese Anträge zurückzuziehen. Er verwies auf die Begründung des Gesetzes, wo es heiße:

„Auf die Besitzform, unter welcher der Abfindungsberechtigte den Grundbesitz erwirbt, kommt es nicht an, vielmehr sollen unter die Bestimmung des § 1 auch die Form des Rentenguts, der Erbpacht und des Erbbaurechtes, sowie diejenigen Besitzformen fallen, welche für die Befestigung kleinerer landwirtschaftlicher oder gärtnerischer Besitzungen landesrechtlich bestehen oder künftig geschaffen werden."

Dann heiße es weiter:

„Ebenso wird in besonders geeigneten Fällen der Grunderwerb durch Beitritt zu einer gemeinnützigen Bau- oder Wohnungsgenossenschaft als genügend erachtet werden können."

Ein Mitglied der Kommission glaubte hingegen, daß trotz der Bemerkungen in der Gesetzesbegründung auf den Antrag Nr. 274, 2 nicht verzichtet werden könne, weil er notwendig sei, den prinzipiellen Standpunkt zum Ausdruck zu bringen, daß der genossenschaftliche Grundbesitz dem eigenen gleichgestellt werden solle. Für die städtischen Arbeiter würde es sich fast ausschließlich darum handeln, daß sie als Genossenschafter in gemeinnützige Baugenossenschaften eintreten. Der Einzelne, der in der Stadt Mitglied einer gemeinnützigen Baugenossenschaft sei, habe die Garantie, daß er eine bessere Wohnung habe als in Privathäusern. Da wegen des hohen Zinsfußes nach dem Kriege nur sehr wenige Kleinwohnungen gebaut werden würden, so sei es zu begrüßen, wenn dieses Gesetz den Bau der Kleinwohnungen erleichtern würde.

Ein anderes Mitglied stimmte dem Vorschlage, den Genossenschaftsbesitz in das Gesetz hineinzuziehen, zu, zieht aber wegen der Fassung den Antrag Nr. 275 vor.

Schließlich wurde unter Ablehnung des Antrags Nr. 274, 2 der Antrag Nr. 275 angenommen und zwar als § 2a Abs. 4 (Kommissionsbericht S. 12, 13, 46).

In der 2. Lesung der Kommission wurde dieser § 2a Abs. 4 in der redaktionell geänderten Fassung nach dem Vorschlage des Berichterstatters als § 1 Abs. 2 eingefügt (Kommissionsbericht S. 32, 45), wobei der 2. Satz des Antrages Nr. 275 bezüglich der Ermächtigung des Reichskanzlers, zu bestimmen, welche Genossenschaften als gemeinnützige anzusprechen seien, in Wegfall gekommen ist.

Statt dessen ist in den **Ausführungsbestimmungen des Bundesrats** Nr. 3 Abs. 6 bestimmt:

„Wenn es sich um den Erwerb von Grundbesitz durch Beitritt zu einem Bau- oder Siedelungsunternehmen handelt, ist auch eine Bescheinigung der Landeszentralbehörde oder der von ihr bestimmten Stelle über die Gemeinnützigkeit des Unternehmens beizufügen."

Aus der Entstehungsgeschichte des § 1 Abs. 2 und insbesondere aus der Erklärung des Vertreters des preußischen Kriegsministeriums, der die in der Kommission gestellten Anträge unter Hinweis auf die Gesetzesbegründung für unnötig hielt, ergibt sich, daß auch dann eine Kapitalabfindung gewährt werden kann, wenn der Versorgungsberechtigte einer Genossenschaft beitreten will, die sich satzungsgemäß mit dem Bau von Kleinwohnungen befaßt **und** auf der Grundlage gemeinsamen Eigentums aller Mitglieder beruht; nur dann wird mit der Erwerbung eines Genossenschaftsanteiles der Versorgungsberechtigte zugleich Grundstückseigentümer, er hat damit „eigenen Grundbesitz" im Sinne des Kapitalabfindungsgesetzes erworben (siehe auch Reichstagsverhandlungen 2. Lesung S. 1464). Es handelt sich hier im Gegensatz zur ländlichen um die **städtische** Siedelung, die sich in der Hauptsache in dem Bau von Kleinwohnungen zur Verschaffung einer billigen, angenehmen, ausreichenden, vom gesundheitlichen und sittlichen Standpunkte aus einwandfreien Wohnungsgelegenheit äußert. Hiebei ist eben zu beachten, daß mit der Kapitalabfindung neben dem wirtschaftlichen, auch ideelle Zwecke verfolgt werden (siehe Einleitung I).

Wesentlich ist es, daß die Genossenschaften satzungsgemäß dieselbe Gewähr für die Kapitalabfindung bieten müssen, wie der freie Besitz.

Ob dies der Fall ist, wird je nach der Entwickelung des Wohnungsgenossenschaftswesens in den einzelnen Bundesstaaten zu beurteilen sein. Preußen ist z. B. (siehe Anw. Nr. 3 Abs. 2) zu einer verneinenden Auffassung gekommen, ebenso Bayern (Anw. Nr. 3 Abs. 2).

Im Falle des Beitrittes des Antragstellers zu einem gemeinnützigen Bau- oder Siedelungsunternehmen hat die Prüfungsstelle eine Bescheinigung über die Gemeinnützigkeit des Unternehmens einzuholen. Diese Bescheinigung wird für Preußen vom Regierungspräsidenten erteilt, soweit es sich um ein gemeinnütziges Bauunternehmen, vom Oberpräsidenten, soweit es sich um ein gemeinnütziges Siedelungsunternehmen handelt (Anweisung für Preußen Nr. 7). Siehe auch bayer. Anw. Nr. 7. Bei der Antragstellung hat der Versorgungsberechtigte die Baugenossenschaft oder das Siedelungsunternehmen genau zu bezeichnen, wobei er zweckmäßigerweise die Statuten und den letzten Jahresbericht des Unternehmens mit in Vorlage bringt.

13. Daß eine Kapitalabfindung nur für im Deutschen Reiche gelegenen Grundbesitz, nicht aber für außerdeutschen Grundbesitz gewährt werden kann, versteht sich nach den Absichten des Gesetzgebers von selbst. Die geographischen Grenzen des Deutschen Reiches können sich im Laufe der Zeiten ändern. Deshalb kann Kapitalabfindung nicht nur für derzeit zum Deutschen Reiche gehörigen Grundbesitz, sondern auch für Neuerwerbungen des Deutschen Reiches nach erfolgter Einverleibung bewilligt werden. Dies gilt auch für die deutschen Kolonien, nicht aber für etwaige Pachtgebiete.

14. Nach Abs. 3 **entscheidet** über den Antrag auf Kapitalabfindung die oberste **Militärverwaltungsbehörde.**

Als solche gilt für das Heer das Kriegsministerium des Kontingents d. i. für Bayern, Sachsen und Württemberg das Kriegsministerium dieser Staaten, für die übrigen Bundesstaaten einschließlich Elsaß-Lothringen das preußische Kriegsministerium, für die kaiserliche Marine das Reichsmarineamt und für die kaiserlichen Schutztruppen das Reichskolonialamt (**Ausf.-Best. d. Bundesrats** Nr. 9 Abs. 1).

Die Entscheidung der obersten Militärverwaltungsbehörde ist eine endgültige. Ein Einspruch hiegegen ist daher unzulässig (siehe auch Pensionierungsvorschrift für Preußen Nr. 90 S. 75, für Bayern Nr. 90 S. 72).

Dagegen dürfte ein mit neuen Gründen belegtes Gesuch um nochmalige Prüfung des früher gestellten Antrages auf Kapitalabfindung wohl zu berücksichtigen und als völlig neues Gesuch zu behandeln sein.

15. Hat der Versorgungsberechtigte außerhalb seines Kontingents, dem er früher angehörte, seinen Wohnsitz, z. B. ein preußischer Rentenempfänger von Halle in Hof (Bayern), und stellt er beim zuständigen Bezirkskommando in Hof Antrag auf Kapitalabfindung, so entscheidet in solchen Fällen nicht etwa das bayerische, sondern stets das preußische Kriegsministerium. Das Bez.-Kommando Hof hat hier entsprechend der Ziff. 48 der Pens.-Vorschrift lediglich die Prüfung nach § 2 Ziff. 1—3 KAG., insbesondere die ärztliche Untersuchung zu betätigen, im übrigen aber die Akten dem (preußischen) Generalkommando zur Entscheidung zu übermitteln, in dessen Truppenteil der Antragsteller zuletzt gedient bzw. das den Rentenbescheid erlassen hat; da es sich in dem genannten Beispiel um ein preußisches Generalkommando handelt, so ergibt sich hieraus die Zuständigkeit des preuß. KM. von selbst.

Stellt ein Rentenempfänger eines preuß. Kontingents bei dem zum bayer. Kontingent gehörigen Bezirkskommando Hof einen Antrag auf Kapitalabfindung, der zweifellos nicht unter das KAG. fällt (siehe Note 11 zu § 2 S. 89), so wird ebenfalls in Anwendung der Ziff. 48 PensVorschr. in diesem Falle das Bezirkskommando Hof keinen Bescheid erteilen dürfen, sondern das Gesuch dem zuständigen preuß. Generalkommando vorlegen müssen. Man käme sonst zu der wohl unhaltbaren Folgerung, daß in solchen Fällen eine bayer. Militärbehörde einen Bescheid erlassen würde in einer Angelegenheit, die sonst zweifellos der Zuständigkeit der preuß. Militärbehörde unterliegt.

16. In der Reichstagskommission wurde von einem Mitgliede die Befürchtung ausgesprochen, daß nur ein kleiner Teil der polnischen Kriegsbeschädigten der Wohltaten des Kapitalabfindungsgesetzes teilhaftig werden könne und daß die zur Verfügung gestellten Beträge zur Verstärkung des polenfeindlichen Kampffonds dienen würden.

Dieses Mitglied führte u. a. weiter aus, daß in dem im Jahre 1904 geschaffenen preußischen Ansiedelungsgesetze (vom 10. August 1904 GS. 227) eine Bestimmung aufgenommen sei, die die Regierung berechtige, die Ansiedelung jedes Mannes polnischer Nationalität zu verhindern; endlich habe man auf über 30000 Grundstücken die sogenannte Polenklausel eingetragen. Es sei zu befürchten, daß die preußische Regierung das Ansiedelungsverbot auch dem polnischen Kriegsbeschädigten gegenüber zur Anwendung bringen werde. Deshalb wünsche er eine ausdrückliche Zusicherung, daß der § 13b des AnsiedelungsG. nicht angewandt werden dürfe. Auch müsse ausgeschlossen sein, daß mit Hilfe der dem Reiche zur Verfügung gestellten Mittel die Anzahl der mit der Polenklausel belasteten Grundstücke noch vermehrt würde.

§ 13b des AnsiedelungsG. lautet: „Die Ansiedelungsgenehmigung ist im Geltungsgebiete des Gesetzes, betreffend die Beförderung deutscher Ansiedelungen in den Provinzen Westpreußen und Posen vom 26. April 1886 (GS. S. 131) zu versagen, solange nicht eine Bescheinigung des Regierungspräsidenten vorliegt, daß die Ansiedelung mit den Zielen des bezeichneten Gesetzes nicht im Widerspruche steht.

In den Provinzen Ostpreußen und Schlesien und den Regierungsbezirken Frankfurt, Stettin und Cöslin findet diese Vorschrift sinngemäße Anwendung.

Wird die Bescheinigung versagt, so findet nur die Beschwerde an den Oberpräsidenten statt, der endgültig entscheidet. Falls die Beschwerde für begründet erklärt wird, gilt die Bescheinigung als erteilt.

Vorstehende Vorschriften greifen nicht Platz, wenn es sich um die einmalige Teilung eines Grundstückes im Wege der Teilung zwischen gesetzlichen Erben oder um einmalige Überlassung eines Grundstücks im Wege der Teilung seitens der Eltern an ihre Kinder handelt."

Ein Vertreter der verbündeten Regierungen gab folgende Erklärung ab:

„Wie schon der Herr Kriegsminister hervorgehoben hat, macht der Entwurf keinen Unterschied zwischen Kriegsbeschädigten deutscher und polnischer Herkunft. Diesen Standpunkt hat bereits die preußische Regierung in einer Erklärung des Herrn Landwirtschaftsministers im Abgeordnetenhause eingenommen. Dabei wurde besonders hervorgehoben, daß den polnischen Kriegsbeschädigten (durch entsprechende Handhabung des § 13b des AnsiedlungsG.) die Möglichkeit gegeben werden soll, sich auch innerhalb ihrer Heimatprovinz anzusiedeln. Wenn in jener Erklärung der Vorbehalt gemacht worden ist, daß dabei den Interessen der deutschen Ansiedelungen gegenüber einer planmäßigen Besiedlung von polnischer Seite gewahrt bleiben müssen, so sollte hiedurch lediglich die Notwendigkeit betont werden, das Ansiedlungswerk gegen „planmäßige" Durchkreuzungen zu sichern.

In den hienach nicht der deutschen Ansiedelung vorbehaltenen Gebieten aber steht, wie ich namens der preußischen Staatsregierung erklären kann, nichts im Wege, daß die Kriegsbeschädigten polnischer Abstammung sich auch in geschlossenen Siedlungen ansiedeln und dafür den Kredit der Rentengutsgesetzgebung und die sonst verfügbaren staatlichen Fonds in Anspruch nehmen."

Der Vertreter des Kriegsministeriums fügte dieser Erklärung noch folgendes vom militärischen Standpunkte aus hinzu: Die Auszahlung der Kapitalabfindung sei derartig gedacht, daß dem betreffenden Manne, sobald durch ärztliche Untersuchung usw. feststehe, daß er die Kriegszulage voraussichtlich dauernd behalten werde, etwa mitgeteilt werde: „Du kannst die Kapitalabfindung bekommen." Der Mann gehe nun völlig unabhängig von der Militärverwaltung zu der betreffenden Gesellschaft, der Ansiedelungsgesellschaft, der Rentenbank oder der Polnischen Bank oder einer gemeinnützigen Baugenossenschaft und bewerbe sich um eine Siedlerstelle. Sobald der Mann nun der Militärverwaltung die Bescheinigung bringe, daß er da und dort eine Stelle bekommen werde, und daß er zur Erwerbung so und soviel Kapital gebrauche, so bekomme er das Geld ohne jede weitere Prüfung, ob er evangelisch oder katholisch, ob er Pole, Elsässer oder Preuße sei, unweigerlich ausgezahlt. Das werde unter keinen Umständen noch einmal nach jenen Gesichtspunkten nachgeprüft.

Ein Mitglied der Kommission bemerkte hiezu: Es dürfe kein Unterschied gemacht werden, einerlei, ob ein Pole oder ein Preuße die Kapitalabfindung beantrage. Beide hätten den gleichen Anspruch. Die Äußerung des preuß. Landwirtschaftsministers im preuß. Abgeordnetenhause sei nicht ganz befriedigend gewesen. Die Erklärung des Regierungsvertreters wünschten seine Freunde in manchen Punkten deutlicher gefaßt. Bedenken habe er gegen die Wendung, daß die Interessen der deutschen Ansiedelung gegen „planmäßige" polnische Ansiedelung geschützt werden sollen. Auch bitte er statt „hiernach" lieber zu sagen „derzeit"; ebenfalls sei der Ausdruck „Gebiete" ungenau. Es komme darauf an, daß die Angehörigen polnischer Nationalität auch Grundstücke mit Kapitalabfindung bekommen.

Der Vertreter der verbündeten Regierungen erwiderte hierauf:

Die Erklärung, die er vorgelesen habe, sei festgestellt von den beteiligten preußischen Herren Ressortministern in Übereinstimmung mit dem Herrn Staatssekretär des Innern. Er sei deshalb augenblicklich nicht in der Lage, zu den Ausführungen und Anregungen auf Abänderung dieser Erklärung eine endgültige Stellung zu nehmen. Er müsse sich vielmehr vorbehalten, bis zur 2. Lesung der Kommission zu versuchen, eine entsprechende Änderung herbeizuführen.

Das Mitglied der Kommission, das die Behandlung dieser Frage veranlaßt hat, erklärte sich nicht befriedigt. Der Vorbehalt der Nichtdurchkreuzung der preußischen Ansiedelungspolitik mache den Wert der Erklärung illusorisch. Er verlange die klare Zusage, daß § 13b des AnsiedelungsG. bei der Ausführung des KAG. nicht Anwendung finde. Die Erklärung schweige auch darüber, ob die polnische Klausel beim Grundstückserwerb seitens aller Kriegsbeschädigten ausgeschaltet werden würde.

Ein anderes Kommissionsmitglied meinte, daß man in Zukunft darauf verzichten müsse, in den östlichen Provinzen Maßnahmen zu treffen, welche die polnische Bevölkerung in ihrer Ansiedelungspolitik behindern. Wer im Osten Grund und Boden erwerben wolle, müsse die Möglichkeit dazu haben, wann und wo es ihm beliebe. Die Erklärung des Regierungsvertreters genüge nicht.

Anläßlich der 2. Lesung des Entwurfs in der Kommission wurde beantragt dem § 1 folgenden Absatz 3 hinzuzufügen:

„Die im Abs. 1 erwähnten Personen unterliegen nicht den landesrechtlichen Ansiedelungsbeschränkungen, welche gewissen Klassen von Personen wegen ihrer Abstammung oder Umgangssprache auferlegt sind."

Zur Begründung wies der Antragsteller auf seine bei der 1. Lesung gemachten Ausführungen hin und erklärte, daß die in der 1. Lesung regierungsseitig abgegebene Erklärung mit so vielen Klauseln versehen sei, daß man sich nicht damit zufrieden geben könne. Man halte es deshalb für erforderlich, die beantragte Rechtsverwahrung in das Gesetz aufzunehmen. Die Regierung meine, daß die polnischen Ansiedler nur insoweit zugelassen werden sollen, als keine deutsche Ansiedelung bestehe. Er habe schon früher erklärt, daß man polnischerseits die deutsche Ansiedelung gar nicht durchkreuzen wolle, aber es bestehe eine begründete Befürchtung über die Absichten der im preuß. Abgeordnetenhause maßgebenden Parteien. Es müsse deshalb verlangt werden, daß im Gesetz festgestellt werde, daß die polnischen Invaliden dieselben Rechte haben wie die anderen.

Der Vertreter der verbündeten Regierungen erklärte hierauf: Er habe am 3. Mai eine Erklärung zum KAG. abgegeben, die von einem Kommissionsmitglied in einzelnen Punkten als einer näheren Erläuterung und Klarstellung für bedürftig bezeichnet wurde. Es habe damals gesagt, daß er sich bemühen würde, die Zustimmung der K. preuß. Staatsregierung für eine ergänzende Erläuterung im Sinne der Wünsche der Zentrumsfraktion herbeizuführen und die sonst noch gewünschte Klarstellung herzustellen.

Diese Ermächtigung sei ihm erteilt und er könne daher folgendes erklären:

Von der K. preußischen Staatsregierung bin ich ermächtigt, die von mir am 3. Mai 1916 zum KAG. abgegebene Erklärung verbindlich, wie folgt, zu erläutern:

1. „Entsprechende Anwendung des § 13b des AnsiedlungsG." bedeutet, daß die in dieser Gesetzesbestimmung verlangte Bescheinigung in allen von der Erklärung betroffenen Fällen erteilt werden wird.

2. In denjenigen Gemeinde- und Gutsbezirken, die nicht zum derzeitigen Wirkungsbereich der deutschen Ansiedelung gehören, werden die Kriegsbeschädigten polnischer Abstammung bei Ansiedelungen mit Hilfe des KAG. dieselben Vorteile wie deutsche Kriegsbeschädigte aus den Krediten der Rentengutsgesetzge-

bung und der sonst verfügbaren staatlichen Fonds erhalten."

Er glaube, Ziff. 2 der Erläuterung entspreche vollkommen dem Gedanken, die von dem Kommissionsmitglied ausgesprochen waren. Es werde also hier für die Gemeinde- und Gutsbezirke, die nicht zum derzeitigen Wirkungsbereich der deutschen Ansiedelung gehören, volle Parität zwischen deutschen und polnischen Kriegsbeschädigten zugesagt.

Der Antragsteller richtete nach dieser Erläuterung der von dem Regierungsvertreter abgegebenen Erklärung an diesen noch die Frage, ob in einem Dorfe die Ansiedelung eines polnischen Invaliden verboten werden soll, wenn die Ansiedlungskommission nur zwei oder drei Gehöfte in dem Dorfe gekauft hat. Diese Frage wurde dahin beantwortet, daß die Ansiedelung eines polnischen Invaliden nie verboten sei. Es sei ausdrücklich erklärt worden, daß die Zustimmung immer erfolgt.

Der Antragsteller erklärte, daß er auf dem Standpunkte stehe, daß seine Fraktion eine Differenzierung nicht zulassen dürfe. Er zog aber vorläufig seinen Antrag zurück, wiederholte ihn aber am Schlusse der 2. Kommissionslesung mit dem Antrag, dem § 2 des Entwurfs folgenden Abs. 2 hinzuzufügen:

„Als nützliche Verwendung gilt nicht der Erwerb eines Grundstücks, wenn hiebei dem Erwerber Veräußerungsbeschränkungen nationalpolitischen Inhalts auferlegt werden."

Er begründete seinen Wunsch damit, daß die von dem Regierungsvertreter abgegebene Erklärung nur öffentlichrechtliche Beschränkungen betreffe, während es bei dem § 2 des Entw. auf privatrechtliche Beschränkungen ankomme, die besonders von der Ansiedlungskommission auferlegt sind. Der Einwand, daß durch seinen Antrag die Tätigkeit der Ansiedlungskommission lahmgelegt werde, treffe nicht zu, weil die Ansiedlungskommission gesetzlich gar nicht verpflichtet sei, die Polenklausel aufzuerlegen. Er verlange, daß die Mittel, die das Reich für das KAG. zur Verfügung stelle, aus den politischen Kämpfen ausscheiden.

Ein preußischer Regierungsvertreter sprach sich gegen den Antrag aus, da die Annahme nach seiner Überzeugung eine Erschwerung der Ansiedelung für die Kriegsteilnehmer bedeuten würde. Er erklärte weiter:

Die sogenannte Polenklausel wird als private Vertragsklausel von der Ansiedelungskommission auferlegt. Die Auferlegung dieser Bedingung entspricht den Zwecken des Gesetzes über die Ansiedlungskommission und läßt sich nicht beseitigen. Wenn nun die Ansiedlungskommission gehindert werden würde, bei abgefundenen Kriegsbeschädigten und Kriegswitwen diese sogenannte Polenklausel als Vertragsbestimmung aufzuerlegen, so würde die Wirkung die sein, daß Kriegsbeschädigte, die sich unter Benutzung der Kapitalabfindung gerne ein Gut von der Kommission kaufen möchten, nicht dazu in der Lage sein würden, denn die Tätigkeit der Ansiedlungskommission an sich wird weitergehen.

Der Effekt würde nur der sein, daß die besonders günstigen Offerten der Kommission von abgefundenen Kriegsbeschädigten und Kriegswitwen nicht angenommen werden könnten. Für die Bemühungen, auch die polnischen Kriegsbeschädigten bezüglich der Ansiedelung in jeder Weise zu fördern, besteht in der preuß. Staatsregierung volles Verständnis. Wie schon erklärt wurde, wird zugunsten der Polen eine weitgehende Abänderung des bestehenden Zustandes eintreten. Während es bisher für einen Polen fast unmöglich war, sich in den Provinzen Posen und Westpreußen neu anzusiedeln, wird dies fortan jedem Kriegsbeschädigten, der sich einzeln ansiedeln will, überall gestattet sein.

Nur geschlossene planmäßige Ansiedelungen von Polen sollen nicht in solchen Bezirken stattfinden, wo die deutsche Ansiedelung tätig ist. In sehr weiten Gebieten Posens und Westpreußens sollen also auch geschlossene Ansiedelungen polnischer Kriegsbeschädigter zulässig sein. Dieses Entgegenkommen ist außerordentlich weit, aber die preußische Regierung steht auf dem Standpunkte, daß, wenn ein Gesetz zur Förderung von Ansiedelungen von Kriegsbeschädigten gemacht werden soll, dies auch den polnischen Kriegsbeschädigten zugute kommen soll. Andererseits kann man aber doch auch nicht in ein solches Gesetz eine Bestimmung hineinschreiben, die die Ansiedelung von deutschen Kriegsbeschädigten nachteilig beeinflussen würde. Die Motive des Antragstellers seien von seinem Standpunkte aus verständlich. Es sei ein Protest gegen die Art und Weise, wie sich die Tätigkeit der Ansiedelungskommission bisher gestaltet habe, aber um eines solchen Protestes willen könne man nicht den deutschen Kriegsbeschädigten einen Nachteil bereiten.

Der Antragsteller glaubt, daß durch seinen Antrag der deutsche Kriegsbeschädigte nicht verhindert werde, Grundstücke von der Ansiedelungskommission zu kaufen.

Der Antrag wurde schließlich abgelehnt (Kommissionsbericht S. 6, 7, 31, 32 und 40, 41, Reichstagsverhandlungen 1916 S. 964, 1464, 1465).

§ 2.

Eine Kapitalabfindung kann bewilligt werden, wenn

1. **die Versorgungsberechtigten das 21. Lebensjahr vollendet und das 55. Lebensjahr noch nicht zurückgelegt haben; ausnahmsweise kann auch nach dem 55. Lebensjahr eine entsprechende Abfindung gewährt werden,**
2. **der Versorgungsanspruch anerkannt ist,**
3. **nach Art des Versorgungsgrundes ein späterer Wegfall der Kriegsversorgung nicht zu erwarten ist,**
4. **für eine nützliche Verwendung des Geldes Gewähr besteht.**

Hält die oberste Militärverwaltungsbehörde eine nützliche Verwendung des Geldes nicht für gewährleistet, so ist dem Antragsteller vor der Entscheidung schriftlich Kenntnis von den Gründen und Gelegenheit zur Äußerung zu geben.

1. Abs. 1 zählt die Voraussetzungen auf, unter denen eine Kapitalabfindung bewilligt werden kann.

a) Nach der Ziff. 1 erster Halbsatz müssen die Versorgungsberechtigten das 21. Lebensjahr vollendet und dürfen das 55. Lebensjahr noch nicht zurückgelegt haben.

Hiezu bemerkt die Begründung (S. 5): „In Anlehnung an die Vorschrift des bürgerlichen Rechtes ist damit zu rechnen, daß im allgemeinen Personen frühestens mit Vollendung des 21. Lebensjahres selbst und entscheidend beurteilen können, wie sich ihr späteres Leben gestalten soll. Deshalb ist als Mindestgrenze für die Gewährung der Kapitalabfindung die Vollendung des 21. Lebensjahres vorgesehen.

Als Höchstgrenze ist der Tag vor Vollendung des 55. Lebensjahres angenommen, weil die Rentenempfänger, die bis dahin noch nicht selbständig sind, wohl kaum noch eine wesentliche Änderung in ihrer Lebenshaltung durch Erwerb eines Grundbesitzes erstreben werden. Es ist sogar wahrscheinlich, daß in der Regel für den Erwerb schon das 50. Lebensjahr als Grenze in Betracht kommen wird. Da aber darüber hinaus die Festigung des Besitzes wünschenswert sein kann, und die Möglichkeit der Gründung einer Heimstätte nicht ausgeschlossen werden darf, ist die Erreichung des 55. Lebensjahres als Grenze vorgesehen."

Die Möglichkeit, erstmals eine Kapitalabfindung zu erlangen, ist an die Volljährigkeit des Versorgungsberechtigten geknüpft. Diese tritt gemäß § 2 BGB. mit der Vollendung des 21. Lebensjahres ein.

Vollendet ist das 21. Lebensjahr nach der Berechnungsweise des § 187 Abs. 2 Satz 2 BGB. mit dem Ablauf des letzten Tages des 21. Lebensjahres, so daß der Tag der Geburt bei Berechnung des Jahres als voller Tag eingerechnet wird. Die Vollendung des 21. Lebensjahres ist somit gleichbedeutend mit dem Beginne des 22. Lebensjahres.

Die Rechtsfolge der Volljährigkeit ist der Beginn der Geschäftsfähigkeit, d. h. die Fähigkeit seine eigenen Angelegenheiten selbst zu regeln. Der Versorgungsberechtigte kann daher im Gegensatz zum Minderjährigen (siehe Note 8 zu § 1 S. 34) den Antrag auf Kapitalabfindung selbst stellen und vertreten.

Noch nicht zurückgelegt ist das 55. Lebensjahr einen Tag vor dem 55. Geburtstage des Versorgungsberechtigten.

Der 2. Halbsatz der Ziff. 1 war im Regierungsentwurfe nicht enthalten; er ist eine Neueinfügung der Reichstagskommission. Schon in der Reichstagssitzung vom 10. April 1916 wurde die Frage aufgeworfen, ob die in § 5 KAG. aufgestellte Skala, die bis zum 55. Lebensjahr reicht, das Richtige treffe. Es wurde bemerkt, es sei sehr wohl z. B. denkbar, daß auch ein unmündiger Sohn noch, um das väterliche Vermögen zu erhalten, unter Umständen einer Summe zur Ablösung der drückenden Schulden bedarf und daß jemand über 55 Jahre zur Erhaltung des Besitzes eine Kapitalabfindung in Anspruch nimmt (Reichstagsverhandlungen S. 959/60). In der Reichstagskommission wurde auch noch darauf hingewiesen, daß bei Kriegsausbruch Leute zum Heeresdienste eingezogen worden seien, welche jetzt schon fast 47 Jahre alt sind. Es wurde als hart erachtet, solchen Leuten eine Kapitalabfindung vorzuenthalten (Kommissionsbericht S. 13).

Nach der Gesetzesbestimmung soll jedoch nur **ausnahmsweise** eine entsprechende Abfindung nach dem 55. Lebensjahr gewährt werden. Hiemit ergibt sich für die zuständigen Behörden die Verpflichtung einer besonders sorgfältigen Prüfung. So wird in erster Linie dem ärztlichen Befund über den Gesundheitszustand und die mutmaßliche Lebensdauer des Versorgungsberechtigten eine wesentliche Bedeutung zuzumessen sein; die ärztliche Untersuchung wird daher eine ganz besonders eingehende sein müssen.

In den Fällen, in denen der Versorgungsberechtigte das 55. Lebensjahr vollendet hat, kann eine entsprechende Abfindung gewährt werden.

Was unter „entsprechender Abfindung" zu verstehen ist, zeigt Abs. 3 Ziff. 4 der Ausf.-Best. des Bundesrats (hierüber siehe Note 4 zu § 5 S. 109).

b) Die zweite Voraussetzung ist, daß der Versorgungsanspruch anerkannt ist.

Anerkannt ist der Versorgungsanspruch mit der endgültigen Bewilligung der Versorgungsgebührnisse durch die zuständigen Militärverwaltungsbehörden nach Maßgabe der Vorschriften des Mannschaftsversorgungsgesetzes (§ 27 f.) und des Militärhinterbliebenengesetzes (§ 28). Dem Anerkenntnis ist gleich zu erachten eine rechtskräftige Verurteilung des Militärfiskus gemäß §§ 42, 43 MVG. und §§ 35, 36 MHG. zur Zahlung der Versorgungsgebührnisse, ferner ein hierüber zwischen dem Militärfiskus und dem Versorgungsberechtigten abgeschlossener Vergleich.

Ruht der festgestellte Versorgungsanspruch nach §§ 35, 36 MVG. und §§ 31, 32 MHG., so kann eine Kapitalabfindung auf die Dauer des Ruhens der Versorgungsgebührnisse nicht bewilligt werden.

Das Recht auf Bezug von anerkannten Versorgungsgebührnissen kann unter den Voraussetzungen des § 33 MVG. und zwar dauernd erlöschen. Hier scheidet die Möglichkeit einer Abfindung von selbst aus.

Dies gilt auch für das Recht auf Bezug des Witwengeldes bei Wiederverheiratung der Witwe (§ 30 MHG.). Insoweit die Voraussetzungen des § 33 MVG. erst nach der Bewilligung und Auszahlung der Kapitalabfindung eintreten, wird eine Rückforderung der Abfindung nur im Rahmen des § 8 KAG. möglich sein.

c) Nach Ziff. 3 darf nach Art des Versorgungsgrundes ein späterer Wegfall der Kriegsversorgung nicht zu erwarten sein.

Diese Bestimmung war der Anlaß lebhafter Erörterungen in der Reichstagskommission.

Es wurde darauf hingewiesen, daß die Verstümmelungs- und Kriegszulage nur bewilligt werden könne, solange der Rentenbezug fortdauere. Man sei schließlich zu der Überzeugung gekommen, daß es gut sein werde, die Renten möglichst bald für die Lebensdauer zu gewähren. Damit sei erst die Voraussetzung für eine häufigere Kapitalisierung der Kriegs- und Verstümmelungszulage gegeben. In diesem Zusammenhange könne man auch die Frage behandeln, ob die Verstümmelungszulage nicht auf Lebenszeit gewährt werden solle unabhängig von der Weitergewährung der Rente.

Von anderer Seite wurde bemerkt, daß gerade bei nervösen Erkrankungen die Abfindung eine gute Wirkung habe, wofür man viele Beweise in der Arbeiterversicherung anführen könne. Man solle deshalb die Ziffer 3 nicht engherzig auslegen.

Auch wurde betont, es sei eine ernste Aufgabe, zu prüfen, ob die Abfindung auch bei der traumatischen Neurose stattfinden solle.

Der Vertreter des preußischen Kriegsministeriums bemerkte hiezu, er habe bereits bei der Beratung des allgemeinen Pensionsfonds auf die Verfügung des Kriegsministeriums hingewiesen, die Nachprüfungen in möglichst weiten Grenzen nach 2, 3 oder 5 Jahren zuläßt; wenn der Zustand ein dauernder sei, könne von Nachprüfungen überhaupt abgesehen werden. Er habe damals versprochen, in Erwägungen einzutreten, ob nicht zugunsten der Kriegsbeschädigten noch weiter gegangen werden könne. Heute sei er in der Lage, zu erklären, daß weiter gegangen werden solle, und zwar solle sämtlichen Kriegsbeschädigten, bei denen auf Grund der Untersuchung mit ziemlicher Sicherheit angenommen werden könne, daß sie wenigstens 10% erwerbsunfähig blieben, auf ihren Antrag eine Bescheinigung ausgestellt werden, die ungefähr dahin laute, daß sie lebenslänglich im Besitze einer Rente bleiben. Darin liege schon, daß sie auch die Kriegszulage lebenslänglich bekommen. Er gehe dabei scheinbar etwas über den Wortlaut des Mannschaftsversorgungsgesetzes hinaus. Da aber nach dem Kriege doch Änderungen dieses Gesetzes vorgenommen werden müßten, so glaube er, daß der Reichstag nichts gegen ein solches Vorgehen haben werde, das, wie er glaube, eine Beruhigung und ein Mittel gegen die Rentenpsychose sein werde.

Was die Kriegszulage betreffe, so sei es richtig, daß sie nur neben der Rente gewährt werde, ebenso wie die Verstümmelungszulage. Aber im Falle des § 13 Abs. 2 MVG. sei der Wegfall der Rente und damit der Kriegs- und Verstümmelungszulage ausgeschlossen. Im Falle des § 13 Abs. 3 MVG. könnte es vielleicht einmal möglich sein, daß der Mann durch die ärztliche Kunst wieder vollständig hergestellt und erwerbsfähig wird; dann könnte allerdings die Rente und die Verstümmelungszulage wegfallen. Wollte man dem Manne die Rente weitergewähren, so wäre das gleichbedeutend mit einem Ehrensold, den jeder andere Kriegsteilnehmer, der gesund geblieben ist, mit demselben Rechte beanspruchen könnte.

Bezüglich der Frage der traumatischen Neurose wurde von einem Regierungsvertreter ausgeführt: Man müsse hiebei bedenken, daß die Kapitalabfindung die bei traumatischer Neurose in Frage komme, nicht gleichbedeutend sei mit der Kapitalabfindung, wie sie im Entwurfe vorgesehen sei. Man sei in Ärztekreisen einmütig der Überzeugung, daß die traumatische Neurose, also jene Krankheit, bei der die Krankheitserscheinungen aufrecht erhalten werden durch die Rentengewährung, durch die Nachuntersuchungen und durch all das Darum und Daran, das beim Rentenbezug in die Erscheinung tritt, verschwinde, wenn man die Betreffenden durch eine Kapitalauszahlung endgültig und restlos abfinde. Das widerspreche aber dem Grundsatz des Kapital-Abfindungsgesetzes. Diese wolle gerade den Beschädigten, indem es nur die Zulagen zur Abfindung heranziehe, den Rentenbezug und Rentenanspruch belassen. Damit würde also die Rentenruhe, die dem an traumatischer Neurose Erkrankten so notwendig sei, nicht erreicht werden. Dazu komme noch eines: Die Kapitalabfindung werde als Heilmaßnahme empfohlen. Die Heilbarkeit der Neurose sei also die Voraussetzung dafür, daß man mit einem Kapital abfindet, während in diesem Gesetz gerade die Krankheiten zum Gegenstand der Abfindung gemacht werden sollten, bei denen eine Heilung im Sinne der Wiederherstellung der vollen Erwerbsfähigkeit nicht zu erwarten sei.

Man hoffe aber bei den Krankheitsfällen, bei denen es sich nicht um eine rein traumatische Neurose handle, sondern bei denen diese kompliziert sei mit organischen Erkrankungen, durch das Kapitalabfindungsgesetz einen heilsamen Einfluß auf die Neurose auszuüben. Insbesondere hoffe man dabei gerade in dieser Beziehung große Erfahrungen sammeln zu können, wie die traumatische Neurose wirksam zu bekämpfen sei (Kommissionsbericht S. 13 ff.; siehe auch Martineck S. 33 ff., 53 ff.).

Entsprechend den Zusicherungen des Vertreters des preußischen Kriegsministeriums über den Bezug der Militärrente erging folgender Erlaß:

„Auf Antrag des Versorgungsberechtigten ist den aus Anlaß des gegenwärtigen Krieges auf Grund einer Kriegsdienstbeschädigung zu versorgenden Personen, bei denen nach der Art des Versorgungsgrundes ein späteres Herabsinken der Erwerbsunfähigkeit unter 10 vom Hundert nicht zu erwarten ist, eine Bescheinigung auszustellen, daß ein gänzlicher Fortfall der Rente später nicht eintritt, die Kriegszulage sonach nie fortfallen kann.

Ist bei Empfängern der Verstümmelungszulage nach der Art der Verstümmelung auch der Fortfall der Verstümmelungszulage nicht zu erwarten, so ist die Bescheinigung nach dieser Richtung hin zu ergänzen.

Die Rentenliste oder Rentennachliste erhält einen dem vorstehenden entsprechenden Vermerk in Spalte 10.

Für das geschäftliche Verfahren gelten die für die Festsetzung von Versorgungsgebührnissen maßgebenden Vorschriften.

Vorstehendes findet auch auf die bereits erfolgten Rentenfeststellungen Anwendung" (PrABBl. 1916 S. 253, VBl. des bayer. Kriegsminist. 1916 S. 568/69, WürttMVBl. 1916 S. 324, SächsMilVBl. 1916 S. 359). Hiezu erging folgender ergänzender Erlaß:

„Der vorletzte Absatz des Erlasses: „Für das geschäftliche Verfahren gelten die für die Festsetzung von Versorgungsgebührnissen maßgebenden Vorschriften" erhält folgenden Zusatz:

„Wegen der Einspruchsmöglichkeit wird auf Ziff. 901 und 91/3 der Pensionierungsvorschrift hingewiesen." (PrABBl. 1916 S. 432, VBl. d. bayer. KM. 1916 S. 927, SächsMilVBl. 1916 S. 579, WürttMilVBl. S. 571.)

Die Bescheinigung über die Dauerrente stellt das Generalkommando aus, das die in dem Erlasse erwähnte Rentenliste oder Rentennachliste ausgefertigt hat.

Ob im Sinne des angeführten Erlasses ein Fortfall der Kriegs- und zutreffendenfalls der Verstümmelungszulage nicht mehr zu erwarten ist, ist Sache der militärärztlichen Beurteilung (siehe Note 2 S. 66).

Die Ziff. 3 des § 2 KAG. wird auch dann einschlägig sein, wenn es sich darum handelt, ob mit hoher Wahrscheinlichkeit mit dem Ableben des Versorgungsberechtigten zu rechnen ist und zwar ohne Rücksicht darauf, ob es sich um Rentenempfänger oder Witwen handelt, wenn auch nicht zu verkennen ist, daß diese Frage an sich unter Ziff. 4 zu prüfen wäre. Würde man die Anwendbarkeit der Ziff. 3 verneinen, so müßte man zu dem in der Praxis unhaltbaren Ergebnis gelangen, daß das Generalkommando hier einen Bescheid lediglich nach Ziff. 1 und 2 zu erteilen in der Lage wäre (Ausf.-Best. d. Bundesrats Nr. 2) und im übrigen eine Beurteilung nur im Rahmen der Ziff. 4, d. h. mit eventueller Inanspruchnahme der Prüfungsstelle — Prüfung der persönlichen Verhältnisse! — möglich wäre.

Im übrigen wird die Frage des vorzeitigen Ablebens wohl eine Hauptrolle bei der ärztlichen Untersuchung spielen. Die Begründung (S. 6) zu § 5 hebt dieses Moment ausdrücklich mit den Worten hervor: „Wenngleich ‚Kriegsbeschädigte' in Frage kommen, so soll eine Abfindung doch nur dann eintreten, wenn der Gesundheitszustand der Antragsteller derartig ist, daß ihr vorzeitiges Ableben nicht zu befürchten ist."

2. Verfahren.

Ob die Voraussetzungen des § 2 Nr. 1 bis 3 gegeben sind, haben ausschließlich die Militärbehörden zu prüfen.

Hierüber treffen die **Ausführungsbestimmungen des Bundesrats Nr. 2** (RGBl. 1916 S. 685) nähere Bestimmungen.

Zuständig für die Prüfung der Frage, ob die Voraussetzungen des § 2 Nr. 1—3 gegeben sind, ist das **Bezirkskommando.** Es veranlaßt die Untersuchung des Antragstellers durch einen **beamteten** Arzt. Die Untersuchung wird in der Regel durch den Sanitätsoffizier des Bezirkskommandos vorzunehmen sein. Es kann aber auch, was insbesondere für die Witwen zutreffen wird, die — kostenlose — Untersuchung von einem Amtsarzte (Regierungsarzt, Kreisarzt, Bezirksarzt, Polizeiarzt) auf Ersuchen des Bezirkskommandos vorgenommen werden. Die Anw. d. preuß. KM. besagt in Ziff. 5 hiezu:

„Für die ärztliche Untersuchung ist der beim Bezirkskommando diensttuende Arzt heranzuziehen. Hiezu sind ihm die Versorgungsakten der Rentenempfänger zuzustellen.

Die ärztliche Untersuchung der Kriegerwitwen kann auf Antrag einem anderen beamteten Arzt (Kreisarzt) übertragen werden" (siehe SächsMilVBl. 1916

S. 418, Bezirksarzt); ebenso können in Bayern (Vollz.-Anw. d. bayer. KM. Ziff. 5 Abs. 2) und Württemberg (Ziff. 5 d. Anweisung d. KM. (MVBl. S. 427) die Bezirksärzte die ärztliche Untersuchung der Kriegerwitwen vornehmen.

Der Arzt hat sich gutachtlich nicht nur dahin zu äußern, ob vom ärztlichen Standpunkte aus Bedenken gegen die Gewährung der Kapitalabfindung bestehen, sondern auch, ob die Bedingung der Ziff. 3 des § 2 KAG. erfüllt ist, nämlich, daß nach Art des Versorgungsgrundes ein späterer Wegfall der Kriegsversorgung nicht zu erwarten ist.

Über das bei der Untersuchung zu beobachtende Verfahren sind von den obersten Militärverwaltungsbehörden nähere eingehende Anweisungen ergangen (siehe auch Martineck S. 33 ff, bayer VollzAnw Ziff. 5 Abs 3).

Das Bezirkskommando wird dann die Versorgungsakten zum Antrage auf Kapitalabfindung beinehmen und den Antrag unmittelbar dem Generalkommando zur Entscheidung vorlegen. Das Bezirkskommando selbst kann keinerlei Entscheidung treffen, es wird sich aber in Kürze über den Sachverhalt gutachtlich zu äußern haben (Anw. d. preuß. KM. Ziff. 6, ebenso Bayern). An Stelle der Generalkommandos treten für Marineangehörige die Marinestationskommandos, für Schutztruppen das Kommando der Schutztruppen im Reichskolonialamt (Ausf.-Best. d. Bundesrats Nr. 9 Abs. 2).

Das Generalkommando prüft dann, ob die Voraussetzungen des Gesetzes erfüllt sind. Die durchaus selbständige Prüfung seitens des Generalkommandos kann sich nur auf die in Ziff. 1 mit 3 des § 2 KAG. nicht auch auf die Ziff. 4 beziehen.

Gelangt das Generalkommando zu der Ansicht, daß die gesetzlichen Voraussetzungen erfüllt sind, so bescheidet es den Antragsteller.

In dem Bescheide ist anzugeben, bis zu welcher Höhe im Falle nachgewiesener nützlicher Verwendung die Kapitalabfindung — entsprechend der in § 5 KAG. aufgestellten Skala — gewährt werden könnte. Auch wird besonders darauf hinzuweisen sein, daß die Abfindung und Verwendung nur zum Erwerb oder zur wirtschaftlichen Stärkung eigenen Grundbesitzes zulässig ist. Im übrigen siehe auch Note 6 zu § 4.

Gleichzeitig ist — soweit dies möglich — die Stelle zu bezeichnen, an die der Antragsteller sich wegen der weiteren Behandlung des Antrages zu wenden hat. Es ist dies die von den Landeszentralbehörden zur Prüfung der Frage nach § 2 Ziff. 4 bestimmte Stelle.

In dem Bescheide ist auf die Vorschriften der §§ 6, 8 KAG. hinzuweisen.

Dem Bescheide des Gen.-Kommandos ist eine Abschrift der Seite 4 der Rentenliste oder Rentennachliste beizufügen. Eine Übersendung der Versorgungsakten an die nach Nr. 3 der Ausf.-Best. d. Bundesrats in Betracht kommenden Stellen hat in keinem Falle stattzufinden (Anw. d. preuß. KM. Ziff. 7, VollzAnw. d. bayer. KM. Ziff. 7).

Das Gen.-Kommando hat dem Antragsteller aufzugeben, sobald er sich für einen bestimmten Verwendungszweck entschieden und die erforderlichen Vertragsunterlagen beschafft hat, diese sowie den Bescheid mit der Abschrift der Seite 4 der Rentenliste oder Rentennachliste mit dem Prüfungsantrag der Zivilstelle vorzulegen (Anw. d. preuß. KM. Ziff. 8 Abs. 2, des bayer. KM. Ziff. 8).

Eine Abschrift des Bescheides hat das Generalkommando der obersten Militärverwaltungsbehörde (Nr. 9 Abs. 1 der Bundesrats-Ausf.-Vorschr.) vorzulegen. Diese Vorschrift bezieht sich nicht auf ablehnende Bescheide.

Wenn das Generalkommando die Voraussetzungen des § 2 Nr. 1—3 KAG. nicht als erfüllt ansieht oder Bedenken hinsichtlich des Gesundheitszustandes bestehen, so teilt es dies dem Antragsteller mit.

In jedem Bescheide des Generalkommandos ist der Antragsteller darauf hinzuweisen, daß er die endgültige Entscheidung der obersten Militärverwaltungsbehörde anrufen kann.

Die Zustellung des Bescheids erfolgt nach den für das Verfahren in sonstigen Versorgungsangelegenheiten gegebenen Bestimmungen, d. h. nach den Bestimmungen der Pensionierungsvorschrift Nr. 92 (preuß. PV. S. 75, bayer. PV. S. 73). Nr. 92 der Pens.-Vorschrift lautet:

„Sämtliche Bescheide sind den Gesuchstellern gegen Empfangsbescheinigung auszuhändigen und im Entwurf oder in Abschrift den Akten beizunehmen. Bei Urlaub oder nach der Entlassung des Mannes hat die Zustellung entweder durch die Post gegen Rückschein oder durch Vermittelung der Orts- und Polizeibehörden oder auf anderem geeigneten Wege zu erfolgen. Kann der Bescheid dem Betreffenden persönlich nicht übergeben werden, weil er abwesend ist, ohne einen Zustellungsbevollmächtigten dem Bezirkskommando namhaft gemacht zu haben, so gilt als Zeitpunkt der Zustellung der Tag, an dem die Zustellung bei Anwesenheit des zu Bescheidenden erfolgt wäre. Die Zustellung durch die Post bildet die Regel. Orts- und Polizeibehörden dürfen hiezu nur ausnahmsweise in Anspruch genommen werden, z. B. wenn die Zustellung durch die Post zu einem bestimmten Zeitpunkt nicht sicher genug erscheint oder, wenn die Wohnung des Empfängers nicht bekannt ist.

Die Empfangsbescheinigungen, in denen die bescheidende Behörde, das Datum und die Nummer des Bescheides sowie das Datum der Aushändigung angegeben sein müssen, und Post-Rückscheine sind den Akten beizufügen.

In dem Militärpaß ist der Inhalt der Bescheide auszugsweise kurz zu vermerken."

Die Anrufung der obersten Militärverwaltungsbehörde erfolgt ohne Fristbeschränkung in der Form des Einspruchs oder Beschwerde. Der Einspruch ist zu begründen und nötigenfalls mit ärztlichen Zeugnissen zu belegen, wenn eine Abweichung von dem Zeugnisse des beamteten Arztes geltend gemacht werden will.

Die oberste Militärverwaltungsbehörde kann je nach Sachlage zur Prüfung der vom Beschwerdeführer angegebenen Gründe weitere Erhebungen anordnen, insbesondere auch den beamteten Arzt zur Stellungnahme zu dem vorgelegten ärztlichen Gutachten veranlassen, auch eine nochmalige Untersuchung durch einen bisher unbeteiligten Arzt verfügen.

Da es sich um vielfach schwierige medizinische Fragen handeln kann, so wird in der Regel eine gutachtliche Äußerung der Medizinalabteilung des Kriegsministeriums vor Erlaß des Bescheides durch die oberste Militärverwaltungsbehörde zu erholen sein.

Der Entscheid der obersten Militärverwaltungsbehörde ist endgültig.

Für versorgungsberechtigte, die das 55. Lebensjahr vollendet haben, erfolgt die Prüfung und Bescheidung der Fragen des § 2 Nr. 1 bis 3 **nicht** durch die Generalkommandos, sondern durch die oberste Militärverwaltungsbehörde (siehe Anw. d. preuß. KM. Ziff. 4 ebenso Bayern). Das gleiche gilt für Witwen von Angehörigen der Marine und der Schutztruppen.

d) Die vierte Voraussetzung und zugleich die schwerwiegendste für die Bewilligung einer Kapitalabfindung ist, daß für eine nützliche Verwendung des Geldes Gewähr besteht.

Hiezu bemerkt die Begründung zum Entwurfe (S. 5):

„Um eine nützliche Verwendung des Geldes zu gewährleisten, wird die mit der Entscheidung über den Antrag betraute Stelle alle einschlägigen Verhältnisse, vor allem namentlich die persönlichen, Familien- und Vermögensverhältnisse des Antragstellers eingehend zu prüfen haben.

Zu diesem Zwecke wird sie die Mitwirkung von sachverständigen Behörden und Organisationen in Anspruch nehmen. Ebenso wird in geeigneten Fällen die Anhörung von Handelskammern, Handwerkskammern, Fachvereinen und ähnlichen Organisationen geboten sein.

Die näheren Bestimmungen hierüber, die nach den verschiedenen Verhältnissen in den einzelnen Landesteilen nicht einheitlich durch Gesetz geregelt werden können, sollen durch den Bundesrat getroffen werden. Hierbei wird, soweit landesrechtlich für Heimstätten eine besondere Besitzform besteht oder geschaffen wird, die Frage zu regeln sein, inwieweit die Zahlung der Abfindung vom Nachweis der Errichtung der Heimstätte in dieser Besitzform abhängig zu machen und die Abfindung unmittelbar an eine staatliche Stelle oder an ein Siedelungsunternehmen zu zahlen ist."

Von fast allen Seiten wurde in der Reichstagskommission die Bedingung der Ziff. 4 als nicht genügend angesehen. Man glaubte unbedingt eine größere Sicherheit dafür verlangen zu müssen, daß der Zweck der Kapitalabfindung auch erreicht werde.

Nach dieser Richtung hin bewegten sich auch eine Reihe von Anträgen, die im wesentlichen zur Einfügung des nunmehrigen § 6 in das Gesetz führten. Hierüber siehe Note 1 zu § 6 S. 112 ff.

Im übrigen wurde betont, es müsse die nützliche Verwendung des Geldes „dauernd" gewährleistet werden. Wenn das nicht der Fall sei, so könne man überzeugt sein, daß in 3 oder 4 Jahren die abgefundenen Leute erneut kommen würden, um sich versorgen zu lassen.

Demgegenüber betonte der Regierungsvertreter, daß ja das Kriegsministerium die Verantwortung für den Versorgungsberechtigten übernehme, daß die Abfindung auch zu seinen Gunsten und zu seinem Vorteile ausschlage. Diese Verantwortung könne nur übernommen werden, wenn man die Gewißheit habe, daß die Sache auch so auslaufe, wie man es bei der Genehmigung der Abfindungssumme angenommen habe. Darin liege schon die Gewähr, daß bei der Prüfung nicht nur der augenblickliche Stand, sondern auch die voraussichtliche weitere Folge berücksichtigt werde. Deshalb empfehle sich, das Wort „dauernd" nicht in das Gesetz aufzunehmen, ganz abgesehen von den Schwierigkeiten, die sich bei der Durchführung der Kapitalabfindung ergeben würden. So verblieb es denn auch bei der Fassung des Entwurfs.

Verfahren (Ausf.-Best. d. Bundesrats Nr. 3): Auf Grund des zustimmenden Bescheids des Generalkommandos bzw. der obersten Militärverwaltungsbehörde hat sich der Antragsteller an die von der Landeszentralbehörde bestimmte Stelle zur Prüfung der Nützlichkeit der beabsichtigten Verwendung des Kapitals zu wenden.

3. Bei der Besprechung zu § 2 des Gesetzentwurfes beschäftigte man sich auch mit der Frage, welche Behörde darüber entscheiden soll, ob für die in Ziff. 4 aufgestellte Bedingung einer nützlichen Verwendung des Geldes Gewähr besteht. Ein Antrag Nr. 274 Ziff. 3 verlangte folgenden Zusatz: „ob die Voraussetzung zu Nr. 4 vorliegt, entscheidet die Landeszentralbehörde oder die von ihr beauftragte Stelle."

Dieser Antrag wollte also die Entscheidung über die Frage der nützlichen Verwendung der obersten Militärverwaltungsbehörde entziehen und der Landeszentralbehörde oder einer von dieser beauftragten Stelle überweisen.

Ein anderer Antrag Nr. 276 wünschte nur, daß diese Organe und, wenn es sich um eine Witwe handelt, auch die zuständige Kriegshinterbliebenenfürsorge, vor der Entscheidung, die in den Händen der obersten Militärverwaltungsbehörde verbleiben soll, gutachtlich gehört werden müssen. Dieser Antrag wollte weiter noch Anordnungen treffen in bezug auf das Verfahren, falls die amtliche Stelle zu einem verneinenden Gutachten kommt.

Dieser Antrag lautete:

Dem § 2 als Abs. 2 anzufügen:

„Ob die Voraussetzung zu 4 vorliegt, ist die Landeszentralbehörde oder die von ihr beauftragte Stelle und soferne es sich um eine Witwe handelt, auch die zuständige Kriegshinterbliebenen-Fürsorgestelle gutachtlich zu hören. Verneint das Gutachten die Voraussetzung zu 4, so ist dem Antragsteller unter schriftlicher Mitteilung der Gründe rechtzeitig von der Entscheidung der obersten Militärverwaltungsbehörde Kenntnis und Gelegenheit zur Äußerung zu geben."

Der Vertreter des Kriegsministeriums wies darauf hin, daß dieser Antrag Nr. 276 ziemlich wörtlich in dem Entwurf der Ausführungsbestimmungen enthalten sei und stellte anheim zu erwägen, ob es zweckmäßig sei, ihn in das Gesetz aufzunehmen. Das Gesetz würde dadurch nur belastet.

Sodann bat er dem zuzustimmen, daß die letzte endgültige Entscheidung beim Kriegsministerium verbleibe. Auch den Leuten würde es entschieden angenehmer sein, wenn sie wüßten, daß die Zügel bis zum Schlusse in einer Hand lägen.

Zu dem Antrag Nr. 276 bemerkte ein Kommissionsmitglied, daß die Dinge sich so gestalten würden, wie es der Antrag verlange, daß sich nämlich die Militärbehörde mit den Organen der Einzelstaaten in Verbindung setze. Das gehöre besser in die Ausführungsbestimmungen als in das Gesetz. Schließlich wurde der Antrag Nr. 274 und der erste Antrag Nr. 276 abgelehnt, der zweite Absatz des Antrags Nr. 276 vorbehaltlich redaktioneller Abänderung — nunmehr Abs. 2 des § 2 — angenommen (Kommissionsbericht S. 21 und 22).

4. Die **Prüfung** der Frage, ob für eine nützliche Verwendung des Geldes Gewähr besteht, erfolgt nach den im Einvernehmen mit den obersten Militärverwaltungsbehörden zu erlassenden Anweisungen der Landeszentralbehörden (**Ausf.-Best. d. Bundesrats** Nr. 3 Abs. 1 Satz 2).

Sie erstreckt sich insbesondere auf die Familien- und Vermögensverhältnisse des Bewerbers, seine persönliche Eignung zur beabsichtigten Verwendung und auf den zur Erreichung des Verwendungszwecks erforderlichen Geldbetrag (Ausf.-Best. d. Bundesrats Nr. 3 Abs. 2).

Demgemäß ergibt sich auf Grund der Anweisungen der Landeszentralbehörden im wesentlichen folgendes:

a) Die Prüfung hat sich darauf zu erstrecken, ob die nützliche Verwendung in der Person des Antragstellers gewährleistet ist. Hiefür kommen alle seine persönlichen und wirtschaftlichen (Gesundheits-, Berufs-, Vermögens-, Familien-)Verhältnisse in Betracht.

Die Kenntnis von der Leistungsfähigkeit des Antragstellers in gesundheitlicher Beziehung wird sich in der Regel aus der von der Militärbehörde veranlaßten ärztlichen Untersuchung gewinnen lassen. Gegebenenfalls kann sich die Prüfungsstelle eine beglaubigte Abschrift des bei den Versorgungsakten des Bezirkskommandos befindlichen ärztlichen Gutachtens erholen (siehe auch Anw. d. preuß. KM. Ziff. 9, Anw. d. bayer. KM. Ziff. 9).

Die Prüfungsstelle hat aber unabhängig von diesem ärztlichen Gutachten sich von dem Gesundheitszustande des Bewerbers ein Urteil zu bilden. Sie hat Wahrnehmungen von Gesundheitsstörungen, die dem Arzte teils verborgen bleiben müssen, teils absichtlich verschwiegen wurden, aktenkundig zu machen, z. B. wenn der Bewerber um ein landwirtschaftliches Grundstück vielfach an Krankheiten gelitten hat, die ihn aller Wahrscheinlichkeit längere Zeit im Jahre an der Ausübung des landwirtschaftlichen Berufes hindern werden, und eine rationelle Bewirtschaftung in Frage stellen. Hieher gehören auch Wahrnehmungen über allenfallsige Anzeichen geistiger Störungen, über erbliche Belastung usw. Solche Bekundungen der Prüfungsstelle können oft für die Beurteilung der Frage, ob die nützliche Verwendung der Abfindungssumme auch für die Zukunft in der Person des Bewerbers gewährleistet ist, von wesentlicher Bedeutung sein. Gerade die Frage etwaiger geistiger Störungen auf Grund erblicher Veranlagung erscheint ganz besonders wichtig, und zwar nicht nur für den Rentenempfänger selbst, dem bei Eintritt solcher Störungen der Weiterbezug der Zulagen nur Vorteile bringt, sondern auch für den Staat und die Gemeinden, denen möglicherweise künftig hohe Armenlasten und Auslagen für Unterbringung in Heilanstalten erwachsen, für die sie wegen der Abfindung der Zulagen des Rentenempfängers keinen Ersatz bekommen können.

Bezüglich des Berufes der Bewerber ergibt sich schon aus dem Grundgedanken des Kapitalabfindungsgesetzes, daß in der Regel, soweit es sich um rein landwirtschaftliche Objekte handelt, die Kenntnis der Landwirtschaft oder der dieser verwandten Zweige gefordert werden muß. Die praktische Betätigung als Landwirt, sei es nun in selbständiger Weise, sei es als landwirtschaftlicher Taglöhner oder Dienstbote gibt selbstverständlich die sicherste Gewähr für eine nützliche Verwendung der Abfindungssumme. Je nach den örtlichen Verhältnissen ist in der landwirtschaftlichen Betätigung zu unterscheiden; so wird sich ein im Flachlande aufgewachsener Landwirt, wo vorzüglich Getreidebau getrieben wird, nicht immer für gebirgige Gegenden mit hauptsächlich Wiesen- und Milchwirtschaftsbetrieb eignen. Es wird daher die Prüfungsstelle stets die spezielle Seite des Berufes im Auge behalten müssen z. B. für moorige Gegenden die Kenntnis der Torfwirtschaft usw.

Neben der praktischen kann auch theoretische Vorbildung an landwirtschaftlichen Schulen usw. der Prüfung unterliegen. Hier werden die Schulzeugnisse und die allenfallsigen Gutachten der Landwirtschaftslehrer, Fachvereine usw. die nötigen Anhaltspunkte bieten, ob der Bewerber seinen Kenntnissen nach die nützliche Verwendung des Geldes gewährleistet, ob er sich beispielsweise für eine Obstbaum-, Bienen-, Geflügelzucht, für Teichwirtschaft (Fischzucht), Gärtnerei usw. auf eigener Scholle eignen wird.

In ähnlicher Weise wie bei der Landwirtschaft ist auch bei der Prüfung anderer Berufsarten zu verfahren. Gerade hier wird der Beruf des Bewerbers besondere Beachtung finden müssen; Unterhändler, Güterzertrümmerer usw. werden wohl regelmäßig nicht die nötige Gewähr für eine nützliche Verwendung des Geldes bieten.

Bei der Prüfung der Vermögensverhältnisse wird in erster Linie das Rentamt (Steuerbehörde) um Aufschluß anzugehen sein. Soweit Barvermögen nicht vorhanden ist, werden die allgemeinen Lebensverhältnisse des Bewerbers, also vor allem sein Lebensaufwand näher zu erforschen sein, ob er ein guter oder ein säumiger Zahler ist, Geschäftsschulden oder sonst leichtsinnige Schulden macht, ob er bereits einmal in Zahlungsschwierigkeiten geraten, Konkurs gemacht hat, ob Pfändungen gegen ihn bestanden oder noch bestehen, ob er bereits einmal einen Grundbesitz im Wege der Zwangsversteigerung verloren hat und welches die Gründe hiefür waren, ob er den Offenbarungseid geleistet hat, insbesondere auch, ob er gerne unnötige und unbegründete Prozesse führt.

Bei der Prüfung der Familienverhältnisse wird vor allem die Größe der Familie eine Rolle spielen. Hier ist festzustellen, ob der Gesuchsteller verheiratet oder verwitwet ist, wie viele Kinder er hat und wie alt sie sind, ob die Ehefrau und ein Teil der Kinder, soweit Landwirtschaft in Frage kommt, in dieser gewisse Kenntnisse, sei es durch Herkunft oder Erlernung besitzen, welchen Aufwand die Familie hat, und welches der Leumund ist.

Die konfessionellen und parteipolitischen Verhältnisse sollen bei der Prüfung außer Betracht bleiben (siehe Reichstagsverhandl. 1916 S. 958, Kommissionsbericht S. 7).

Je nach der Art des Grundbesitzes wird die Prüfung der persönlichen und wirtschaftlichen Verhältnisse des Bewerbers verschieden sein. Handelt es sich beispielsweise um den Erwerb landwirtschaftlichen Grundbesitzes, so wird zu untersuchen sein, ob der Antragsteller an sich und insbesondere bei verminderter körperlicher Leistungsfähigkeit, nach Zahl, Arbeitsfähigkeit und Vorbildung seiner Familienglieder, nach seinen Vermögensverhältnissen usw. für den Erwerb eines landwirtschaftlichen Grundstücks überhaupt geeignet und bejahendenfalls welche Besitzgröße für ihn angemessen ist (Ausf.-Anw. für Preußen Nr. 5, ebenso Bayern).

Die Größe des Grundbesitzes muß derart sein, daß der Rentenempfänger aus dem Besitze seinen Lebensunterhalt im Zusammenhalte mit der ihm verbleibenden Rente für sich und seine Familie erwirtschaften kann. Andere unständige Verdienstmöglichkeiten, die sich aus den örtlichen Verhältnissen ergeben, z. B. Verdienst durch Forstarbeiten im Winter, Fahren mit Holzfuhrwerk, gelegentliche Taglohnarbeiten sind bei der Feststellung der Höhe des Lebensunterhaltes dem Ertrag aus dem Grund und Boden wohl nicht hinzuzuzählen.

Kommt dagegen der Erwerb einer Gartenstelle in Betracht, deren Ertrag zum Lebensunterhalt des Antragstellers nicht ausreicht, so wird u. a. zu ermitteln sein, ob und inwieweit nebenbei ländliche, gewerbliche oder Heimarbeit geleistet werden muß und nach den Fähigkeiten des Antragstellers und seiner Angehörigen geleistet werden kann, und welche Aussichten und Gelegenheiten in der betreffenden Gegend hiefür gegeben sind. Dabei wird es von Wert sein, wenn nicht bloß eine, sondern eine gewisse Mannigfaltigkeit von Arbeitsgelegenheiten vorhanden ist (Ausf.-Anw. für Preußen Nr. 5, ebenso für Bayern).

Zweck dieser Bestimmung ist aber, dem Rentenempfänger ein derart sicheres Auskommen zu verschaffen, daß er auf der erworbenen Gartenstelle seßhaft bleiben kann und er durch plötzlichen Verdienstentgang mit seiner Familie nicht etwa in die Lage kommt, des Abfindungskapitales verlustig gehen zu müssen, sei es durch Verkauf weit unter dem Werte des Besitztums, sei es durch Zwangsversteigerung usw. Darum spielen gerade hier die Verdienstmöglichkeiten der Familienmitglieder eine große Rolle. Es muß deshalb hier eingehend geprüft werden, was die Ehefrau, was die Kinder, was der Rentenempfänger selbst noch verdienen kann. Die Gartenstelle selbst wird in der Regel wohl nicht mehr bieten, als die freie Wohnung und einen Zuschuß zum Lebensunterhalt der Familie durch Anbau von Gemüsen usw.

Die Prüfung hat sich ferner darauf zu erstrecken, ob das zu erwerbende Grundstück nach seiner Zweckbestimmung eine angemessene Lage, Größe und Beschaffenheit hat, ob der Kaufpreis und die sonstigen Kaufbedingungen angemessen, ob die Belastungsverhältnisse geregelt sind usw., mit anderen Worten die ganzen Erwerbsverhandlungen obliegen der Prüfung durch die Landeszentralbehörden.

b) Mit Rücksicht auf die besonderen Ziele des Gesetzes ist ferner zu prüfen, welche Maßnahmen vorzusehen sind, um einerseits die erstmalige bestimmungsgemäße Verwendung und die dauernde Erhaltung des Verwendungszweckes zu sichern, und um andererseits für den Fall der Vereitelung des Zwecks die Rückzahlung der Abfindungssumme sicherzustellen (§§ 6 bis 8 KAG.).

Die Rückzahlung ist auch die Voraussetzung für das etwaige Wiederaufleben der erloschenen Versorgungsgebührnisse nach § 9 KAG. (Ausf.-Anw. f. Preußen Nr. 6, ebenso für Bayern).

Bei Abfindungsanträgen von Witwen ist zu prüfen, ob die für die Rückzahlung des Kapitals im Falle der Wiederverheiratung angebotene Sicherheit nach Art und Umfang ausreichend erscheint oder ob ausnahmsweise von dem Erfordern einer Sicherheitsleistung abgesehen werden kann (Ausf.-Best. d. Bundesrats Nr. 3 Abs. 3).

Außer den im Gesetz ausdrücklich genannten Sicherungsmaßregeln (Veräußerungs- und Belastungsverbot, Eintragung einer Sicherungshypothek) können auch andere, z. B. Bürgschaften in Frage kommen (siehe Note 5 zu § 11 S. 154).

Die Antragsteller sind über den Zweck der Maßnahmen aufzuklären. Gegebenenfalls ist mit ihnen darüber zu verhandeln, welche der in Betracht kommenden Beschränkungen als ihnen am wenigsten lästig zu wählen sein wird.

Von der Sicherungsmaßregel darf nur ausnahmsweise abgesehen werden; die Ausnahme ist von der Prüfungsstelle zu begründen (Ausf.-Anweisung f. Preußen Nr. 6, ebenso für Bayern).

c) Endlich ist auch die Frage zu prüfen, an wen die Kapitalabfindung auszuzahlen ist, ob an den abfindungsberechtigten Antragsteller oder, was die Regel sein wird, für seine Rechnung an einen Dritten z. B. an den Grundstücksverkäufer oder den Hypothekengläubiger und welche Frist für ihre Verwendung (§ 7 KAG.) zu gewähren ist (Ausf.-Anw. f. Preußen Nr. 6, ebenso Bayern).

d) Der Prüfungsstelle bleibt es überlassen, sich die Kenntnis von den Verhältnissen des Antragstellers und des Grundbesitzes zu verschaffen, wie und soweit es ihr erforderlich erscheint. Sie kann sich hiezu also der Mithilfe aller Behörden und der ihr vertrauenswürdigen Personen bedienen, sie wird insbesondere je nach Sachlage nicht umhin können, vertrauliche Erhebungen zu pflegen. In Württemberg sind die Bezirksausschüsse für Kriegsinvalidenfürsorge ausdrücklich berechtigt, die Schultheißenämter um Auskunft und Ansichtsäußerung zu ersuchen. Die Schultheißenämter haben die erbetenen Äußerungen auf Grund gewissenhafter Prüfung der in Betracht kommenden Verhältnisse, erforderlichenfalls nach Anhörung des Gemeinderats, abzugeben (Anw. III. MBBl. S. 429, RegBl. S. 59 f.).

Grundsätzlich ist es selbstverständlich, daß der Antragsteller, wenn er sich an die Prüfungsstelle wendet, den Nachweis von der Nützlichkeit der beabsichtigten Verwendung des Abfindungskapitals zu erbringen und zu diesem Zwecke die erforderlichen Unterlagen (z. B. Grundstücksangebote, Kostenanschläge, Katasterauszüge, Grundbuchabschriften usw.) vorzulegen hat.

Auf Grund dieses Materials wird dann die Prüfungsstelle in der Lage sein, selbsttätig geeignete Ermittelungen anzustellen und Erkundigungen einzuziehen. In dieser Beziehung ist in der Begründung des Gesetzes (Seite 5) beispielsweise darauf hingewiesen, daß die Anhörung von Landwirtschaftskammern, landwirtschaftlichen Berufsvertretungen, Handels-, Handwerkskammern, Fachvereinen und ähnlichen Organisationen in Frage kommen könne (Ausf.-Anweisung f. Preußen Nr. 7, ebenso für Bayern).

In **Preußen** sollen folgende Stellen angehört werden (Anw. Nr. 7):

α) soweit es sich um eine Ansiedelung durch Rentengutsgründung handelt, in der Regel der Spezialkommissar;

β) soweit es sich um den Erwerb durch Beitritt zu einem gemeinnützigen Bauunternehmen handelt, die provinziellen Vereine für Kleinwohnungen oder die Revisionsverbände der Baugenossenschaften;

γ) die nach den bestehenden allgemeinen Grundsätzen für den Antragsteller zuständige Fürsorgeorganisation.

Im Falle des Beitritts des Antragstellers zu einem gemeinnützigen Bau- oder Siedelungsunternehmen hat die Prüfungsstelle eine Bescheinigung über die Gemeinnützigkeit des Unternehmens einzuholen. Diese Bescheinigung wird erteilt vom Regierungspräsidenten, soweit es sich um ein gemeinnütziges Bauunternehmen, vom Oberpräsidenten, soweit es sich um ein gemeinnütziges Siedlungsunternehmen handelt.

In **Bayern** sollen gehört werden:

α) Die Kreisstelle für Kriegsinvalidenfürsorge oder für Kriegshinterbliebenenfürsorge, gegebenenfalls die Orts- oder Bezirksstelle dieser Fürsorgezweige;

β) die Landessiedelungsstelle beim K. Staatsministerium des Innern. Ihre Einvernahme wird namentlich in allen jenen Fällen nicht umgangen werden dürfen, in denen es sich um den Erwerb eigenen Grundbesitzes durch Beitritt zu einem gemeinnützigen Bau- oder Siedelungsunternehmen handelt (Ausf.-Anw. Nr. 7).

Ähnliche Bestimmungen sind auch in den übrigen Bundesstaaten getroffen. So bestimmt z. B. Mecklenburg-Schwerin, daß gehört werden sollen die Ortsobrigkeiten der belegenen Sache, sowie die nach den bestehenden allgemeinen Grundsätzen für den Antragsteller zuständige Kreisfürsorgeeinrichtung (Anw. Nr. 7), in Anhalt, soweit es sich um einen Kriegsbeschädigten handelt, der Landesausschuß für Kriegsbeschädigtenfürsorge im Herzogtum Anhalt, soweit es sich um Kriegshinterbliebene handelt, der Anhaltische Landesausschuß der Nationalstiftung für die Hinterbliebenen der im Kriege Gefallenen. Im Falle des Beitritts des Antragstellers zu einem gemeinnützigen Bau- oder Siedelungsunternehmen hat die Prüfungsstelle eine Bescheinigung über die Gemeinnützigkeit des Unternehmens bei der herzoglichen Regierung, Abteilung des Innern, einzuholen (Anw. Ziff. 7). In Baden erteilt die Bescheinigung das Ministerium des Innern (Anw. Ziff. 7).

5. **Als Stelle zur Prüfung der Nützlichkeit der beabsichtigten Verwendung des Abfindungskapitals** ist in **Preußen** der Landrat (im Regierungsbezirk Sigmaringen der Oberamtmann), in Stadtkreisen der Bürgermeister desjenigen Kreises (Stadtkreises) bestimmt, in dem der mit zustimmenden Bescheide der Militärbehörde versehene Antragsteller zur Zeit der Anbringung seines Prüfungsgesuches beim Landrat (Bürgermeister) seinen Wohnsitz oder in Ermangelung dieses, seinen Aufenthaltsort hat (Anw. f. Preußen Nr. 2).

In **Bayern** sind als Prüfungsstelle die K. Regierungen, Kammern des Innern bestimmt, in deren Bezirk der Antragsteller seinen Wohnort, oder in Ermangelung eines solchen seinen Aufenthaltsort hat (Ausf.-Anw. Nr. 2).

In **Sachsen** wird die Nützlichkeit der beabsichtigten Verwendung des Kapitals von der Kreishauptmannschaft Dresden als Landessiedelungsstelle (§ 1 des Gesetzes vom 5. Mai 1916, die Ansiedelung von Kriegsteilnehmern betreffend) geprüft.

Wo es sich um die Gemeinnützigkeit des Bau- und Siedlungsunternehmens handelt, stellt sie die Bescheinigung aus (Anw. d. Min. d. Innern vom 8. November 1916, Sächs. Staatszeitung Nr. 261).

In **Württemberg** ist die Prüfung dem Württembergischen Landesausschuß für Kriegsinvalidenfürsorge in Stuttgart, Falkertstraße 29 übertragen. Dieser Ausschuß leitet durch Vermittelung seiner Bezirksausschüsse die Prüfung in die Wege (Anw. II

MBBl. S. 429). Daneben kommen örtliche Fürsorgestellen f. Kriegerwitwen in Betracht (Anw. VII).

In **Baden** sind die Vorstände der Landesausschüsse der Kriegsbeschädigtenfürsorge und der Kriegshinterbliebenenfürsorge des Vereins „Badischer Heimatdank" bestimmt. Zuständig ist jeweils der Vorstand desjenigen Landesausschusses, dessen Fürsorgebereich die den Antrag stellende Person angehört. Die Vorstände der Landesausschüsse können die Prüfung Sonderausschüssen übertragen (Nr. 2 d. Anw. vom 2. Dezember 1916, Ges.- u. VBl. Nr. 101 S. 360).

In **Oldenburg** ist im Herzogtum den Ämtern und den Stadtmagistraten der Städte I. Klasse, in den Fürstentümern den Regierungen die Prüfung der Nützlichkeit der beabsichtigten Verwendung des Abfindungskapitales übertragen (Nr. 2 der Ausf.-Bekanntmachung vom 8 August 1916 Nr. 188 der oldenburgischen Anzeigen).

Im Großherzogtum **Mecklenburg-Schwerin** werden als Stellen zur Prüfung der Nützlichkeit der beabsichtigten Verwendung des Abfindungskapitals die nach der Verordnung vom 29. Juli 1916 (RegBl Nr. 118) bestehenden Kreisbehörden für Volksernährung bestimmt. Örtlich zuständig ist diejenige Kreisbehörde für Volksernährung, in deren Bezirk der mit zustimmendem Bescheide der Militärbehörde versehene Antragsteller zur Zeit der Anbringung seines Prüfungsgesuches seinen Wohnsitz oder in Ermangelung dieses, seinen Aufenthaltsort hat. Die durch die Tätigkeit der Kreisbehörden nach Maßgabe dieser Bekanntmachung entstehenden Kosten sind bei dem Ministerium des Innern zu liquidieren und werden aus der Großherzoglichen Renterei erstattet.

Die Kreisbehörden für Volksernährung unterstehen im Rahmen der Vorschriften dieser Bekanntmachung dem Ministerium des Innern (Ziff. 2 d. Bekanntm. vom 17. November 1916 RegBl. Nr. 181).

Im Großherzogtum **Hessen** ist Prüfungsstelle das Kreisamt, in Städten mit Städteordnung der Ober-Bürgermeister (Bürgermeister), in Gemeinden mit Berufsbürgermeistern die Bürgermeisterei des Kreises oder

der Stadt des Wohnorts oder Aufenthaltsorts des Antragstellers z. Z. der Anbringung des Gesuches. Die Prüfung kann durch das Min. d. J. auf Antrag einer amtlich anerkannten Fürsorgestelle für Kriegshinterbliebene oder Kriegsbeschädigte übertragen werden (Anw. Nr. 2).

Im Herzogtum **Sachsen-Meiningen** sind als Stellen zur Prüfung der Nützlichkeit der beabsichtigten Verwendung des Kapitals die herzoglichen Landräte bestimmt (Bekanntm. vom 31. Juli 1916 RegBl. Nr. 123 S. 707).

Im Herzogtum **Sachsen-Koburg-Gotha** ist als Prüfungsstelle die Verwaltungsbehörde (Landratsamt, Magistrat oder Stadtrat) desjenigen Bezirkes bestimmt, in dem der Antragsteller seinen Wohnort oder in Ermangelung dieses, seinen Aufenthaltsort hat (Ziff. 2 der Ausf.-Anw. vom 26. Oktober 1916, 93. Stück des Regierungsblattes für das Herzogtum Koburg S. 747 ff.).

Im Herzogtum **Anhalt** sind als Prüfungsstellen die herzoglichen Kreisdirektionen und für die Gemeindebezirke Dessau, Bernburg, Cothern und Zerbst die Magistrate dieser Städte bezeichnet (Ausf.-Anw. Ziff. 2, Anhaltischer Staatsanzeiger vom 30. November 1916 Nr. 281).

6. Nach **Abschluß** der Prüfung teilen die von den Landeszentralbehörden bestimmten Stellen unter Benachrichtigung des Bezirkskommandos das Ergebnis derselben unmittelbar der obersten Militärverwaltungsbehörde mit (Kriegsministerium, für Preußen KM., Justiz- und Versorgungsdepartement, Reichsmarineamt, Reichskolonialamt). Sie fügen die erforderlichen Unterlagen bei und äußern sich darüber, ob und welche Maßnahmen zur Sicherung des Zweckes der Abfindung erforderlich erscheinen, insbesondere, ob und für welche Frist die Weiterveräußerung und Belastung des auf Grund der Kapitalabfindung erworbenen Grundstücks zu beschränken ist, sowie ob die Bewilligung der Kapitalabfindung von der Eintragung einer Sicherungshypothek zur Sicherung des Anspruchs auf Rückzahlung abhängig zu machen ist oder aus welchen Gründen von der

Eintragung oder den Maßnahmen des § 6 Satz 2 KAG. abgesehen werden kann.

Hienach bescheinigen sie, unter welchen Voraussetzungen und in welcher Höhe für eine nützliche Verwendung des Kapitals Gewähr besteht; zugleich äußern sie sich darüber, ob die Zahlung an Dritte zu leisten ist.

Handelt es sich um den Antrag der Witwe eines Angehörigen der Marine oder der Schutztruppen, so unterbleibt die Benachrichtigung an das Bezirkskommando.

Wenn es sich um den Erwerb von Grundbesitz durch Beitritt zu einem Bau- oder Siedelungsunternehmen handelt, so ist auch eine Bescheinigung der Landeszentralbehörde oder der von ihr bestimmten Stelle (Note 5) über die Gemeinnützigkeit des Unternehmens beizufügen (**Ausf.-Best. des Bundesrats** Nr. 3 Abs. 4—6, Anw. f. Preußen Nr. 8, ebenso für Bayern).

Das Bezirkskommando reicht nach der gemäß Nr. 3 Abs. 4 der Ausf.-Best. d. Bundesrats erfolgenden Benachrichtigung seitens der Prüfungsstelle eine beglaubigte Abschrift des ärztlichen Gutachtens unmittelbar dem Kriegsministerium ein (Anw. d. preuß. KM. Ziff. 9, d. bayer. KM. Ziff. 9).

7. Auf Grund der gemäß Nr. 2 und 3 der Ausführungsbestimmungen des Bundesrats beschafften Unterlagen trifft die oberste Militärverwaltungsbehörde die **endgültige Entscheidung** über die Kapitalabfindung. Gelangt diese zu der Auffassung, daß die Akten noch einer weiteren Ergänzung bedürfen, so kann sie eine solche im Benehmen mit der Landeszentralbehörde anordnen.

Im Falle der Bewilligung setzt die oberste Militärverwaltungsbehörde die Abfindungssumme fest und bescheidet den Antragsteller. Abschrift des Bescheids erhalten das Generalkommando, das Bezirkskommando, die Pensionsregelungsbehörde sowie die mit der Überwachung der Verwendung betraute Stelle (siehe Note 10 S 87 f.).

In dem Bescheid ist der Verwendungszweck der Abfindungssumme und der Empfangsberechtigte zu bezeichnen, eine nach Lage des Einzelfalles zu bestimmende

Frist für den Nachweis der bestimmungsmäßigen Verwendung festzusetzen und auf das Rückforderungsrecht des Fiskus, auch für den Fall einer Wiederverheiratung der Witwe (§§ 7, 8, 11 KAG.) hinzuweisen.

Auch ist eine gemäß § 6 KAG. bestimmte Frist in den Bescheid aufzunehmen.

Werden zur Sicherung des Zweckes der Abfindung besondere Maßnahmen angeordnet, oder wird die Eintragung einer Sicherungshypothek verlangt, so ist dies im Bescheid im einzelnen anzugeben. In dem Bescheid ist darauf hinzuweisen, daß bei Vereitelung des Abfindungszweckes durch Verstoß gegen die von der obersten Militärverwaltungsbehörde angeordneten Maßnahmen die Rechtsfolgen des § 8 KAG. eintreten.

Das nach Nr. 6 Abs. 2 der Ausf.-Best. des Bundesrats an Stelle des Generalkommandos tretende Marine-Stationskommando oder das Kommando der Schutztruppen sowie das Bezirkskommando erhalten keine Abschrift des Bescheids, wenn es sich um den Antrag der Witwe eines Angehörigen der Marine oder der Schutztruppen handelt.

Die Bewilligung der Kapitalabfindung ist unter Angabe der bewilligenden Behörde, des Tages der Bewilligung, der Höhe der Abfindung und der Höhe der durch die Abfindung erlöschenden Bezüge in dem Militärpaß zu vermerken (**Ausf.-Best. d. Bundesrats** Nr. 4).

8. Handelt es sich um **abweisende Bescheide**, so ist zwischen erst- und zweitinstanziellen Entscheidungen der obersten Militärverwaltungsbehörde zu unterscheiden. Soweit letztere in Betracht kommen, ist dem Bescheide bereits ein solcher des Generalkommandos bzw. Marine-Stationskommandos oder des Kommandos der Schutztruppen im Reichskolonialamt vorausgegangen. Es sind dies die ablehnenden Bescheide nach § 2 Ziff. 1 mit 3 KAG., gegen die der Antragsteller die endgültige Entscheidung der obersten Militärverwaltungsbehörde anrufen kann (Ausf.-Best. des Bundesrats Nr. 2). Hier ist regelmäßig über Einsprüche endgültig zu entscheiden.

Wenn hingegen über die Frage zu entscheiden ist,

ob für die nützliche Verwendung der verlangten Abfindungssumme Gewähr besteht, so hat hierüber die oberste Militärverwaltungsbehörde in erster Instanz endgültig zu beschließen. Doch ist nach § 2 Ziff. 4 Abs. 2 dem Antragsteller vor der endgültigen Entscheidung schriftlich Kenntnis von den Gründen und Gelegenheit zur Äußerung zu geben, wenn die oberste Militärverwaltung eine nützliche Verwendung des Geldes nicht für gewährleistet hält.

Diese Bestimmung war im Gesetzentwurfe nicht enthalten, wurde vielmehr erst in der 1. Kommissionslesung dem Gesetze eingefügt (Kommissionsbericht S. 22).

Im Falle der Ablehnung müssen die Gründe so ausführlich mitgeteilt werden, daß der Beteiligte sofort daraus ersehen kann, worauf es ankommt und wozu er sich äußern soll. Er hat auf diese Weise die Gelegenheit, seine Verhältnisse selbst darzulegen und Unterlagen für eine nochmalige Prüfung beizubringen (siehe auch Kommissionsbericht S. 33).

Das Gesetz selbst schreibt eine Frist, innerhalb deren der Antragsteller sich äußern kann, nicht vor. Es wird sich aber aus Zweckmäßigkeitsgründen empfehlen, eine angemessene Frist zu setzen. Läßt der Antragsteller diese nutzlos verstreichen, so entscheidet die oberste Militärverwaltungsbehörde über den Antrag auf Kapitalabfindung endgültig. Im übrigen siehe Note 14 zu § 1 S. 50 und Note 2 zu § 2 S. 70.

Bringt der Antragsteller innerhalb der ihm gestellten Frist bzw. vor dem endgültigen Bescheide Gründe vor, die geeignet sein könnten, zu einer allenfallsigen Bewilligung zu gelangen, so wird die oberste Militärverwaltungsbehörde im Benehmen mit der Landeszentralbehörde die Ergänzung des Kapitalabfindungsgesuches veranlassen.

9. Besonderer Regelung bedurfte der Fall, wie **bei der Prüfung zu verfahren ist, wenn der Grundbesitz nicht in dem Bezirke liegt, in dem sich der Antragsteller aufhält oder wohnt.**

Hier bestimmt Ziff. 9 der **preußischen** Anweisungen, daß der Landrat bzw. Bürgermeister des Wohnsitzes oder Aufenthaltsortes (Nr. 2 der Anweisungen), nachdem er die Fürsorgeorganisation gemäß Nr. 7 Abs. 2c der Anweisungen gehört hat, den Antrag mit seinem Gutachten über die persönlichen und bisherigen wirtschaftlichen Verhältnisse des Antragstellers und mit dem Gutachten der Fürsorgeorganisation an den Landrat bzw. Bürgermeister der belegenen Sache abzugeben hat. Dieser übernimmt alsdann die weitere Prüfung, insbesondere auch die Anhörung nach Nr. 7 Abs. 2a und c der Anweisungen, erteilt die Bescheinigung und verfährt in der nach Nr. 8 der Anweisungen vorgeschriebenen Weise.

In **Bayern** gibt die K. Regierung, Kammer des Innern nach Einvernahme der Fürsorgestellen die Verhandlungen mit ihrem Gutachten über die persönlichen und wirtschaftlichen Verhältnisse des Antragstellers an die K. Regierung, Kammer des Innern ab, in deren Bezirke das Grundstück gelegen ist. Diese übernimmt die weitere Prüfung, hört die Landessiedelungsstelle, stellt gegebenenfalls die Bescheinigung über die Gemeinnützigkeit des Unternehmens aus und verfährt sodann in der nach Nr. 8 der bayerischen Anweisungen vorgeschriebenen Weise (Bayer. Anw. Nr. 9).

In ähnlicher Weise lauten auch die Bestimmungen der übrigen Bundesstaaten. In M e c k l e n b u r g - S c h w e r i n z. B. hat die Kreisbehörde des Wohnsitzes oder Aufenthaltsortes den Antrag an die Kreisbehörde für Volksernährung der belegenen Sache weiterzugeben (Anw. Nr. 9). In S a c h s e n - K o b u r g - G o t h a tritt, wenn es sich um den Erwerb oder die wirtschaftliche Stärkung eigenen Grundbesitzes handelt, und wenn der Grundbesitz nicht im Bezirke (Stadtkreise) liegt, in dem der Antragsteller wohnt oder sich aufhält, die Verwaltungsbehörde der belegenen Sache als Prüfungsstelle ein (Anw. Ziff. 9). In A n h a l t ist es die K r e i s d i r e k t i o n (der M a g i s t r a t) der b e l e g e n e n Sache, an die die Kreisdirektion (Magistrat) des Wohnorts oder Aufenthaltsorts, nachdem sie die Fürsorgeorganisation gehört hat, die Verhandlungen abzugeben hat (Anw. Ziff. 9).

10. Die **Ausführung** der Entscheidung nach Maßgabe der dem Abgefundenen gemachten Auflagen und die **Überwachung** der weiteren nützlichen Verwendung ist Sache der von der Landeszentralbehörde bestimmten Stelle. Diese hat der obersten Militärverwaltungsbehörde Mitteilung zu machen, wenn der Zweck der Kapitalabfindung gefährdet oder vereitelt wird, auch hat sie auf Erfordern der obersten Militärverwaltungsbehörde Auskunft zu erteilen **(Ausf.-Best. d. Bundesrats Nr. 6).**

Zur Ausführung der Entscheidung und zur Überwachung der weiteren nützlichen Verwendung ist in Preußen der Landrat bzw. Bürgermeister der belegenen Sache bestimmt (Anweisung Nr. 11), in Bayern die K. Regierung, Kammer des Innern, in deren Bezirk das Grundstück liegt (Anw. Nr. 11).

Die Entscheidung auszuführen und die weitere nützliche Verwendung der Abfindungssumme zu überwachen, ist in Sachsen Sache der Kreishauptmannschaft Dresden als Landessiedlungsstelle (Anw. Nr. 3). In Oldenburg sind als Überwachungsstelle im Herzogtum die Ämter und Stadtmagistrate der Städte I. Klasse, in den Fürstentümern die Regierungen bezeichnet (Ausf.-Bekanntm. vom 8. August 1916, Oldenburg. Anzeiger Nr. 188), in Baden die Vorstände der Landesausschüsse der Kriegsbeschädigten- und Kriegshinterbliebenen-Fürsorge „Badischer Heimatdank" (Anw. Nr. 10 Abs. 1 u. 2, Ges.- u. VBl. Nr. 101 S. 363), in Sachsen-Meiningen die herzoglichen Landräte (Ausf.-Bek. vom 31. Juli 1916 RegBl. Nr. 123 S. 707), in Sachsen-Koburg-Gotha die Landratsämter, Magistrate oder Stadträte (Ausf.-Anw. vom 26. Oktober 1916 RegBl. Nr. 93 S. 747 f.).

In Anhalt ist als Überwachungsstelle die herzogliche Kreisdirektion, für die Bezirke der Hauptstädte der Magistrat der belegenen Sache bestimmt (Anw. Ziff. 11 Abs. 1, Anhaltischer Staatsanzeiger vom 30. November 1916 Nr. 281).

Die Überwachungsstelle hat geeignete Vorkehrungen

zu treffen, um sich von einer etwaigen Gefährdung Kenntnis zu verschaffen.
oder Vereitelung des Verwendungszweckes rechtzeitig

Soweit es sich insbesondere um ländliche Verhältnisse handelt, werden in **Preußen** die Gemeinde- (Guts)vorsteher oder andere geeignete Vertrauensmänner anzuweisen sein, von wichtigen Veränderungen, *auffälligen* Vorkommnissen usw. dem Landrat Mitteilung zu machen (Preuß. Anw. Nr. 11). In **Bayern** werden die Distriktsverwaltungsbehörden anzuweisen sein, sich durch die Bürgermeister oder andere geeignete Vertrauensmänner von wichtigen Veränderungen, auffälligen Vorkommnissen usw. unterrichten zu lassen. Dabei können auch die Orts- oder Bezirksstellen der Kriegsinvaliden- und der Kriegshinterbliebenenfürsorge zur Mitwirkung herangezogen werden (Anw. Nr. 11 Abs. 2).

In **Württemberg** ist die Ausführung der vom Kriegsministerium getroffenen Entscheidung den Bezirksausschüssen des Landesausschusses für Kriegsinvalidenfürsorge übertragen, die ihrerseits die Ortsausschüsse oder Vertrauensmänner der Kriegsinvalidenfürsorge in den einzelnen Gemeinden mit der Überwachung der weiteren nützlichen Verwendung betrauen. Jede Gefährdung des Abfindungszweckes wird von den Ortsausschüssen oder Vertrauensmännern durch Vermittlung der Bezirksausschüsse dem Landesausschuß und von diesem dem Kriegsministerium mitgeteilt. Die Gemeindebehörden des Wohnorts des Versorgungsberechtigten sind verpflichtet, die Bezirks- und Ortsausschüsse sowie die Vertrauensmänner bei ihrer Tätigkeit nachdrücklich zu unterstützen (Anw. V, MVBl. S. 429). In den Gemeinden, in denen örtliche Fürsorgestellen für Kriegerwitwen und Waisen errichtet sind oder werden, treten für Abfindungsanträge der Witwen diese an die Stelle der Bezirksausschüsse (Anw. VII).

Für **Baden** siehe Anw. Ziff. 10.

11. Über die Frage, wie Fälle zu behandeln sind, deren Aussichtslosigkeit von **vorneherein**, also schon bei der Antragstellung feststeht, weil die Voraussetzung des § 2 Ziff. 4 KAG. nicht gegeben und der Antragsteller einer sachgemäßen Belehrung durch den Bezirksfeldwebel oder die Ortspolizeibehörde unzugänglich ist, enthalten weder das Gesetz noch die Ausführungsbestimmungen des Bundesrats und die Vollzugsanweisungen besondere Vorschriften. Es sucht z. B. ein Rentenempfänger um eine Abfindungssumme von 1500 Mk. nach, ausschließlich zu dem Zwecke, um seine durch den Krieg unterbrochenen theoretischen Studien an einer Bauschule zu beenden. Oder es handelt sich um den Fall, daß der Antragsteller nicht zu den Personen gehört, die aus Anlaß des gegenwärtigen Krieges Anspruch auf Kriegsversorgung haben oder wenn Witwen aus Anlaß ihrer Wiederverheiratung Kapitalabfindung verlangen. Daß in derlei Fällen sich sowohl die Prüfung durch die Militär- als auch die Zivilbehörden erübrigt, bedarf keiner weiteren Erörterung. Es dürfte sich empfehlen, solche offenbar unbegründete und aussichtslose Anträge ohne ärztliche Untersuchung und ohne Mitwirkung der Generalkommandos durch die Bezirkskommandos verbescheiden zu lassen. Gegen diesen Bescheid wäre das Rechtsmittel des Einspruches zulässig.

§ 3.

Die Kapitalabfindung kann umfassen:

Die Kriegszulage (§ 14 des Mannschaftsversorgungsgesetzes vom 31. Mai 1906 — Reichs-Gesetzbl. 1906 S. 593 ff. —), die Verstümmelungszulage (§ 13 des Mannschaftsversorgungsgesetzes vom 31. Mai 1906 — Reichs-Gesetzbl. 1906 S. 593 ff. —) und die Tropenzulage in Höhe der Kriegszulage (§§ 67 und 69 des Mannschaftsversorgungsgesetzes vom 31. Mai 1906 — Reichs-Gesetzbl. 1906 S. 593 ff. —) sowie die auf Grund des Militärhinterbliebenengesetzes vom 17. Mai 1907 — Reichs-Gesetzbl. 1907 S. 214 ff. — zustehenden Bezüge für die Witwe eines Feldwebels, Vizefeldwebels, Sergeanten mit der Löhnung eines

Vizefeldwebels oder eines Zugführers der freiwilligen Kriegskrankenpflege bis zur Höhe von 300 Mark, für die Witwe eines Sergeanten, Unteroffiziers, Zugführerstellvertreters oder Sektionsführers der freiwilligen Kriegskrankenpflege bis zur Höhe von 250 Mark, für die Witwe eines Gemeinen oder einer jeden anderen Person des Unterpersonals der freiwilligen Kriegskrankenpflege bis zur Höhe von 200 Mark.

Die Abfindung kann auf einen Teilbetrag dieser Versorgungsgebührnisse beschränkt werden.

1. § 3 ist unverändert nach dem Regierungsentwurfe angenommen worden.

Er bestimmt, welche Versorgungsgebühren von der Kapitalabfindung umfaßt werden können.

Für **Rentenempfänger** kommen in Betracht:
a) die Kriegszulage (§ 14 MVG.),
b) die Verstümmelungszulage (§ 13 MVG.),
c) die Tropenzulage (§§ 67, 69 MVG.).

Die neben diesen Zulagen den Versorgungsberechtigten zustehenden Renten sind demnach von der Kapitalisierung ausgeschlossen.

Es liegt im Interesse der Versorgungsberechtigten, der Kapitalabfindung nur die Zulagen zugrunde zu legen, damit ihnen bei etwaigem Verluste des Kapitals noch Barmittel für den täglichen Unterhalt zur Verfügung stehen.

Die fortlaufende Rente als Kapitalabfindung zu gewähren, ist auch um deswillen nicht vorteilhaft, weil sie auf dem Grade der Erwerbsunfähigkeit beruht und dieser erfahrungsgemäß wesentlichen Schwankungen ausgesetzt ist.

Eine Kapitalabfindung an Stelle der Rente würde auch zu einer großen Härte besonders in den Fällen führen, in denen mit fortschreitendem Alter oder nach Art des Leidens eine Verschlimmerung des Körperzustandes höchst wahrscheinlich ist, aber eine Rentenerhöhung wegen der bereits stattgefundenen Kapitalabfindung ausgeschlossen wäre.

Ist aber von vornherein eine wesentliche Besserung bis zur Wiederherstellung völliger Erwerbsfähigkeit zu erwarten, so würde durch Gewährung einer Kapitalabfindung für die nicht durch den Krieg beschädigten Rentenempfänger, die hinsichtlich ihres Anspruches auf Rente nach denselben Grundsätzen beurteilt werden müssen, eine Benachteiligung entstehen; auch würde die auf Grund der erstmaligen Versorgung berechnete Kapitalabfindung eine große Begünstigung darstellen (Begründung S. 5).

Die Außerachtlassung der laufenden Rente bei der Kapitalabfindung wurde auch bei den Reichstagsverhandlungen allseits als richtig anerkannt.

Der Vorschlag der Regierung, nicht die variable Rente, sondern die Kriegs- und Verstümmelungszulage zu kapitalisieren, sei nicht nur aus finanziellen Gründen, wie der Berichterstatter in der Kommissionsberatung (Kommissionsbericht S. 4) bemerkte, sondern auch aus Gründen der Sicherheit für den Rentenempfänger durchaus zu billigen. Als weiteres Moment kommt aber auch noch dazu, daß es versicherungstechnisch außerordentlich wertvoll ist, den Teil der Rente, d. i. der Versorgungsgebührnisse, zu kapitalisieren und festzulegen, der niemals vermindert werden kann (Reichstagsverhandlungen 1916 S. 960).

Was von der Nichtkapitalisierung der ganzen Rente gilt, gilt auch von Teilen derselben, insbesondere auch von den nach § 36 Abs. 1 Ziff. 3 MVG. (Anstellung oder Beschäftigung im Zivildienste) nicht ruhenden Rententeilen, bezüglich deren eine Kapitalisierung immerhin ebensogut möglich gewesen wäre, als die Kapitalisierung der Kriegsversorgung der Witwen, deren Ehemänner im Zivildienste angestellt waren.

2. Die Kriegszulage und die Verstümmelungszulage können in voller Höhe kapitalisiert werden.

Die Kriegszulage wird neben einer Tropenzulage nicht gewährt. Da deshalb zahlreiche zur Tropenzulage berechtigte, an dem gegenwärtigen Kriege teilnehmenden

Personen trotz einer erlittenen Kriegsdienstbeschädigung die Kriegszulage nicht beziehen dürfen, so entspricht es der Billigkeit, auch sie bei der Kapitalabfindung in Höhe der Kriegszulage zu berücksichtigen, d. h. mit dem Höchstbetrage von 180 Mk. jährlich (Begründung S. 6).

Es ergibt sich sonach hier der Fall, daß die Tropenzulage nicht im gegenwärtigen Kriege erworben zu sein braucht, vielmehr auch bei früheren militärischen Unternehmungen des Deutschen Reiches erworben worden sein kann. Hier kommt es also nur darauf an, daß der Versorgungsberechtigte aus Anlaß des gegenwärtigen Krieges Anspruch auf Rente hat und damit auch kriegszulagenberechtigt geworden wäre. Da die Tropenzulage jährlich 300 Mk., die Kriegszulage 180 Mk. beträgt, so bezieht der Versorgungsberechtigte neben seiner Rente im Falle der Kapitalabfindung noch 120 Mk. fort. Eine diesbezügliche Bemerkung wird in der Kapitalabfindungsanweisung einzutragen sein.

Im übrigen siehe wegen Kriegs-, Verstümmelungs- und Tropenzulage Note 3 zu § 1 S. 27 f.

3. Andere Zulagen als die Kriegs-, Verstümmelungs- und Tropenzulage können von der Kapitalabfindung nicht umfaßt werden; es scheidet daher sowohl die Alterszulage (§ 26 MVG.) als auch die den Charakter einer Zulage aufweisende Rentenerhöhung (§ 57 MVG.) aus, ebenso auch die Luftdienstzulage nach dem Fürsorgegesetz für militärische Luftfahrer vom 29. Juni 1912 (RGBl. S. 415). Die Luftdienstzulage, auf die die Vorschriften des Mannschaftsversorgungsgesetzes über die Kriegszulage Anwendung finden (§ 1 Abs. 2 d. Ges.), wird neben der Kriegs- oder Tropenzulage nicht gewährt (§ 1 Abs. 4 d. Ges. f. mil. Luftf.).

4. Nach dem Gesetzeswortlaut kann die Kapitalabfindung die Kriegs-, Verstümmelungs- und Tropenzulage umfassen. Es ist also möglich, daß die Abfindung auch aus mehreren Zulagen zugleich gewährt werden kann, so beispielsweise die Kriegs- und Verstümmelungszulage nebeneinander. So kann

z. B. ein 21jähriger doppelt verstümmelter Rentenempfänger folgende Beträge erhalten:

a) für die Kriegszulage 3330 Mk.,

b) für die doppelte Verstümmelungszulage 11 988 Mk.,

zusammen also 15 318 Mk.

Bezieht der Versorgungsberechtigte mehrere Zulagen, so ist es zweckmäßig, wenn er bei Antragstellung auf Kapitalabfindung genau angibt, aus welcher Zulage die Kapitalabfindung berechnet werden soll oder ob mehrere Zulagen zugleich berücksichtigt, allenfalls auch, welche Beträge aus der einen oder anderen Zulage kapitalisiert werden sollen. Ein Recht bzw. einen Anspruch darauf, daß die oberste Militärverwaltungsbehörde auch tatsächlich seinem Antrag entsprechend verfährt, hat der Rentenempfänger ebensowenig, als auf die Abfindung selbst.

Daraus ergibt sich, daß die oberste Militärverwaltungsbehörde je nach Sachlage und insbesondere auch je nach Höhe des Geldbedarfs der Kapitalabfindung unter Berücksichtigung der allenfalls von Versorgungsberechtigten zu tragenden Verbriefungs-(Protokoll)kosten die eine oder andere Zulage — auch teilweise — zugrunde legen kann.

Hiebei hat die bewilligende Behörde auch zu prüfen, ob etwa nach Art des Versorgungsgrundes mit einem späteren Wegfall der Kriegsversorgung zu rechnen (§ 2 Ziff. 3) und ob die als Abfindung verlangte Summe auch genügend gesichert ist. So kann der Fall eintreten, daß das vom Rentenempfänger zu erwerbende Objekt nicht dem Werte der verlangten Abfindungssumme entspricht, weil es z. B. vom Veräußerer viel zu hoch angeboten ist. In solchen Fällen kann die oberste Militärverwaltungsbehörde nur einen Teil der verlangten Abfindungssumme bewilligen, im übrigen aber nach § 2 Abs. 2 zu einer ablehnenden Entscheidung gelangen, weil sie die nützliche Verwendung eines Teiles der Abfindungssumme nicht für gewährleistet hält.

Dem Antragsteller wird es dann überlassen bleiben,

ob er mit dem geringeren Betrage auskommt oder auf die ganze Abfindung verzichtet.

5. Die Kapitalabfindung kann auch die **auf Grund des Militärhinterbliebenengesetzes** den **Witwen der Unterklassen zustehenden Bezüge** umfassen, soferne die Witwen Anspruch auf Kriegsversorgung haben (siehe Note 4 zu § 1 S. 29 f.).

Die diesen Witwen „zustehenden Bezüge" ergeben sich aus §§ 13 ff. und 20 des MHG.

Hienach sind Witwen mit dreierlei Bezügen zu unterscheiden:

a) solche Witwen die neben der Kriegsversorgung nach § 20a Ziff. 3, 4 und 5 MHG. die sogenannte allgemeine Versorgung, d. i. das Friedenswitwengeld nach § 13 MHG. im festen Satze zu jährlich 300 Mk. beziehen, so daß je nach dem militärischen Dienstgrade des verstorbenen Ehemannes die Gesamtjahres-Witwenbezüge 600 Mk, 500 Mk. und 400 Mk sind:

b) solche Witwen, denen die allgemeine Versorgung weder aus Militär- noch aus Zivilfonds zusteht; diese Witwen erhalten nach § 20b MHG. Ziff. 4, 5 und 6 ein jährliches Kriegswitwengeld von 600 Mk., 500 Mk. bzw. 400 Mk.; die Beträge decken sich also mit jenen der unter a genannten Witwen;

c) solche Witwen, bei denen der Bezug des Friedenswitwengeldes (§ 13 MHG.) nach § 31 Abs. 2 MHG. ruht, weil der verstorbene Ehemann im Zivil- oder Gendarmeriedienste angestellt war und die Witwe aus Zivilfonds ein Witwengeld bezieht. Die Bezüge solcher Witwen auf Grund des Militärhinterbliebenengesetzes sind gemäß § 20a Ziff. 3, 4 und 5 300 Mk., 200 Mk. und 100 Mk.

In Wirklichkeit erhalten nur die unter b aufgeführten Witwen die volle Kriegsversorgung nach § 20b MHG. Für die Kapitalabfindung werden aber nach dem Wortlaut der Begründung für jede Witwe eines Kriegsteilnehmers die Sätze des § 20b MHG. angenommen.

Die Begründung sagt nämlich (S. 5):

„Es liegt im Interesse der Versorgungsberechtigten,

der Kapitalabfindung nur die Zulagen zugrunde zu legen, damit ihnen bei etwaigem Verluste des Kapitals noch Barmittel für den täglichen Lebensunterhalt zur Verfügung stehen. Aus demselben Grunde wird auch für die **Witwen nur die Hälfte** der ihnen zustehenden **Kriegs**versorgungsgebührnisse der Kapitalabfindung zugrunde gelegt."

Das Kapitalabfindungsgesetz aber bestimmt, daß für die Witwe eines Feldwebels, Vizefeldwebels, Sergeanten mit der Löhnung eines Vizefeldwebels oder eines Zugführers der freiwilligen Kriegskrankenpflege ein Betrag bis zur Höhe von 300 Mk., für die Witwe eines Sergeanten, Unteroffiziers, Zugführerstellvertreters oder Sektionsführers der freiwilligen Krankenpflege bis zur Höhe von 250 Mk., für die Witwe eines Gemeinen oder einer anderen Person des Unterpersonals der freiwilligen Kriegskrankenpflege bis zur Höhe von 200 Mk. kapitalisiert werden kann.

Die genannten Sätze stellen den höchst zulässigen Betrag dar, über den unter keinen Umständen hinausgegangen werden darf und zwar auch dann nicht, wenn die Witwe neben einem nach § 13 MHG. erhöhten Witwengeld die Kriegsversorgung nach § 20a MHG., also im ganzen mehr als 600 Mk. bezieht. Sie haben lediglich die Bezüge der Witwe aus Militärfonds, also auch das Friedenswitwengeld nach § 13 MHG., wenn daneben die Kriegsversorgung zusteht, im Auge, nicht aber auch etwa das Kriegswaisengeld, wenn dieses auch steuerlich dem Einkommen der Witwe hinzugerechnet wird.

6. Erhält eine Witwe eine allgemeine Versorgung aus Zivilfonds und ruht die allgemeine Versorgung aus Militärfonds ganz oder teilweise, so kommt für die Kapitalabfindung eben nur der nicht ruhende Teilbetrag und die Kriegsversorgung in Ansatz.[1])

---

[1]) Nach einem Urteil des Reichsgerichts vom 21. Dezember 1916, dessen Wortlaut z. Z. der Drucklegung noch nicht vorgelegen hat, soll

Wenn die Begründung zum Gesetzentwurfe davon spricht, daß **nur** die Hälfte der den Witwen zustehenden Kriegsversorgnisse der Kapitalabfindung zugrunde gelegt wird, womit entsprechend den in § 3 aufgeführten Sätzen die vollen Kriegsversorgungsgebührnisse nach § 20b Ziff. 4, 5 und 6 MHG. gemeint sind, so ist ersichtlich, daß der **Wortlaut** der Begründung **ungenau** ist. Denn nach diesem müßte man zu der unhaltbaren Auffassung kommen, daß bei Witwen mit allgemeiner Versorgung aus Zivilfonds von der ihnen nach § 20a MHG. zustehenden **Kriegs**versorgung von 300 Mk., 200 Mk. und 100 Mk. nur die Hälfte, also 150 Mk., 100 Mk. und 50 Mk. kapitalisiert werden könnten. Tatsächlich kann in den genannten Fällen aber die **ganze** Kriegsversorgung der Kapitalabfindung zugrunde gelegt werden; denn die **Absicht** der Gesetzesbestimmung des § 3, den Witwen unter allen Umständen **mindestens die Hälfte** ihrer **gesamten** Witwenbezüge als fortlaufende Rente zu belassen, um ihnen im Falle eines Verlustes der Kapitalabfindungssumme gleich der Rente der Mannschaften einen für den täglichen Unterhalt ausreichenden Betrag zu sichern, ist ja mehr als hinreichend gewahrt. So erhält z. B. die Witwe eines im Zivildienste angestellt gewesenen Feldwebels, wenn sie für 300 Mk. Kriegsversorgungsgebührnisse eine Kapitalabfindung erhalten hat, unter allen Umständen noch den Mindestbetrag von 300 Mk., sei es aus Zivilfonds allein oder teilweise auch aus Militärfonds, während der Witwe eines im Zivildienst angestellt gewesenen Gemeinen neben der Abfindung aus der Kriegsversorgung mit 100 Mk. nicht nur die Hälfte (200 Mk.), sondern sogar dreiviertel (300 Mk.) ihrer Witwenbezüge zur Verfügung stehen. Die Witwe eines im Zivildienste angestellt gewesenen Unteroffiziers bezieht, wenn sie ihre Kriegsversorgung mit 200 Mk. hat kapitalisieren lassen, immer noch eine

auch den Witwen der im Zivildienst Angestellten die allgemeine Versorgung aus Militärfonds **zustehen**, mithin **nicht** ruhen. Insoweit würden die besonderen Ausführungen über diese Witwen, die auf der **gegenwärtigen** Praxis beruhen, **gegenstandslos** sein.

Witwenversorgung von 300 Mk., also einen um 50 Mk. höheren Betrag als die Witwe mit allgemeiner Versorgung aus Militärfonds.

Soweit es sich um die Witwen von Gemeinen und Unteroffizieren handelt, die im Zivildienste angestellt waren, steht fest, daß diese in bezug auf Kapitalabfindung entschieden schlechter gestellt sind, als die anderen Witwen. Hierin liegt zweifellos eine Gesetzeshärte, weil für die Witwenbezüge aus Zivilfonds eine Kapitalisierung nicht vorgesehen ist. Denn während z. B. die 27jährige Witwe eines nicht im Zivildienst angestellt gewesenen Gemeinen eine Kapitalabfindung von 200×17 = 3400 Mk. erhalten kann, ist bei den anderen Witwen wie von Postboten, Eisenbahnbediensteten, Lehrern, Gemeindebeamten, die in ländlichen Bezirken häufig einen Grundbesitz haben, nur eine Abfindung von (100×17) = 1700 Mk. zulässig. Die 27jährige Witwe eines Unteroffiziers würde nur 200×17 = 3400 Mk. statt 250×17 = 4250 Mk. erhalten können (siehe auch Note 4 zu § 11 S. 154 und Anm. auf S. 96).

7. Ist das Friedenswitwengeld nach § 15 Abs. 1 und 4 MHG. zu kürzen, z. B. bei der Witwe eines Gemeinen auf die Vollrente eines Infanteristen (540 Mk.), so sind die Bezüge der Witwe auf Grund des Militärhinterbliebenengesetzes geringer als die volle Kriegswitwenversorgung nach § 20b MHG.

So erhält die Witwe eines Infanteristen mit 9 Kindern beispielsweise nur ein Friedenswitwengeld von 192.87 Mk. und dazu 100 Mk. Kriegsversorgung, mithin 292.87 Mk. Gesamtbezüge. Auch hievon sind nach § 3 KAG. 200 Mk. kapitalisierbar, während 92.97 Mk. als Rente weiterbezogen werden. Die Absicht der Gesetzesbestimmung des § 3 KAG., den Witwen die Hälfte ihrer gesamten Witwenbezüge als fortlaufende Rente zu belassen, ist in diesem Falle allerdings nicht erfüllt.

Ausgleichsunterstützungen, die auf Grund des Kap. 74 Tit. 8 bzw. nunmehr Kap. 84a des Kriegsjahresetats gewährt werden, können selbstverständlich nicht zur Kapitalisierung herangezogen werden.

Hat die Witwe aus Zivilfonds einen geringeren Betrag als 300 Mk., z. B. jährlich nur 270 Mk., so wird ihr aus Militärfonds der nicht ruhende Betrag von 30 Mk. bezahlt (§ 31 Abs. 2 MHG.). Die auf Grund des Militärhinterbliebenengesetzes der Witwe zustehenden Bezüge sind dann jährlich 130 Mk., die der Kapitalisierung unterliegen können.

8. Nach Abs. 2 kann die Abfindung auch auf einen Teilbetrag der Versorgungsgebührnisse beschränkt werden. Letztere können eben im vollen Betrage leicht über das wirtschaftliche Bedürfnis hinausgehen, so daß die Beschränkung der Gebührnisse auf einen Teil derselben im Interesse der Antragsteller liegt (Begründung S. 5). Siehe hiezu auch das unter Note 4 zu § 3 S. 94 Gesagte.

Erfordern es später einmal die wirtschaftlichen Bedürfnisse, so kann auf Antrag auch noch der Rest der fortlaufenden Versorgungsgebührnisse bis zur Höhe der in § 3 genannten Beträge in eine Kapitalabfindung umgewandelt werden.

§ 4.

Der Berechnung der Abfindungssumme wird das Lebensjahr zugrunde gelegt, das der Antragsteller in demjenigen Jahre, welches auf den Tag der Antragstellung folgt, vollendet.

Der Anspruch auf die Gebührnisse, an deren Stelle die Kapitalabfindung tritt, erlischt mit dem Ersten des auf die Auszahlung der Abfindungssumme folgenden Monats.

1. Nach Abs. 1 ist der Berechnung der Abfindungssumme **das Lebensjahr** zugrunde zu legen, das der Antragsteller in dem Jahre, welches auf den **Tag** der **Antragstellung folgt** (nicht etwa, wie vielleicht angenommen werden könnte, das auf den Tag der Antragstellung folgende Kalenderjahr), vollendet.

Würde also z. B. die Antragstellung am 1. Oktober

1916 erfolgen, so würde der Berechnung der Abfindungssumme das Lebensjahr zugrunde gelegt, das der Versorgungsberechtigte in der Zeit vom 2. Oktober 1916 bis 2. Oktober 1917 vollendet. Würde dieser am 1. Februar 1880 geboren sein, so wäre er zwar zur Zeit der Antragstellung am 1. Oktober 1916 36 Jahre alt; der Berechnung würde aber nicht dieses, sondern das 37. Lebensjahr zugrunde gelegt.

Ist der Versorgungsberechtigte am Tage der Antragstellung, z. B. am 1. Oktober 1916 in ein neues Lebensjahr eingetreten, und wäre er am 1. Oktober 1880 geboren, so würde nicht etwa das 36., sondern das 37. Lebensjahr angenommen werden müssen; denn gemäß § 187 Abs. 2 BGB. wird der Tag der Geburt bei der Berechnung des Lebensalters mitgerechnet. Es hat demnach der Versorgungsberechtigte am 1. Oktober 1916 bereits das 36. Lebensjahr vollendet und vollendet in dem auf den Tag der Antragstellung folgenden Jahre, d. i. 2. Oktober 1916 bis 2. Oktober 1917, nämlich am 1. Oktober 1917 das 37. Lebensjahr (siehe Note 1a zu § 2 S. 60).

Hieraus ergibt sich, daß als Abfindungssumme nicht das $14^3/_4$fache, also 2655 Mk., sondern nur das $14^1/_8$fache der Versorgungsgebührnisse, d. i. 2610 Mk. aus der jährlichen Kriegszulage zu 180 Mk. zu zahlen ist (§ 5).

2. Bei der Berechnung des auf die Antragstellung folgenden Jahres sind volle 365 Tage, und wenn ein Schalttag in Mitte liegt, volle 366 Tage zu berücksichtigen.

Als Tag der Antragstellung ist der Tag anzusehen, an dem der Antrag auf Kapitalabfindung bei dem Bezirksfeldwebel oder der Ortspolizeibehörde zu Protokoll gegeben wird, bei schriftlichen Gesuchen, an dem der Antrag beim Bezirkskommando oder der Ortspolizeibehörde in den Einlauf gelangt. Maßgebend wird der Zeitpunkt sein, in dem der Antrag beim zuständigen Bezirkskommando bzw. Ortspolizeibehörde eingeht, d. h. bei der Stelle, bei der der Antrag auf Kapitalabfindung gemäß Nr. 1 Abs. 2 der Ausf.-Best. des Bundesrats anzubringen ist.

Nach Ziff. 39 Abs. 3 der Pens.-Vorschr. (siehe auch Ziff. 98, 100) gilt allerdings bei Anmeldung und Prüfung von Versorgungsansprüchen nach der Entlassung aus dem aktiven Dienste der Tag, an dem das Gesuch bei einer militärischen oder anderen inländischen Behörde eingegangen ist.

3. Aus der Bestimmung des Abs. 1 ist zu folgern, daß auch ein minderjähriger Versorgungsberechtigter durch seinen gesetzlichen Vertreter Antrag auf Kapitalabfindung stellen kann, wenn er nur in dem Jahre, das auf die Antragstellung folgt, das 21. Lebensjahr vollendet. Eine Weigerung der Antragsaufnahme durch den Bezirksfeldwebel oder die Ortspolizeibehörde oder die Nichtweiterbeschäftigung des Antrages durch die zuständigen Behörden lediglich aus dem Grunde, weil der Antragsteller zur Zeit der Antragsaufnahme noch nicht volljährig ist, ist unzulässig. Derlei Anträge von Minderjährigen dürften insbesondere bei Witwen und Kriegsfreiwilligen nicht allzu selten sein (siehe Note 7 zu § 1 S. 32 f).

Ziff. 3 d. Anw. des preuß. KM. bestimmt im übrigen: „Die Prüfung des Antrags kann auch bei solchen Antragstellern eingeleitet werden, die das 21. Lebensjahr noch nicht vollendet haben," ebenso bayer. Vollz.-Anw. Ziff. 3.

4. Abs. 2 setzt den Zeitpunkt fest, in dem der Anspruch auf die Versorgungsgebührnisse, **soweit sie kapitalisiert wurden** (§ 3 Abs. 2, § 5), erlischt.

Dieser Zeitpunkt ist der Erste des auf die Auszahlung der Abfindungssumme folgenden Monats, nicht also der Erste des auf die Bewilligung der Abfindungssumme folgenden Monats.

Würde demnach z. B. die Bewilligung der Abfindungssumme am 22. Dezember 1916, die Auszahlung derselben am 1. März 1917 erfolgen, so würde der Anspruch auf die Gebührnisse, an deren Stelle die Kapitalabfindung tritt, am 1. April 1917 erlöschen. Erfolgt nach dem Bewilligungsbescheide die Auszahlung der Abfindungssumme in Raten, so entsteht die Frage, ob hier mit der ersten Rate die ganzen Versorgungsgebührnisse erlöschen, oder nur im Verhältnis der geleisteten Teilzahlungen. Unter Berücksichtigung des Umstandes, daß es sich bei Ratenzahlungen lediglich um eine Form der Auszahlung, nicht aber um eine teilweise Kapitalisierung der Versorgungsgebührnisse handelt, wird wohl anzunehmen sein, daß mit Auszahlung der ersten Rate der Anspruch auf die gesamten kapitalisierten Gebührnisse erloschen ist. Die Militärverwaltung wird sich wohl mit Teilzahlungen selbst nicht befassen, vielmehr den in Ziff. 10 Abs. 2 der Vollz.-Anw. angedeuteten Weg beschreiten.

Über das Wiederaufleben des nach § 4 Abs. 2 erloschenen Anspruchs siehe § 10 KAG.

5. Die **Auszahlung** der Abfindungssumme erfolgt nach den von den Landeszentralbehörden im Einvernehmen mit den obersten Militärverwaltungsbehörden erlassenen Bestimmungen (**Ausf.-Best. des Bundesrats** Nr. 5).

Diese ist auf Veranlassung der für den Antragsteller zuständigen Pensionsregelungsbehörde durch die für die Zahlung der Versorgungsgebührnisse bestimmte Kasse an den im Bescheide der obersten Militärverwaltungsbehörde bezeichneten Empfangsberechtigten zu zahlen und der Generalmilitärkasse, für Marine und Schutztruppenangehörige der Reichshauptkasse, aufzurechnen.

Ist die Auszahlung nach dem Bescheide an die Erfüllung von Voraussetzungen geknüpft (siehe § 6 KAG.), so muß vor der Zahlung von der mit der Ausführung der Entscheidung beauftragten Stelle bescheinigt werden, daß die Zahlung erfolgen kann.

Über den Empfang hat stets der Abfindungsberechtigte Quittung zu leisten, auch dann, wenn die Zahlung an Dritte zu leisten ist, also z. B. an die Siedelungsgesellschaft, an den Hypothekgläubiger, an den Verkäufer des erworbenen Grundstückes usw.

Mit Zustimmung des Abfindungsberechtigten kann die Abfindungssumme für ihn an eine geeignete Bank oder Sparkasse mit der Maßgabe bezahlt werden, daß er über das Kapital nur mit Einwilligung der mit der Ausführung der Entscheidung beauftragten Stelle verfügen darf. Die

Form der Auszahlung wird sich namentlich dann empfehlen, wenn die Verwendung des Kapitals in Teilbeträgen beabsichtigt ist.

Rentenempfänger haben den mit dem Vermerk über die Bewilligung der Abfindung versehenen Militärpaß der Pensionsregelungsbehörde vorzulegen. Diese hat vor der Zahlung die Übertragung des Vermerks aus dem Militärpaß und zugleich die Eintragung des Zeitpunktes des Erlöschens der abgefundenen Versorgungsgebührnisse in das Pensionsquittungsbuch zu veranlassen (Anw. f. Preußen Nr. 10, ebenso für Bayern u. Baden Nr. 9). In Württemberg erfolgt die Auszahlung durch Vermittlung des für den Wohnort des Versorgungsberechtigten zuständigen Bez.-Ausschusses für Kriegsinvalidenfürsorge, dem die Beträge durch das Kriegszahlamt überwiesen werden (Anw. IV).

6. Verzögert sich die Verbescheidung des Kapitalabfindungsgesuches, so kann der Fall eintreten, daß der Antragsteller neben dem Vielfachen des Jahresbetrages seiner kapitalisierten Bezüge auch noch die Rente, d. h. die Zulage, die der Kapitalisierung zugrunde gelegt ist, bis zur Auszahlung des Kapitals weiter bezieht, während sie bei rascherer Verbescheidung des Antrages schon früher erloschen wäre. Angenommen z. B., der Rentenempfänger hätte eine Abfindung von 2700 Mk. als 35 jähriger zu erhalten, so bleibt sich dieser Betrag ganz gleich, ob er im ersten oder letzten Monat des Jahres, welches auf den Tag der Antragstellung folgt, ausbezahlt wird. Nicht gleichgültig ist dies aber für die der Kapitalabfindung zugrunde gelegten Gebührnisse, die bis zur Auszahlung der Abfindungssumme weiterlaufen, d. h. der Rentenempfänger bezieht, je später die Auszahlung des Kapitals erfolgt, desto länger die Rente, die bei früherer Auszahlung längst erloschen wäre. Hier ergibt sich mithin eine Benachteiligung des Fiskus, der durch eine möglichst rasche Erledigung des Kapitalabfindungsgesuches vorgebeugt werden muß. In dem zustimmenden Bescheid des General-Kommandos nach Nr. 2 Abs. 2 d. Ausf.-Best. des Bundesrats wird daher zweckmäßigerweise ein Zusatz aufzunehmen sein dahingehend, daß der Antrag auf Prüfung der Nützlichkeit der beabsichtigten Verwendung möglichst bald, jedenfalls innerhalb eines Jahres von der Ausstellung des Bescheides ab gerechnet, bei der Prüfungsstelle anzubringen wäre.

Nach Ablauf dieser Frist wird eine Wiederholung des Verfahrens nur auf Grund eines erneuten Antrages beim Bezirksfeldwebel (Ortspolizeibehörde) angeordnet werden können.

§ 5.

Als Abfindungssumme ist unter Berücksichtigung des Lebensalters das aus der nachstehenden Aufstellung ersichtliche Vielfache der Versorgungsgebührnisse zu zahlen, und zwar bei dem

21.	Lebensjahre	das	$18^1/_2$	fache,
22.	"	"	$18^1/_4$	"
23.	"	"	18	"
24.	"	"	$17^3/_4$	"
25.	"	"	$17^1/_2$	"
26.	"	"	$17^1/_4$	"
27.	"	"	17	"
28.	"	"	$16^3/_4$	"
29.	"	"	$16^1/_2$	"
30.	"	"	$16^1/_4$	"
31.	"	"	16	"
32.	"	"	$15^3/_4$	"
33.	"	"	$15^1/_2$	"
34.	"	"	$15^1/_4$	"
35.	"	"	15	"
36.	"	"	$14^3/_4$	"
37.	"	"	$14^1/_2$	"
38.	"	"	$14^1/_4$	"
39.	"	"	14	"

40. Lebensjahre	. . . . .	das	13 3/4 fache,
41. „	. . . .	„	13 1/2 „
42. „	. . . .	„	13 1/4 „
43. „	. . . .	„	13 „
44. „	. . . .	„	12 3/4 „
45. „	. . . .	„	12 1/2 „
46. „	. . . .	„	12 1/4 „
47. „	. . . .	„	12 „
48. „	. . . .	„	11 3/4 „
49. „	. . . .	„	11 1/4 „
50. „	. . . .	„	10 3/4 „
51. „	. . . .	„	10 1/4 „
52. „	. . . .	„	9 3/4 „
53. „	. . . .	„	9 1/4 „
54. „	. . . .	„	8 3/4 „
55. „	. . . .	„	8 1/4 „

des Jahresbetrags der betreffenden Bezüge oder eines Teiles derselben.

1. Hiezu bemerkt die Begründung (S. 6):

„Für die Bemessung des Abfindungskapitals sind Bestimmungen über die Wahrscheinlichkeit, mit der die Antragsteller aus dem Bezug der Versorgung ausscheiden, und über die Verzinsung zu treffen, die für Beschaffung des Kapitals aufzuwenden ist.

Vom versicherungstechnischen Standpunkte aus handelt es sich bei den abzufindenden Rentenempfänger um besondere und eigenartige Verhältnisse. Wenngleich „Kriegsbeschädigte" in Frage kommen, so soll eine Abfindung nur dann eintreten, wenn der Gesundheitszustand der Antragsteller derartig ist, daß ihr vorzeitiges Ableben nicht zu befürchten ist. Für die Berechnung des Abfindungskapitals wird sonach nur eine Tafel in Betracht kommen können, die sich an die Statistik über die durchschnittliche Sterbenswahrscheinlichkeit anlehnt.

Bei der Berechnung ist auch die Verzinsung berücksichtigt, die das Reich gegenwärtig aufwenden muß, um die für die Abfindung nötigen Beträge zu beschaffen.

Nach der Regierungsvorlage war der Berechnung ein Zinsfuß von 5% zugrunde gelegt. Es wurde in den Kommissionsverhandlungen (Kommissionsbericht S. 23) durch den Regierungskommissär ausgeführt, daß, wenn man mit etwa 50000 Abgefundenen und mit einer durchschnittlichen Abfindungssumme von 3000 Mk. rechne, sich das Reich einen Betrag von 150 Millionen Mk. im Wege des Kredits, der gegenwärtig mit 5% verzinst werden müsse, verschaffen müßte.

Hinsichtlich der Sterbetafeln müßten die Kriegsbeschädigten und die Kriegerwitwen unterschieden werden. Erstere seien anormale Risiken, mit erhöhter Gefahr, für die Tabellen nicht existieren. Es hätten jedoch die Erfahrungen der Unfallversicherung und namentlich das vorzügliche Material der österreichischen Unfallversicherung benutzt werden können. Dieses ergab für das Alter von 21 Jahren als Kapitalwert das 15,6fache der Jahresrente, während das Durchschnittsrisiko der deutschen Bevölkerung nach den Tabellen des kaiserl. Statistischen Amtes das 16,4fache ergab. Als Mittel ergab sich für die erste Zahl der Tabelle des Entwurfs die Zahl 16. Für den Endpunkt von 55 Jahren sei nach den österreichischen Erfahrungen die Zahl 7½ ermittelt. Die Zwischenzahlen entsprechen nicht genau den rechnungsmäßigen Werten, weil es erwünscht war, den Abfall der Reihe möglichst gleichmäßig zu gestalten.

Für die Witwen, die nach den allgemeinen Beobachtungen sich einer langen Lebensdauer erfreuen, hätte an sich eine besondere Tabelle aufgestellt werden müssen. Dies sei aber aus folgendem Grunde nicht geschehen: Die Kriegerwitwen seien nicht Frauen, die im natürlichen Verlauf der Sterblichkeit der Ehemänner zu Witwen geworden seien, sondern solche, die durch die Gewalt des Krieges meist in jungen Jahren Witwen wurden. Über diesen Personenkreis fehle jegliche Erfahrung. Infolgedessen sei die Tabelle auch für die Witwen beibehalten worden, zumal sie in ihrem Anfangspunkt mit der Sterblichkeit der allgemeinen deutschen Sterbetafel übereinstimme.

Trotzdem der Vertreter des Reichsschatzamtes unter näherer Darlegung der Gründe aus rein fiskalischen Gesichtspunkten auf einer 5%igen Verzinsung bestand, war die Reichstagskommission einmütig der Ansicht, daß man die Kriegsbeschädigten nach sozialen Gesichtspunkten behandeln müsse. Es wurde deshalb der in der Kommission eingebrachte Antrag, der in § 5 enthaltenen Abfindungsskala eine 4%ige Verzinsung zugrunde zu legen, angenommen. Diesem Beschlusse wurde auch in zweiter Lesung der Kommission (Bericht S. 33) beigetreten. Dadurch erhalten die Kriegsbeschädigten und die Witwen eine erheblich höhere Summe, als die Regierungsvorlage vorgesehen, bei der Kapitalsabfindung ausbezahlt (siehe auch Reichstagsverhandl. S. 1464, Martineck S. 43ff.).

2. Bei der Frage, mit welchem Kapitale eine Abfindung zu erfolgen hat, schien offensichtlich die auf Grund des § 618 RVO. aufgestellte Skala in der Bekanntmachung des Bundesrats vom 21. Dezember 1912 (Zentralblatt für das Deutsche Reich 1913 S. 26) zu niedrig. Diese hier veröffentlichten Grundsätze konnten nicht herangezogen werden, weil sie von anderen Gesichtspunkten ausgehen, insbesondere Personen im Auge haben, die voraussichtlich nicht dauernd im Bezuge einer Rente bleiben werden. Da unter allen Umständen bei der Kapitalabfindung der Altersunterschied berücksichtigt werden mußte, so boten insoferne wohl die Grundsätze des § 18 des Reichs-Erbschaftssteuer G. (RGBl. 1906 S. 661) einen Anhalt.

3. Beispiele für die verschiedenen Arten der Abfindung.

a) Abfindung für die ganze Kriegszulage:

Ein Versorgungsberechtigter, der am 25. Februar 1881 geboren ist, stellt am 10. Mai 1917 Antrag auf Umwandlung seiner vollen Kriegszulage von 180 Mk. jährlich in eine Kapitalabfindung. Er hätte am 25. Februar 1918, also innerhalb eines Jahres nach Antragstellung (§ 4 Abs. 1) das 37. Lebensjahr vollendet.

Nach der Abfindungsskala hat er das 14½fache seiner Kriegszulage, d. i. 180×14.50 = 2610 Mk. als Kapitalabfindung zu erhalten.

b) Abfindung für die Kriegszulage und eines Teiles der Verstümmelungszulage:

Würde der am 25. Februar 1881 geborene Versorgungsberechtigte auch eine einfache Verstümmelungszulage von jährlich 324 Mk. beziehen, so würde er, falls er zum Erwerbe eines Grundbesitzes von letzterer Zulage nur die Hälfte als Kapital benötigt, also nur 162 Mk. kapitalisiert wissen will, erhalten:

2610 Mk. Kapitalabfindung aus der Kriegszulage und 162×14.50 = 2349 Mk., zusammen also 4959 Mk.; daneben bezieht er, abgesehen von der Rente, 162 Mk. Verstümmelungszulage weiter.

c) Abfindung für die Tropenzulage:

Hier ergibt sich das rechnerische Ergebnis von a), weil gemäß § 3 Abs. 1 KAG. die Tropenzulage nur in der Höhe der Kriegszulage kapitalisiert wird.

Neben der Rente bezieht er noch jährlich 120 Mk. (§ 67 MVG.) Tropenzulage weiter.

d) Benötigt der Kriegsrentenempfänger zur Stärkung seines Grundbesitzes nicht 4959 Mk., sondern nur 4000 Mk., d. h. einschließlich der ihm erwachsenen Verbriefungs-Protokoll-Kosten, und bezieht er neben der Kriegszulage eine jährliche Verstümmelungszulage von 324 Mk., so wird zweckmäßigerweise die Kriegszulage mit 2610 Mk. völlig kapitalisiert, von der Verstümmelungszulage aber nur eine verhältnismäßige Quote genommen. Es sind von der Verstümmelungszulage auf 4000 Mk. noch 4000—2610 = 1390 Mk. nötig. Von der Verstümmelungszulage zu jährlich 324 Mk wären demnach noch heranzuziehen: monatlich 8 Mk. oder jährlich 96 Mk., was kapitalisiert den Betrag von 1392 Mk. ergeben würde. Der Rentenempfänger würde sodann noch jährlich 228 Mk. Verstümmelungszulage weiterbeziehen.

Wenn nach Kapitalisierung der dem Bedarf entsprechenden Rente nur ein geringfügiger Betrag an Kriegs-Verstümmelungszulage (z. B. jährlich 2 Mk., d. i. monatlich $16\frac{1}{2}$ Pf.) verbleiben würde, so wird es sich im Interesse der Vereinfachung des Zahlungs- und Rechnungswesens empfehlen, die gesamte Kriegs- oder Verstümmelungszulage oder beide Zulagen zusammen zu kapitalisieren.

e) Abfindung einer Witwe:

Wäre diese, wie im Beispiele a angenommen, am 25. Februar 1881 geboren, so erhielte sie als Kapitalabfindung 200×14.50 = 2900 Mk., wenn der verstorbene Ehemann Gemeiner war; war letzterer im Zivildienst angestellt, und ruht die ganze allgemeine militärische Versorgung, so würde die Höchstabfindung nur 100×14.50 = 1450 Mk. betragen können.

Daneben würde die Witwe 200 Mk., und als Witwe eines Angestellten im Zivildienste aus Zivilfonds ihr Witwengeld weiterbeziehen. Will die Witwe eines Gemeinen (geb. am 25. Februar 1881) beispielsweise nur ein Kapital für 180 Mk. laufende Bezüge, so würde sie eine Abfindungssumme von 2610 Mk. erhalten. Den Rest der Versorgungsgebührnisse mit jährlich 220 Mk. bezieht sie weiter.

4. Wie schon in § 2 (Note 1a S. 60 f.) ausgeführt, kann nach Ziff. 1 zweiter Halbsatz ausnahmsweise eine Kapitalabfindung auch über das 55. Lebensjahr hinaus gewährt werden.

Hiezu bemerken die **Ausführungsbestimmungen** des **Bundesrats** unter Nr. 4:

„Bei Personen, die das 55. Lebensjahr vollendet haben, ist die Abfindungssumme derart zu bemessen, daß sich das in § 5 des Gesetzes bei dem 55. Lebensjahre festgesetzte Vielfache der Versorgungsgebührnisse ($8\frac{1}{4}$) für jedes fernere Lebensjahr um die Hälfte desjenigen Versorgungsteiles, welche der Kapitalabfindung zugrunde gelegt wird, vermindert."

Es käme also als Vielfaches des Jahresbetrages bei 56 Jahren das $7\frac{3}{4}$ fache, bei 57 Jahren das $7\frac{1}{4}$ fache, bei 58 Jahren das $6\frac{3}{4}$ fache, bei 59 Jahren das 6¼fache, bei 60 Jahren das 5¾fache usw. in Betracht.

5. Wegen der Antragstellung der Personen über 55 Jahren siehe Note 7 zu § 1 S. 33 und Note 1a zu § 2 S. 60f.

6. Für die **Berechnung der Höhe** der Abfindungssumme ergibt sich für Kriegsrentenempfänger und die Kriegswitwen folgende Tabelle:

Mit Vollendung des Lebensjahres	Das Vielfache	bei Kriegsbeschädigten		bei Witwen von:		
		Kriegszulage von 180 Mk. Mk.	Verstümmlungszulage von 324 Mk. Mk.	Feldwebeln ½ Witwengeld 300 Mk. Mk.	Sergeanten usw. ½ Witwengeld 250 Mk. Mk.	Gemeinen ½ Witwengeld 200 Mk. Mk.
21	18½	3330	5994	5550	4625	3700
22	18¼	3285	5913	5475	4562,50	3650
23	18	3240	5832	5400	4500	3600
24	17¾	3195	5751	5325	4437,50	3550
25	17½	3150	5670	5250	4375	3500
26	17¼	3105	5589	5175	4312,50	3450
27	17	3060	5508	5100	4250	3400
28	16¾	3015	5427	5025	4187,50	3350
29	16½	2970	5346	4950	4125	3300
30	16¼	2925	5265	4875	4062,50	3250
31	16	2880	5184	4800	4000	3200
32	15¾	2835	5103	4725	3937,50	3150
33	15½	2790	5022	4650	3875	3100
34	15¼	2745	4941	4575	3812,50	3050
35	15	2700	4860	4500	3750	3000
36	14¾	2655	4779	4425	3687,50	2950
37	14½	2610	4698	4350	3625	2900
38	14¼	2565	4617	4275	3562,50	2850
39	14	2520	4536	4200	3500	2800
40	13¾	2475	4455	4125	3437,50	2750
41	13½	2430	4374	4050	3375	2700
42	13¼	2385	4293	3975	3312,50	2650
43	13	2340	4212	3900	3250	2600

Mit Vollendung des Lebensjahres	Das Vielfache	bei Kriegsbeschädigten		bei Witwen von:		
		Kriegszulage von 180 Mk. Mk.	Verstümmelungszulage von 324 Mk. Mk.	Feldwebeln 1/2 Witwengeld 350 Mk. Mk.	Sergeanten usw. 1/2 Witwengeld 250 Mk. Mk.	Gemeinen 1/2 Witwengeld 200 Mk. Mk.
44	12 3/4	2295	4131	3825	3187,50	2550
45	12 1/2	2250	4050	3750	3125	2500
46	12 1/4	2205	3969	3675	3062,50	2450
47	12	2160	3888	3600	3000	2400
48	11 3/4	2115	3807	3525	2937,50	2350
49	11 1/4	2025	3645	3375	2812,50	2250
50	10 3/4	1935	3483	3225	2687,50	2150
51	10 1/4	1845	3321	3075	2562,50	2050
52	9 3/4	1755	3159	2925	2437,50	1950
53	9 1/4	1665	2997	2775	2312,50	1850
54	8 3/4	1575	2835	2625	2187,50	1750
55	8 1/4	1485	2673	2475	2062,50	1650

§ 6.

Die bestimmungsgemäße Verwendung des Kapitals ist durch die Form der Auszahlung und in der Regel durch Maßnahmen zur Verhinderung alsbaldiger Weiterveräußerung des Grundstücks oder des an ihm bestehenden Rechtes zu sichern. Zu diesem Zwecke kann die oberste Militärverwaltungsbehörde insbesondere anordnen, daß die Weiterveräußerung und Belastung des auf Grund der Kapitalabfindung erworbenen Grundstücks innerhalb einer Frist von nicht über zwei Jahren nur mit ihrer Genehmigung zulässig ist. Diese Anordnung wird mit der Eintragung in das Grundbuch wirksam. Die Eintragung erfolgt auf Ersuchen der obersten Militärverwaltungsbehörde.

1. § 6 war im Entwurfe nicht vorhanden; er wurde in seiner nunmehrigen Fassung erst in der 2. Lesung des Gesetzes in der Plenarsitzung des Reichstages eingefügt. Er sollte sich folgerichtig an die Bestimmung des § 2 insbesondere deren Ziff. 4 anschließen.

Dementsprechend erscheint auch der jetzige § 6 nach den Beschlüssen der 1. Lesung der Reichstagskommission als § 2a, dessen Fassung gegenüber der nunmehrigen Gesetzesbestimmung eine wesentlich weitere war. Während der erste Satz (Antrag Nr. 277 d. Reichstagsdrucksachen) des § 6 mit dem des ursprünglichen § 2a gleichlautend war, hatte der zweite Satz (Antrag Nr. 282 der Reichstagsdrucksachen) folgende Fassung:

„Zur Sicherung der bestimmungsgemäßen Verwendung der Abfindungssumme und der etwaigen Rückzahlungspflicht ist eine Sicherungshypothek zugunsten des Militärfiskus einzutragen. Die Sicherungshypothek vermindert sich jährlich um den Betrag des kapitalisierten Rententeils und erlischt mit dem Tode des Rentenberechtigten.

Weitere Beschränkungen der Eigentumsrechte seitens des Reiches sind unzulässig."

Über die beiden Anträge Nr. 277 und Nr. 282 entspann sich in der 1. Kommissionslesung eine lebhafte Debatte.

Der Unterstaatssekretär im Reichsschatzamte erklärte den Antrag Nr. 277 in seinem Ziele für sympathisch, glaubte aber, daß man auf dem bezeichneten Wege nicht weiter kommen werde. Man müsse zweierlei unterscheiden: die Tätigkeit, die das Kriegsministerium bei der Bewilligung der Kapitalabfindung auszuüben habe und das, was in Zukunft geschehen solle. Bei der Bewilligung der Kapitalabfindung sei durch § 2 Ziff. 4 alles das geschehen, was geschehen könne: Die Abfindung könne bewilligt werden, wenn für eine nützliche Verwendung Gewähr bestehe. In welcher Weise diese Gewähr als gegeben angesehen werde, liege in dem Ermessen des Kriegsministeriums. Dieses könne sehr wohl sagen: ich sehe diese Gewähr nur dann als gegeben an, wenn die Voraussetzungen, die in § 2a formuliert sind, vorliegen. Gegen eine so zwingende Bestimmung, wie sie durch § 2a vorgeschlagen sei, habe er aber Bedenken, weil damit in vielen Fällen eine lästige Behinderung des Kriegsministeriums ausgesprochen sein könnte. Er glaube auch nicht, daß durch die Form der Auszahlung eine große Sicherheit erreicht werde; die Ermächtigung z. B., Ratenzahlungen zu verlangen, liege schon in Ziff. 4 des § 2.

Wenn er die Verhandlungen richtig verstanden habe, so wolle man, daß das Kriegsministerium auch in Zukunft die Handhabe haben solle, dafür zu sorgen, daß das Geld, das einmal ausgezahlt worden ist, nicht nur nützlich verwendet sei, sondern auch nützlich verwendet bleibe. Das würde aber auf dem angegebenen Wege nicht erreicht; denn dann müßte man zunächst dem Kriegsministerium die Möglichkeit geben, in jedem Falle, wo eine fernere nützliche Verwendung nicht mehr gewährleistet erscheint, das Kapital sofort zurückzufordern. Davon stehe aber im Gesetze nichts.

Bei Ausarbeitung des Entwurfs sei man davon ausgegangen: wenn das Geld einmal ausgezahlt sei, dann sei nicht mehr die Möglichkeit gegeben, es zurückzufordern. Das Kriegsministerium würde sonst vor nicht lösbare Aufgaben gestellt werden. Eine große Zahl von Versorgungsberechtigten werde natürlich von der Vergünstigung des Gesetzes Gebrauch machen. Wie solle das Kriegsministerium in jedem einzelnen Falle dauernd sich ein Urteil beschaffen, ob der Betreffende noch die Gewähr bietet, ob das Geld nützlich verwendet wird? Dies sei nicht durchzuführen.

Im Anschluß hieran legte der Vertreter des preuß. Kriegsministeriums die Gründe dar, die die Regierung dazu geführt hätten, auf gesetzliche Sicherungsmaßnahmen zur Verhütung von Spekulationen usw. zu verzichten. Die Gefahr, daß hier und da Kriegsbeschädigte den mit der Gewährung der Abfindung beabsichtigten Verwendungszweck durch baldigen Verkauf des Grundstücks illusorisch machen könnten, sei gewiß nicht von der Hand zu weisen. Immerhin würden dies Ausnahmefälle sein.

Es komme hinzu, daß Beschränkungen, die dieser Gefahr vorbeugen sollen, die Einrichtung der Kapitalabfindung sehr unbeliebt machen und ihre Einführung erschweren könnten. Die Heeresverwaltung würde dadurch gezwungen werden, die Abgefundenen dauernd beobachten und beaufsichtigen zu lassen, und dadurch den Entschluß der Kriegsbeschädigten, selbständig ihren Weg durchs Leben zu suchen, beeinträchtigen. Es sei doch anzunehmen, daß es größtenteils ältere Leute sein werden, die von dem Kapitalabfindungsgesetze Gebrauch machen wollen. Man müsse daran denken, daß man es nicht mit unserem Friedensheer zu tun habe, sondern mit dem gewaltigen Kriegs- und Volksheer, das zum überwiegenden Teile aus Reservisten und älteren Landwehrleuten bestehe. Solle man nun solche Leute, die schon vor dem Kriege ansässig waren und an denen kein Makel haftet, nach dem Kriege noch so kontrollieren lassen? Solche Maßnahmen sollte man doch besser auf die Allgemeinheit nicht anwenden. Blieben in einzelnen Fällen wirklich etwaige Bedenken bestehen, so habe die Militärverwaltung es nach Ziff. 4 des § 2 immer in der Hand, gewisse Sicherheitsmaßnahmen zu fordern. Da sei es doch besser, den einen oder anderen Fall dieser Art in den Kauf zu nehmen und im übrigen die Leute in Ruhe und Frieden zu lassen.

Zu dem Antrag Nr. 282 — zweiter Satz des § 2a — wurde bemerkt, man wolle keine persönliche Beaufsichtigung des Erwerbers nach dem Erwerbe des Grundstücks seitens der Militärbehörde, sondern nur die Sicherheit dafür, daß Grund und Boden dem Erwerber auch erhalten bleibe. Wenn eine Sicherungshypothek eingetragen sei, so werde die Veräußerung des Grundstücks außerordentlich schwer sein.

Hiegegen wurde eingewendet, daß der Antrag Nr. 282 dem nicht gerecht werde, was der Antrag Nr. 277 bezwecke.

Will z. B. jemand einen Anteil an einer Baugenossenschaft erwerben, so kann man keine Sicherheitsklausel verlangen. Soll verhindert werden, daß mit dem Gesetze Grundstücksspekulationen Tür und Tor geöffnet wird, so muß man Beschränkungsbestimmungen einfügen. Welche Maßnahmen aber im einzelnen getroffen werden müssen, das gehöre richtiger in die Ausführungsbestimmungen als in das Gesetz hinein. Deshalb genüge der Antrag Nr. 277. Beschränke man sich jedoch auf die Sicherheitshypothek, so bringe das eine zu große Einschränkung.

Schließlich wurde bemängelt, daß es nicht klar sei, ob in dem Antrag Nr. 282 eine Rückzahlungspflicht eingeführt werden solle.

Der Vertreter des Kriegsministeriums betonte, man müsse sich darüber klar sein, daß nach dem Entwurfe ein Wiederaufleben der laufenden Bezüge nicht eintrete. Wolle man das, so müßte eine ganz neue entsprechende Bestimmung in das Gesetz aufgenommen werden.

Ein Kommissär des Reichsschatzamtes führte aus, man müsse zwei Fälle unterscheiden.

Wenn der Angesiedelte von der Sache loskommen will, weil er sich entweder nicht zum Landwirt eignet oder Familienverhältnisse eintreten, die ihn nötigen, das Grundstück loszuschlagen, so stehe der Gesetzentwurf auf dem Boden, daß der Abgefundene da absolut freie Hand behalten soll. Wenn er seine Rente wieder haben möchte, so fehle es an einer entsprechenden Bestimmung. Sie könnte dahin etwa getroffen werden, daß der Abgefundene einen der Tabelle entsprechenden Betrag zurückzuzahlen hat und von dem Tage der Rückzahlung ab wieder seine Rente erhält.

Ganz unabhängig davon sei der Fall des Antrags Nr. 282, der von einer Rückzahlungspflicht spreche. Eine solche habe die Regierung nicht konstruieren wollen, weil sie den Standpunkt vertrete, daß mit der nützlichen Verwendung des Geldes die Beaufsichtigung des Abgefundenen aufhöre. Nun wolle man hier einen Schritt weitergehen und eine solche Rückzahlungspflicht konstruieren, indem man verlange, es solle eine Sicherungshypothek eingetragen werden. Er glaube, daß diese Sicherheit oft illusorisch sein werde, zum mindesten werde es in vielen Fällen zweifelhaft sein, ob sie einen praktischen Zweck besitze.

Die bisherigen Ausführungen hätten sich im wesentlichen auf die Fälle bezogen, in denen der Kriegsbeschädigte ein Grundstück im freien Verkehr erwirbt.

Nach den Intentionen des Entwurfes würde aber die Ansiedeluung wohl in der Mehrzahl durch die Hilfe und Vermittelung der Siedelungsgesellschaften, Wohnungsgenossenschaften und ähnliche Organisationen erfolgen. Diese hätten auf Grund langjähriger Erfahrungen gewisse Richtlinien entwickelt, und sorgten bereits durch ihre vertraglichen Bestimmungen dafür, daß die Zwecke der Ansiedelung möglichst erreicht werden. Jede Bestimmung, die in dieser Hinsicht in das Gesetz hineingebracht würde, störe das Vorgehen und die Absichten dieser Organisationen und schränke ihre Tätigkeit in unerträglicher Weise ein. Eine Sicherungshypothek z. B. nehme im Grundbuch den Platz weg, den die Siedelungsgesellschaft zur Finanzierung der Ansiedelung nötig habe. Er empfehle daher, es bei der Fassung des Gesetzes zu belassen.

Wenn sich der Kriegsbeschädigte in seiner neuen Lage durchaus nicht wohl fühle, insbesondere, wenn er nicht wirtschaften kann, dann werde man sich wohl damit einverstanden erklären können, daß er, um wieder zu seiner Rente zu kommen, das Abfindungskapital zurückgibt. Wie er sich dieses beschaffe, das werde man allerdings dem Mann überlassen müssen; aber zugunsten der eventuellen Rückforderung das Grundstück mit einer Sicherungshypothek zu belasten, halte er nicht für richtig. Bei den Kapitalabfindungen der Witwen sei zwar die Sicherungshypothek vorgesehen, doch werde es sich da im wesentlichen um die Erhaltung des eigenen Grundbesitzes handeln.

Diese vom Regierungsvertreter entwickelte Auffassung wurde jedoch im allgemeinen nicht als richtig anerkannt. Es sei nicht bloß notwendig, eine Siedelungsmöglichkeit zu geben, sondern die der Landwirtschaft angehörenden Kriegsbeschädigten sollten auch die Möglichkeit haben, sich gerade in der eigenen Heimat anzusiedeln. Eine Sicherung müsse im Gesetze vorgesehen werden, indem man entweder eine Sicherungshypothek auferlege oder aber die Bestimmung einfüge, daß innerhalb einer gewissen Zeit eine Veräußerung nicht ohne Zustimmung des Kriegsministeriums vorgenommen werden könne.

In der Erkenntnis, daß die Forderung der Sicherung unbedingt im Gesetze selbst ausgesprochen werden muß, nahm die Kommission die Anträge Nr. 277 und 282 als § 2a an (Kommissionsbericht S. 15 ff.).

Zur 2. Kommissionslesung des Entwurfs hatte der Berichterstatter die Streichung des § 2a vorgeschlagen, der durch einen neu einzufügenden § 5a ersetzt werden sollte, folgenden Wortlauts:

„Die bestimmungsgemäße Verwendung des Kapitals ist durch die Form der Auszahlung und durch Maßnahmen zur Verhinderung alsbaldiger Weiterveräußerung des Grundstücks oder des an ihm bestehenden Rechtes zu sichern.

Die Weiterveräußerung und Belastung eines auf Grund der Kapitalabfindung erworbenen Grundstücks ist innerhalb einer von der obersten Militärverwaltungsbehörde bestimmten Frist nur mit deren Genehmigung zulässig.

Das Veräußerungsverbot ist auf Ersuchen der obersten Militärverwaltungsbehörde in das Grundbuch einzutragen."

Zu diesem Abänderungsvorschlage des Berichterstatters wurde in der 2. Lesung der Kommission noch die Hinzufügung eines Absatz 4 des Inhalts beantragt:

„Die Genehmigung muß erteilt werden, wenn der Abgefundene sich erbietet, nach § 7a Abs. 3 — jetzt § 9 — die Abfindungssumme zurückzuzahlen."

Hiezu wurde von dem Vertreter der Militärverwaltung und einigen Kommissionsmitgliedern die Anregung gegeben, den ersten Absatz, betreffend die Sicherung der bestimmungsgemäßen Verwendung des Kapitals durch die Form der Auszahlung und durch Maßnahmen zur Verhinderung alsbaldiger Weiterveräußerung zu streichen, da es genüge, wenn in § 5a die Weiterveräußerung und Belastung eines auf Grund der Kapitalabfindung erworbenen Grundstücks untersagt sei, zumal die übrige Regelung in § 7 vorgesehen sei. Auch wurde die Überzeugung gehegt, daß die Militärverwaltung es in der Form der Auszahlung nicht an der notwendigen Vorsicht werde fehlen lassen.

Der Antrag auf Einstellung eines Abs. 4 wurde damit begründet, daß es sonst aus dem einen oder anderen unsachlichem Grunde dem Kriegsbeschädigten erschwert werden könne, von seinem Grundstücke wieder loszukommen, und wenn er dies nicht ohne Genehmigung tun könne, so sei hierin eine Beschränkung der Freizügigkeit zu erblicken.

Der Vertreter des Kriegsministeriums bat um Ablehnung, weil der Antrag gewissermaßen die Prinzipien des ganzen Gesetzes als einer Kannvorschrift durchbreche. Auch sei der Antrag überflüssig, denn wenn der Mann das Kapital zurückzahlt und die Bitte ausspricht, die Rente wieder zu bekommen, dann habe die Militärverwaltung keinen Grund, das abzulehnen; im übrigen sei die Bestimmung schon deshalb nicht ganz unbedenklich, weil sie jedem das Recht gebe, nach seinem Belieben zurückzuzahlen und damit den Anreiz, das Grundstück zu verkaufen, wenn man einen höheren Preis dafür erzielen könnte.

Schließlich wurde nach längerer Debatte der beantragte Abs. 4 abgelehnt, im Abänderungsvorschlage des Berichterstatters von § 5a der Abs. 1 als überflüssig gestrichen, die Absätze 2 und 3 dagegen angenommen (Kommissionsbericht S. 37).

Bei der 2. Lesung des Gesetzentwurfes im Reichstagsplenum wurde nun zu § 5a ein Abänderungsantrag gestellt, dessen Wortlaut mit der nunmehrigen Gesetzesfassung übereinstimmt.

Man ging hiebei von der Erwägung aus, daß die unbedingte Sicherung, wie sie im § 5a nach den Kommissionsbeschlüssen 2. Lesung verlangt wird, vielleicht eine zu starke Spannung enthält, so daß die Befürchtung entsteht, daß der Anreiz zur Ansiedelung, durch Kapitalabfindung ein eigenes Heim zu erwerben, vermindert werden könnte. Man habe nicht, wie der Berichterstatter in der Plenarsitzung des Reichstags vom 3. Juni 1916 erklärte, die Absicht gehabt, ein Gesetz zu machen, das eine Sicherung unter allen Umständen auf die Dauer durchführt, sondern ein solches, durch welches auch tatsächlich der Zweck der Ansiedelung erreicht wird. Deshalb sei die Fassung des § 5a nach dem Abänderungsantrag vorzuziehen (Verhandlungen des Reichstags 1916 S. 1463).

2. § 6 spricht von der **bestimmungsgemäßen Verwendung** des Kapitals, d. h. die bewilligte Abfindungssumme muß der Bestimmung zugeführt werden, die im Antrage bzw. der Prüfungsstelle gegenüber angegeben ist. Es geht also nicht an, daß der Antragsteller nach der Bewilligung die Zweckbestimmung ändert, daß er z. B. vom Nachbarn ein Grundstück erwerben will, während er die Abfindungssumme zur Anschaffung von Inventar wollte. Desgleichen bedeutet nicht der Beitritt zu jeder gemeinnützigen Bau- oder Wohnungsgenossenschaft die bestimmungsgemäße Verwendung im Sinne des § 6 KAG., sondern ausschließlich der Beitritt zu jener Genossenschaft, deren Gemeinnützigkeit geprüft wurde und die der Bewilligungsbescheid der obersten Militärverwaltungsbehörde zur Grundlage hat.

3. Die bestimmungsgemäße Verwendung des Kapitals ist zu sichern. Während sonst das Kapitalabfindungsgesetz auf der sogenannten Kannvorschrift aufgebaut ist, ist hier hinsichtlich der Sicherungsmaßnahmen ausnahmsweise vom Gesetzgeber eine Mußvorschrift

aufgestellt. Demgemäß **muß** jeder Bewilligungsbescheid der obersten Militärverwaltungsbehörde und zwar hinsichtlich der **Form** der Auszahlung **stets**, hinsichtlich der Maßnahmen zur **Verhinderung alsbaldiger Weiterveräußerung des Grundstückes oder des an ihm bestehenden Rechtes in der Regel** eine diesbezügliche Bemerkung haben.

Es handelt sich also hier nicht um eine einfache Sicherung der einen oder der anderen Art, sondern „in der Regel" um eine doppelte Sicherungsmaßnahme. Diese Maßnahmen sind stets zu beobachten, ganz gleichgültig, ob es sich um den Erwerb oder lediglich nur um die Festigung eines Grundbesitzes handelt. Denn auch im letzteren Falle kann auf eine Sicherstellung gegen Weiterveräußerung des Grundbesitzes nicht verzichtet werden. Zweifellos wird nicht selten durch die Verwendung der Abfindungssumme im ureigenen Grundbesitz der Eigentümer in der Lage sein, seinem Grund und Boden einen höheren Markt- oder auch Affektionswert (für gewisse Liebhaber) zu geben, z. B. wenn ihm ermöglicht wird, besonders für den Gesamtbesitz wertvolle Neuerwerbungen von Grund und Boden zu machen oder im Tauschwege durch Aufzahlung den Besitz zu arrondieren, oder auch durch Wegfertigung einer Last (Austrag usw.) den Wert zu heben. Solche Möglichkeiten bilden erfahrungsgemäß nur zu häufig erst die Aussicht, sein Objekt spekulativ verwerten zu können, eine Absicht, der unter allen Umständen nach den Intentionen des Gesetzgebers vorzubeugen ist.

4. Anlangend die Sicherstellung durch die Form der Auszahlung, worunter nicht nur die Arten der Hingabe des Kapitals, sondern insbesondere auch die dem Antragsteller gemachten Auflagen für die zu erfolgende Auszahlung zu verstehen sind, so kann diese eine sehr verschiedenartige sein.

Bei Neuerwerbungen von Grund und Boden, soweit solche freihändig, d. i. ohne Vermittelung von Siedelungsgesellschaften u. dgl. betätigt werden, wird es zweckmäßig sein, die bewilligte Abfindungssumme bei dem mit der Beurkundung des Kauf- oder Tauschvertrages betrauten Beamten (Notare) zu hinterlegen, der die beste Bürgschaft für die bestimmungsgemäße Verwendung der bewilligten Summe gibt. (Auszahlung nach Umschreibung des Besitztitels im Grundbuche auf den neuen Erwerber.) Das gleiche gilt für den Fall, daß ein Versorgungsberechtigter ein Grundstück im Wege der Zwangsversteigerung erstehen will oder auch möglicherweise schon erstanden hat, so daß für das gerichtliche Verteilungsverfahren die Abfindung bereitzustellen ist.

Soweit es sich um Grundstückslasten handelt, die weggefertigt werden sollen (z. B. Servituten, Austragsleistungen, Hypotheken, Grundschulden usw.), wird die Auszahlung von der Beibringung der Löschungsbewilligung bzw. des grundbuchamtlichen Vollzugs der Löschung abhängig zu machen sein.

In gewissen Fällen kann zur Sicherstellung einer bestimmungsgemäßen Verwendung des Kapitals die Auszahlung von der Beibringung einer nachweisbar einwandfreien Bürgschaft, die den Erfordernissen der §§ 765, 766 ff. BGB. entspricht, abhängig gemacht werden. Auch notarielle Schuldbekenntnisse Dritter, z. B. der vermöglichen Ehefrau des Versorgungsberechtigten, dessen Eltern oder (auch künftigen) Schwiegereltern dürften bis zur endgültigen Verwendung der bewilligten Summe ausreichend sein.

Handelt es sich um die Hingabe von Kapital zum Bau eines Anwesens usw., so kann die Auszahlung von dem Nachweise der Fertigstellung oder bei Fristenzahlung von der Fälligkeit der Frist abhängig gemacht werden. Dementsprechend hat auch die Militärverwaltung dafür zu sorgen, daß die Auszahlung der bewilligten Abfindungssumme fristenweise, entsprechend dem augenblicklichen Bedarf des Versorgungsberechtigten erfolgt.

Soll lebendes oder totes Inventar mit dem Abfindungskapitale beschafft werden, so wird die

Auszahlung von dem Beibringen des Nachweises, daß die Objekte sich **in dem Anwesen** des Versorgungsberechtigten **befinden**, abhängig zu machen sein. Erst wenn die Gegenstände in das Anwesen eingebracht sind, haben sie die Eigenschaft als Zubehör des Grundstücks als bewegliche Sachen, die dem wirtschaftlichen Zwecke der Hauptsache zu dienen bestimmt sind (§§ 97, 98 BGB.), erhalten und werden als solche von den auf dem Grundstücke lastenden Hypotheken mitumfaßt (§§ 1120, 1135, 1192, 1199 BGB.). Auch wird regelmäßig der Nachweis zu erbringen sein, daß die Objekte nicht mit dem Eigentumsvorbehalt (§ 455 BGB.) Dritter belastet oder dritten Personen zu Eigentum übertragen (§ 929 BGB.) oder verpfändet (§§ 1204 ff. BGB.) sind.

Die Form der Auszahlung bzw. die dem Abgefundenen gemachten Auflagen werden von der obersten Militärverwaltungsbehörde bestimmt, die Ausführung der Entscheidung nach Maßgabe der dem Abgefundenen gemachten Auflagen ist Sache der von der Landeszentralbehörde bestimmten Stelle (Ausf.-Best. d. Bundesrats Nr. 6, Anw. f. Preußen Ziff. 11, ebenso für Bayern).

5. Die oberste Militärverwaltungsbehörde soll auch darauf achten, daß die bestimmungsgemäße Verwendung des Kapitals **in der Regel** durch Maßnahmen zur Verhinderung alsbaldiger Weiterveräußerung des Grundstücks oder des an ihm bestehenden Rechtes zu sichern ist. Mit den Worten „in der Regel" ist ausgedrückt, daß nur in ganz besonderen Ausnahmefällen (siehe Note 13 S. 128) von der genannten Sicherung abgegangen werden kann. Die oberste Militärverwaltung wird um so weniger auf die Sicherungsmaßnahme verzichten können, als sie ja die volle Verantwortung zu tragen hat.

In welchen Fällen wirklich von der Regel abgewichen werden kann, läßt sich nicht gut voraussehen. Wenn z. B. eine Kapitalabfindung für ein Grundstück bewilligt wird, das nicht in einer von der Grundstücksspekulation heimgesuchten Gegend liegt und sich seit Generationen im Besitze einer Familie befindet, so dürfte hier allenfalls ein Verzicht auf die Sicherungsmaßnahme unbedenklich erscheinen.

Die Maßnahmen zur Verhinderung alsbaldiger Weiterveräußerung des Grundstückes oder des an ihm bestehenden Rechtes stellen zweifelsohne keine Sicherung der bestimmungsgemäßen Verwendung des Kapitals mehr dar, sondern vielmehr ein taugliches Mittel zur Erreichung des Kapitalabfindungszweckes.

6. Unter „Weiterveräußerung" ist der Übergang des Eigentums am Grundstücke in andere Hände zu verstehen und zwar in der durch das BGB. vorgeschriebenen Form. Hierunter dürfte auch die Anwesensübergabe von Eltern an Kinder u. dgl. fallen, wenn auch die Militärverwaltung in diesen Fällen in der Regel keine Schwierigkeit bereiten wird. Vermietung, Verpachtung usw. stellen keinen Eigentumsübergang dar, wohl aber kann durch solche Maßnahmen der Zweck der Kapitalabfindung im Sinne des § 8 KAG. vereitelt werden (siehe Note 2 zu § 8).

Aus § 6 Satz 2 ist aber auch der Schluß zu ziehen, daß unter Weiterveräußerung auch die Belastung des Grundstückes mit dem Rechte eines Dritten, z. B. einer Reallast, einem Erbbaurecht zu verstehen ist. Die an einem Grundstück bestehenden Rechte können nicht nur Rechte sein, die der Abgefundene selbst an seinem eigenen Grundstücke erworben hat, wie z. B. Eigentümerhypotheken- und Eigentümergrundschulden (§§ 1163, 1196 BGB.), sondern auch Rechte, die sein Grundstück als herrschendes an einem anderen, dem Dienenden (z. B. Grunddienstbarkeiten § 1018 BGB.) hat.

7. Nach dem Gesetze sind lediglich Maßnahmen gegen eine **alsbaldige** Weiterveräußerung des Grundstückes zu treffen. Aus der in § 6 Satz 2 genannten Frist von nicht über 2 Jahren ist ersichtlich, daß das Wort „alsbaldig" sich nur auf einen Zeitraum erstrecken kann, der seine Begrenzung in der erwähnten zweijährigen Frist hat. Denn nicht „auf die Dauer", sondern nur „für die erste Zeit" soll die Verfügungsgewalt über das mit der Kapitalabfindung erworbene Grundstück eingeschränkt werden (Reichstagsverhandlungen 1916 S. 1463 und 1464).

8. Die sicherste Maßnahme gegen eine alsbaldige Weiterveräußerung des Grundstückes ist die im Satz 2 des § 6 genannte Verfügungsbeschränkung über das Grundstück wenigstens für eine bestimmte Zeit. Die oberste Militärverwaltungsbehörde **kann** anordnen, daß sowohl die Weiterveräußerung als auch die Belastung — auch beides zugleich — innerhalb einer Frist von 2 Jahren **nur** mit ihrer Genehmigung zulässig ist. Von dieser Befugnis wird die Militärverwaltung regelmäßig Gebrauch zu machen haben. Ob die an sich schon sehr kurz bemessene Frist von 2 Jahren noch verringert werden kann, hängt von den jeweiligen Umständen des Einzelfalles ab.

Die in § 6 KAG. der obersten Militärverwaltungsbehörde eingeräumte Verfügungsbeschränkung betrifft kein gesetzliches Veräußerungsverbot im Sinne der §§ 134 ff. BGB. Die letzteren Bestimmungen setzen ein allgemeines Veräußerungsverbot voraus, das auch ohne Eintragung im Grundbuche seine Wirkung äußert. Immerhin könnte möglicherweise die Verfügungsbeschränkung eine Abweichung von den Grundsätzen des § 1136 BGB. darstellen. Dieser Paragraph lautet:

„Eine Vereinbarung, durch die sich der Eigentümer dem Gläubiger gegenüber verpflichtet, das Grundstück nicht zu veräußern oder weiter zu belasten, ist nichtig." Die Besonderheit des § 1136 BGB. liegt darin, daß derartige Vereinbarungen nicht nur keine dingliche, sondern auch keine obligatorische Wirkung unter den Beteiligten haben sollen, während sonst private Veräußerungsverbote wenigstens obligatorische Wirkung nach § 137 BGB. haben.

Während also § 1136 BGB. diesbezügliche Vereinbarungen zwischen Eigentümer und Hypothekgläubiger verpönt und der Grundbuchrichter Anträge auf Eintragung einer nach § 1136 BGB. hinfälligen Beschränkung abzuweisen hat, kann möglicherweise nicht ganz von der Hand zu weisen sein, daß nun in § 6 KAG. zugunsten des Militärfiskus, der sich nach § 6 (siehe

Note 12 S. 127 f.) aber auch nach §§ 8 und 11 KAG. eine Sicherungshypothek eintragen lassen kann, eine Verfügungsbeschränkung besteht, wobei der Eigentümer des Grundstücks im Augenblicke des Wunsches nach Erhalt einer Kapitalabfindung mit Antragstellung im Interesse der Erlangung der Abfindung stillschweigend mit der Eintragung der Verfügungsbeschränkung einverstanden sein muß. In dem Dulden der Bindung seines Grundstückes liegt eben eine wenn auch nur stillschweigende Vereinbarung des Eigentümers mit dem Hypothekgläubiger.

Über landesrechtliche Verfügungsbeschränkungen siehe z. B. preuß. Ansiedlungs-Gesetz vom 26. April 1886 (GS. S. 131 ff. § 5 und AbänderungsG. hiezu vom 20. April 1898 (GS. S. 363) § 5, preuß. Ges. über Rentengüter vom 27. Juni 1890 (GS. S. 209) § 3, preuß. Ges. betr. die Beförderung der Errichtung von Rentengütern vom 7. Juli 1891 (GS. S. 279 ff.) § 4, preuß. Ges. betr. das Anerbenrecht bei Renten- und Ansiedlungsgütern vom 8. Juni 1896 (GS. S. 124) § 7, Art. 8 ff. des bayer. AnsiedlGes. v. 15. Juli 1916 (Ges. u. VBl. S. 135) (siehe auch Art. 62 ff. EG. BGB.).

9. Die Anordnung der Verfügungsbeschränkung durch die oberste Militärverwaltungsbehörde wird erst mit der Eintragung in das Grundbuch wirksam, d. h. erst mit dem Tage des Vermerkes der Anordnung im Grundbuche beginnt der Lauf der zweijährigen Frist. Um Mißbräuche hintanzuhalten, wird es sich empfehlen, die Auszahlung der Abfindungssumme von dem Nachweis der erfolgten Eintragung im Grundbuche, d. i. von dem Eingang der Mitteilung der vollzogenen Eintragung durch den Grundbuchrichter abhängig zu machen. Wird zur Sicherung des Zweckes der Abfindung diese Maßnahme angeordnet, so ist dies im Bewilligungsbescheide anzugeben (Ausf.-Best. d. Bundesrats Nr. 4 Abs. 5 S. 1).

Bei Ersuchen von Behörden um Eintragung in das Grundbuch bestimmt § 39 GBO. für das Deutsche Reich vom 24. März 1897 (RGBl. 1897 S. 139 ff. und 1898 S. 369, 754 ff.):

„In den Fällen, in denen nach gesetzlicher Vorschrift eine Behörde befugt ist, das Grundbuchamt um eine Eintragung zu ersuchen, erfolgt die Eintragung auf Grund Ersuchens der Behörde.“

Hiezu sind landesrechtliche Anweisungen ergangen, so für Preußen im AG. GBO. Art. 9, für Bayern insbesondere die Dienstanweisung für Grundbuchämter (JMBl. 1905 S. 61 ff., § 123 S. 118 f. und § 139 S. 126 f.).

Das Ersuchen der Behörde ersetzt nicht nur den Eintragungsantrag, sondern auch die Eintragungsbewilligung und die sonst etwa erforderliche Zustimmung eines Dritten. Das Grundbuchamt hat in der Regel nur zu prüfen, ob die Zuständigkeit der Behörde zu dem Ersuchen begründet ist, ob sich nicht aus dem Inhalte des Grundbuches Bedenken gegen die Eintragung ergeben, insbesondere ob die Voraussetzung des § 40 GBO. (vorgängige Eintragung des Grundstücksberechtigten) gegeben ist.

In dem Ersuchen müssen die Grundstücke, auf denen die Verfügungsbeschränkung eingetragen werden soll, entweder übereinstimmend mit dem Grundbuche durch Angabe der Plannummern oder durch genaue Hinweisung auf das Grundbuchblatt bezeichnet sein.

Die erfolgte Eintragung soll vom Grundbuchamte unmittelbar nach dem Vollzuge der ersuchenden Behörde bekannt gemacht werden (§ 55 Satz 1 GBO. in der Gesetzesfassung vom 14. Juli 1905, RGBl. 1905 S. 707; siehe auch für Bayern, Dienstanweisung für die Grundbuchämter § 56, JMBl. 1905 S. 86/87).

Das Eintragungsersuchen hat bei dem Grundbuchamte zu erfolgen, in dessen Bezirk das zu beschwerende Grundstück liegt.

10. Das Gesetz spricht hinsichtlich der Verfügungsbeschränkung nur von „auf Grund der Kapitalabfindung erworbenen Grundstücken“. Es entsteht daher die Frage, ob eine solche Beschränkung auch für die Fälle zulässig ist, in denen die Kapitalabfindung zur Stärkung eigenen Grundbesitzes gewährt wurde, z. B. wenn zum Besitztum neue Grundstücke hinzuerworben wurden.

Diese Frage ist zu bejahen. Es ergibt sich dies aus der Entstehungsgeschichte des § 6 einerseits und aus dem Zwecke des KAG. andererseits. Die Möglichkeit der Spekulation ist hier die gleiche wie bei Neuerwerbungen (siehe Note 3 S. 120). Auch technische Gründe sprechen hiefür. Die zum alten Besitze hinzuerworbenen Grundstücke können dem Grundbuchblatte, das für den alten Grundbesitz angelegt ist, hinzugeschrieben werden, ein Veräußerungs- oder Belastungsverbot für die neuen Grundstücke dürfte daher, schon weil zwecklos, kaum durchführbar sein.

Zweifellos handelt es sich nur um eine ungenaue Ausdrucksweise im Gesetze, die durch die erst in letzter Minute erfolgte Einfügung der Bestimmung in das Gesetz begründet sein dürfte. Wenn daher in § 6 KAG. „von Weiterveräußerung des Grundstücks" gesprochen wird, so ist hierunter **jede** Veräußerung von Grundstücken zu verstehen. Dies gilt auch für die **Belastung**.

Handelt es sich also um **Hinzuerwerbungen** zum eigenen Grundbesitze des Versorgungsberechtigten, so wird sich zweckmäßigerweise die Verfügungsbeschränkung auf den **gesamten** in Betracht kommenden Grundbesitz zu beziehen haben, **nicht** nur auf die neu erworbenen Grundstücke, und zwar auch dann, wenn für letztere ein **eigenes** Grundbuchblatt angelegt ist. Maßgebend aber ist, daß die neuen Grundstücke in **wirtschaftlicher** Beziehung mit dem alten Grundbesitze in **Zusammenhang** stehen.

11. Als **Belastung** kommt jede Art dinglicher Belastung, also nicht nur Hypotheken-, Grund- und Rentenschulden, sondern auch Grunddienstbarkeiten, Vorkaufsrechte usw. in Betracht.

12. Wie sich aus dem Worte „insbesondere" ergibt, stellt die in § 6 angeführte Verfügungs- und Belastungsbeschränkung nur **eine** von den **Sicherungsmaßnahmen** dar.

Eine **andere** Art der Sicherungsmaßnahmen ist z. B. die Bestellung eines **dinglichen Vorkaufsrechtes** gemäß §§ 1094 ff. BGB. Auch die **Verpfändung** einer **Eigentümerhypothek** auf die

Dauer von höchstens zwei Jahren, desgleichen eine Abtretung einer Hypothek mit der Vormerkung auf Rückübertragung nach Ablauf der zweijährigen Frist, oder die Bestellung einer Sicherungshypothek ohne Rücksicht auf die Sicherungshypothek nach § 8 KAG., endlich auch die Umwandlung der Eigentümerhypothek in eine Sicherungshypothek (§ 1186 BGB.) und zwar als Höchstbetragshypothek nach § 1190 BGB. könnte in Betracht kommen.

13. Über den Zweck der Sicherungsmaßnahmen sind die Antragsteller von der Prüfungsstelle aufzuklären. Gegebenenfalls ist mit ihnen darüber zu verhandeln, welche der in Betracht kommenden Beschränkungen als ihnen am wenigsten lästig zu wählen sein wird.

Von der Sicherungsmaßregel darf nur ausnahmsweise abgesehen werden; die Ausnahme ist von der Prüfungsstelle zu begründen. Anw. f. Preußen Ziff. 6 Abs. 2 und 3, ebenso für Bayern.

Zu allen Sicherungsmaßnahmen mit Ausnahme des Veräußerungs- und Belastungsverbotes bedarf es einer Einigung zwischen der obersten Militärverwaltungsbehörde und dem Antragsteller. So ist auch jeder grundbuchamtliche Eintrag nach § 19 GBO. von der Bewilligung dessen abhängig, dessen Recht von der Eintragung betroffen wird. Die Eintragung in das Grundbuch kann nach § 13 GBO. nur auf Antrag erfolgen. Antragsberechtigt ist jeder, dessen Recht von der Eintragung betroffen wird, oder zu dessen Gunsten die Eintragung erfolgen soll (§ 19 GBO. Abs. 2). Demgemäß ist sowohl die oberste Militärverwaltungsbehörde, als auch der Antragsteller antragsberechtigt.

14. Nach Ablauf der zweijährigen Frist erhält der Abgefundene wieder die volle Verfügungsfreiheit über sein Grundstück. Er kann dieses also von diesem Zeitpunkte an weiter belasten und auch weiter veräußern. Hat er im letzteren Falle wichtige Gründe oder will er sich einer anderen Erwerbsmöglichkeit zuwenden, so können ihm nach § 9 KAG. auf Antrag die erloschenen Versorgungsgebührnisse wieder bewilligt werden. Erfolgt der Verkauf aus anderen Gründen, so verbleibt es endgültig bei der Abfindung mit Ausnahme des Falles des § 8 Abs. 1 KAG., wenn bei Vereitelung des Abfindungszweckes auf Erfordern die Abfindungssumme zurückgezahlt werden muß. Hier lebt der nach § 4 Abs. 2 KAG. erloschene Anspruch auf die Versorgungsgebührnisse wieder auf (§ 10 KAG.).

Im übrigen siehe die Bemerkungen zu §§ 7—10 des Gesetzes.

§ 7.

Die Abfindungssumme ist auf Erfordern insoweit zurückzuzahlen, als sie nicht innerhalb einer von der obersten Militärverwaltungsbehörde bemessenen Frist bestimmungsgemäß verwendet ist.

1. Hiezu bemerkt die Begründung (S. 7):

„Da immerhin mit der Möglichkeit zu rechnen ist, daß die gewährte Abfindungssumme nicht im Sinne des Gesetzes verwendet wird, muß Vorsorge getroffen werden, daß der Reichs-(Militär-)Fiskus sich eine Rückzahlung sichert."

§ 7 regelt den Fall der Rückzahlung der Kapitalabfindung, **bevor** diese ihrem Bestimmungszwecke zugeführt ist. Zur Feststellung, ob der bewilligte Betrag bestimmungsgemäß verwendet wird, bestimmt die oberste Militärverwaltungsbehörde in dem Bewilligungsbescheide eine nach Lage des Einzelfalles angemessene Frist für den Nachweis der bestimmungsgemäßen Verwendung (Ausf.-Best. des Bundesrats Nr. 4 Abs. 4). Läuft diese Frist ab, ohne daß die Abfindung verwendet worden ist, so steht für diesen Fall der Militärbehörde das Recht zu, die Zurückzahlung der Abfindungssumme zu verlangen. Der Abgefundene ist zur Rückzahlung verpflichtet, jedoch nur „insoweit", als die Kapitalabfindungssumme von ihm nicht bestimmungsgemäß verwendet ist.

Hat er z. B. im Alter von 27 Jahren an Stelle seiner Kriegszulage (180 Mk. jährlich) 3060 Mk. Abfindung erhalten und wollte er hiervon 2000 Mk. zum Erweiterungsbau eines Stalles und 1060 Mk. zum Ankauf von Vieh verwenden und hat er zwar das Vieh angekauft, aber aus irgendwelchen Gründen vom Stallbau Abstand genommen, so ist er auf Erfordern verpflichtet, den nichtverwendeten Betrag von 2000 Mk. wieder zurückzubezahlen.

Ob unter Umständen in Fällen, in denen für zwei verschiedene Zwecke eine Abfindungssumme gewährt wird, nicht der ganze Betrag zurückverlangt werden kann, weil die eine Verwendung ohne die andere zwecklos ist, ist eine Frage, die von Fall zu Fall zu prüfen ist.

2. Nur auf Erfordern der obersten Militärverwaltungsbehörde ist die bewilligte Abfindungssumme wieder zurückzuzahlen.

Hieraus ergibt sich, daß bei besonders gelagerten Fällen auch von einer Rückzahlung Abstand genommen werden kann. Solche Fälle können insbesondere dann eintreten, wenn nur ein verhältnismäßig geringer Teil der Abfindungssumme nicht bestimmungsgemäß verwendet wurde, z. B. weil der Stallerweiterungsbau billiger, als im Kostenvoranschlag vorgesehen, zu stehen kam.

Die Durchführung des Rückforderungsverfahrens und die sich ergebende ganz geringfügige Rente infolge Wiederauflebens (Kriegszulage usw.) würden in keinem Verhältnis zueinander und zur Arbeitslast der Behörden stehen.

Stirbt der Abgefundene nach erfolgter Aufforderung zur Zurückzahlung der Abfindungssumme, so geht die Verpflichtung auf Rückzahlung der Abfindungssumme an den Militärfiskus auf die Erben des Abgefundenen über, die sich von ihrer Verpflichtung nur durch Ausschlagung der Erbschaft befreien können (§§ 1942 ff. BGB.). Die gleiche Rückzahlungspflicht trifft die Erben auch im Falle des § 8 (Vereitelung), nicht aber im Falle des § 9 (freiwillige Zurückzahlung).

3. Aus § 10 KAG., der im Entwurfe als Abs. 2 dem § 7 angefügt war, ist ersichtlich, daß nach erfolgter

Rückzahlung die Versorgungsgebührnisse des Abgefundenen wieder aufleben. Dem Rentenempfänger ist daher durch das durchgeführte Kapitalabfindungsverfahren und die Auszahlung der Abfindungssumme in Ansehung seiner Versorgungsgebührnisse keinerlei Nachteil entstanden. Seine Verpflichtung zur Rückzahlung der Abfindungssumme beschränkt sich allenfalls analog nach § 8 Abs. 3 KAG. auf den Betrag, auf den die Abfindungssumme festzusetzen gewesen wäre, wenn der Abgefundene den Antrag auf Kapitalabfindung im Zeitpunkte der Rückforderung gestellt hätte.

Über das Verfahren im Falle der Rückforderung der Abfindungssumme siehe Note 4 zu § 8 S. 136 und die Ausführungsbestimmungen des Bundesrats Nr. 7.

4. Die von der obersten Militärverwaltungsbehörde für den Nachweis der bestimmungsgemäßen Verwendung der Abfindungssumme gesetzte Frist kann im geeigneten Falle verlängert werden (Ausf.-Anw. für Preußen Nr. 11 Abs. 2, ebenso für Bayern), soferne der fruchtlose Fristablauf nicht auf ein grobes Verschulden des Abgefundenen zurückzuführen ist.

Es ist denkbar, daß die Verhandlungen über den Erwerb eines Grundstückes sich wider Erwarten lange hinausziehen, wenn z. B. das Kaufsobjekt vom Verkäufer lastenfrei zu stellen ist, oder Zustimmungserklärungen von Kuratelbehörden nötig sind, die im Instanzenzuge länger als vermutet auf sich warten lassen oder wenn die Auflassung und Umschreibung im Grundbuche sich durch Neuvermessungen des Kaufsobjekts verzögert.

In solchen Fällen würde es unbillig erscheinen und nicht den mit der Kapitalabfindung verfolgten Absichten entsprechen, wollte man hier infolge Fristablauf auf Rückzahlung der Abfindungssumme bestehen. Unter diesem Gesichtspunkte wird auch eine wiederholte Verlängerung der Frist zulässig sein.

Die mit der Ausführung der Entscheidung und Überwachung der nützlichen Verwendung betraute Stelle wird sich regelmäßig über die Zweckmäßigkeit einer

Fristverlängerung gutachtlich zu äußern haben (siehe Ausf.-Anw. f. Preußen Nr. 11 Abs. 2, ebenso Bayern).

5. Zahlt der Abgefundene die verlangte Abfindungssumme nicht zurück, so muß der Militärfiskus den Zivilrechtsweg beschreiten. Soweit Rentenempfänger in Betracht kommen, kann sich der Fiskus an die weiterlaufende Rente und die allenfallsigen Zulagen nicht halten (siehe § 40 MVG.), nachdem eine diesbezügliche Bestimmung im Gesetzentwurfe (§ 8 Abs. 3 des Entw.) — siehe Note 5 zu § 12 — vom Reichstage abgelehnt wurde. Die Pfändung der nicht kapitalisierten Bezüge der Witwen nach § 850 Abs. 1 Ziff. 7 und Abs. 2 ZPO. ist für Witwen von Mannschaften gegenstandslos, weil sich diese Bezüge unter 2000 Mk. bewegen.

Kommt der Militärfiskus im Prozesse nur zu einer teilweisen Befriedigung, so leben nur in der Höhe des erstrittenen Kapitals die Versorgungsgebührnisse nach § 10 KAG. wieder auf (siehe auch Ausf.-Best. d. Bundesrats Nr. 7 Abs. 2).

§ 8.

Wird der Zweck der Kapitalabfindung vereitelt, so ist auf Erfordern der obersten Militärverwaltungsbehörde die Abfindungssumme zurückzuzahlen.

Zur Sicherung der Rückzahlung der Abfindungssumme kann die oberste Militärverwaltungsbehörde die Eintragung einer Sicherungshypothek verlangen.

Die Verpflichtung zur Rückzahlung beschränkt sich auf den Betrag, auf den die Abfindungssumme festzusetzen gewesen wäre, wenn der Abgefundene den Antrag auf Kapitalabfindung im Zeitpunkt der Rückforderung gestellt hätte.

1. Diese Bestimmung war im Regierungsentwurfe nicht enthalten. Sie wurde erst bei der 2. Lesung des Entwurfs in der Reichstagskommission als § 7a eingesetzt. Sie entsprach einem Abänderungsvorschlage des

Berichterstatters mit der Maßgabe, daß hienach der Abs. 1 lauten sollte:

„Wird durch das Verhalten des Abgefundenen der Zweck der Kapitalabfindung gefährdet oder vereitelt, so ist . . . . ."

In der Kommission schlug der Vertreter des Kriegsministeriums vor, die Worte „durch das Verhalten des Abgefundenen" zu streichen.

Ein Kommissionsmitglied meinte, daß man bei diesem Vorschlage noch nicht die Sicherheit habe, daß nicht neben den wirtschaftlichen Verhältnissen auch die politischen und die religiösen Verhältnisse des Abgefundenen bei der Prüfung berücksichtigt werden.

Ein anderer Vorschlag ging dahin, zu sagen „wird durch die Wirtschaftsführung des Abgefundenen . . .", ein anderer hinter „Abgefundenen" einzufügen „in bezug auf die Bewirtschaftung des Grundstücks".

Nachdem noch verschiedene andere Vorschläge, wie „durch die Verschlechterung des Grundstücks" oder „wird der wirtschaftliche Zweck der Kapitalabfindung gefährdet oder vereitelt" gemacht worden waren, einigte man sich dahin, daß die vom Vertreter des Kriegsministeriums vorgeschlagene Formulierung die beste sei. Weiter wurde noch betont, daß der Ausdruck „gefährdet" zu dehnbar sei, und empfohlen, dieses Wort zu streichen.

Demzufolge wurden in § 7a die Worte „durch das Verhalten des Abgefundenen", sowie die Worte „gefährdet oder" gestrichen (Kommissionsbericht S. 37/38).

2. Während § 7 eine Rückzahlungspflicht vor der bestimmungsgemäßen Verwendung der Abfindungssumme vorsieht, behandelt der § 8 die Rückzahlungspflicht nach der bestimmungsgemäßen Verwendung.

Diese tritt nur dann ein, wenn der Zweck der Kapitalabfindung vereitelt wird. Vereitelt wird er, wenn nach Lage der Verhältnisse nicht mehr die nötige Sicherheit dafür gegeben ist, daß Grund und Boden dem Abgefundenen erhalten bleibt. Die Ursache hiefür wird wohl in der Regel in den persönlichen Verhältnissen des Abgefundenen oder seiner Familienmitglieder zu suchen sein, in Leichtsinn, Selbstverschulden usw.

Wie sich aus der Entstehungsgeschichte des § 8 und aus den wiederholten Erklärungen der Regierungsvertreter ergibt, spielt das Verhalten des Abgefundenen in religiöser oder politischer Beziehung in Ansehung der Frage der Vereitelung des Abfindungszweckes keine Rolle, dagegen um so mehr die Frage der wirtschaftlichen Vernachlässigung des Grundbesitzes, sei es durch Trägheit, Verschwendung oder Trunksucht, Spiel und Spekulationen u. a. Auch Umstände, die in dem Verhalten Dritter begründet sind, desgleichen höhere Gewalt, Elementarereignisse usw. sind Vereitelungsursachen im Sinne des § 8 Abs. 1. Ebenso wird die Vermietung oder Verpachtung des mit der Kapitalabfindung erworbenen Grundstückes in der Regel als Vereitelungsgrund angesehen werden müssen.

Eine weitere nützliche Verwendung des Abfindungskapitals ist in solchen Fällen nicht mehr gewährleistet. Werden Fälle der genannten Art wahrgenommen, so hat die mit der Überwachung der weiteren nützlichen Verwendung durch die Landeszentralbehörde betraute Stelle der obersten Militärverwaltungbehörde Mitteilung zu machen, daß der Zweck der Kapitalabfindung gefährdet oder vereitelt wird. Auch hat sie auf Erfordern der obersten Militärverwaltungsbehörde Auskunft zu erteilen (**Ausf.-Best. des Bundesrats Nr. 6**).

Da sich aus der Entstehungsgeschichte des § 8 Abs. 1 ergibt, daß die bloße Gefährdung des Kapitalabfindungszweckes noch nicht der Militärbehörde das Recht verleiht, die Abfindungssumme zurückzuverlangen (siehe Note 1 zu § 8 S. 133), so dürfte die Nr. 6 der Ausf.-Best. des Bundesrats, insoweit diese von der Gefährdung des Abfindungszweckes spricht, dahin aufzufassen sein, daß der obersten Militärverwaltung die Prüfung darüber ermöglicht werden soll, ob nicht die Gefährdung bereits einen derart hohen Grad erreicht hat, daß sie der Vereitelung des Kapitalabfindungszweckes gleichzuachten ist.

3. Wie in § 7 ist auch in § 8 die Abfindungssumme nur auf **Erfordern** der obersten Militärverwaltungsbehörde zurückzuzahlen. Auch hier sind Fälle denkbar, die es ratsam erscheinen lassen, von manchem Rückforderungsverfahren abzusehen.

Ist z. B. die Vereitelung des Kapitalabfindungszweckes eine Folge schwerer Erkrankung des Abgefundenen und steht mit Sicherheit fest, daß der Abgefundene alsbald mit Tod abgeht, so wird in diesem Falle wohl die Rückzahlung der Abfindungssumme unterbleiben können. Ein Bestehen auf Rückzahlung wäre zweifellos hart, zumal nach Lage der Verhältnisse nicht der Abgefundene, sondern möglicherweise seine Familie getroffen würde. Gerade bei Krankheitsfällen des Hauptes der Familie, in denen häufig hohe Arzt- und Kurkosten entstehen, die einen erheblichen Teil des Einkommens verschlingen und zur Vernachlässigung des Grundbesitzes führen, ist es nicht selten, daß nach dem Tode des Familienoberhauptes die Hinterbliebenen wieder in der Lage sind, den Grundbesitz rationell zu bewirtschaften und der Familie zu erhalten.

Ein anderer Fall wäre der, daß sich zur Zeit der Vereitelung des Abfindungszweckes die seinerzeit ausbezahlte Abfindungssumme derart vermindert hat, daß der nach Abs. 3 § 8 noch zurückzuzahlende Betrag nur noch ein verhältnismäßig geringfügiger ist. Eine besondere Veranlassung, dem Abgefundenen namentlich im Falle absichtlicher Vereitelung des Abfindungszweckes durch Zurückfordern der Abfindungssumme die Wohltaten des § 10 KAG. zu sichern, dürfte für die oberste Militärverwaltungsbehörde kaum vorliegen. Denn an dem Grundsatze der endgültigen Abfindung des Versorgungsberechtigten wird seitens der obersten Militärverwaltungsbehörde unter allen Umständen festgehalten werden müssen, will man nicht die Ausnahmen der §§ 7 ff. KAG. zur Regel stempeln.

Macht die oberste Militärverwaltungsbehörde von ihrem Rechte auf Verlangen der Rückzahlung der Abfindungssumme keinen Gebrauch, so leben, falls der Abgefundene das Abfindungskapital verlieren sollte, die Versorgungsgebührnisse nicht wieder auf; auch können sie im Falle des § 8 Abs. 1 nicht wieder bewilligt werden.

Wegen des Anspruches des Militärfiskus an die Erben siehe Note 2 zu § 7 S. 130.

4. Verfahren. Über die Rückforderung entscheidet die oberste Militärverwaltungsbehörde.

Liegen die Voraussetzungen der §§ 7, 8 des Ges. vor, so ist die Entscheidung über die Rückforderung dem Abgefundenen zuzustellen und gleichzeitig der Pensionsregelungsbehörde mitzuteilen.

Die auf Grund der Rückzahlung wieder fortlaufend zu zahlenden Versorgungsgebührnisse sind vom 1. des Monats ab, in dem die Rückzahlung erfolgt ist, in der Höhe der der seinerzeitigen Kapitalabfindung zugrunde gelegten Versorgungsgebührnisse zu gewähren. Wird die Abfindungssumme in Raten zurückgezahlt, so ändert sich die Höhe der wieder auflebenden Rente je nach den geleisteten Teilzahlungen.

Für die Zeit bis zu diesem Tage sind die Gebührnisse nicht nachzuzahlen.

Auf die Neuregelung der Versorgungsgebührnisse finden die Ausführungsbestimmungen des Bundesrats vom 19. Juni 1906 (Zentralbl. für das Deutsche Reich S. 662) entsprechende Anwendung (**Ausf.-Best. des Bundesrats Nr. 7 Abs. 1 mit 4.**

Die Ausf.-Bestimmungen vom 19. Juni 1906 lauten:

„3. Bei Rückzahlung von Versorgungsgebührnissen oder beim Erlöschen, Ruhen oder Wiederaufleben des Rechtes auf deren Bezug erfolgt die Regelung durch die Behörden, welche von den Bundesstaaten hierzu bestimmt sind oder hierzu bestimmt werden (Pensionsregelungsbehörden).

Einwendungen des Invaliden oder Rentenempfängers gegen die Regelung sind — sofern er im Zivildienst angestellt ist durch Vermittlung seiner vorgesetzten Dienstbehörde — an die Pensionsregelungsbehörde zu richten. Einsprüche gegen deren Bescheid sind auf demselben Wege anzubringen und von der Pensionsregelungsbehörde mit Begutachtung der obersten Militärverwaltungsbehörde des Kontingents bzw. der obersten Marineverwaltungsbehörde oder der Kolonialabteilung des Auswärtigen Amts zur Entscheidung vorzulegen, sofern diese nicht schon als Pensionsregelungsbehörden entschieden haben."

5. Nach Abs. 2, der zweckmäßigerweise, ebenso wie Abs. 3 als besonderer Paragraph im Rahmen des Gesetzes hätte erscheinen sollen, da er auch auf § 7 KAG. Bezug hat, kann die oberste Militärverwaltungsbehörde zur Sicherung der Rückzahlung der Abfindungssumme die Eintragung einer Sicherungshypothek verlangen.

Hinsichtlich der Sicherungshypothek gelten die Vorschriften der §§ 1184 ff. BGB.

Der grundlegende § 1184 BGB. lautet:

„Eine Hypothek kann in der Weise bestellt werden, daß das Recht des Gläubigers aus der Hypothek sich nur nach der Forderung bestimmt und der Gläubiger sich zum Beweise der Forderung nicht auf die Eintragung berufen kann (Sicherungshypothek)."

Die Hypothek muß im Grundbuch als Sicherungshypothek bezeichnet werden. Sie kann nach § 1190 BGB. als Höchstbetragshypothek ins Grundbuch eingetragen werden.

Die Eintragung einer Sicherungshypothek kann von der Militärbehörde **verlangt** werden, d. h. dem Versorgungsberechtigten wird die Bestellung einer solchen Hypothek zur Auflage gemacht, weshalb auch ein diesbezüglicher Vermerk im Bewilligungsbescheide aufzunehmen ist (Ausf.-Best. des Bundesrats Nr. 4 Abs. 5). Eine **selbständige** Anordnung der Eintragung einer Sicherungshypothek mittels Ersuchen an das Grundbuchamt, wie dies in § 6 bezüglich der Anordnung der Verfügungsbeschränkung vorgesehen ist, ist der obersten Militärverwaltungsbehörde nicht eingeräumt (siehe Note 13 zu § 6 S. 128). Kommt der Versorgungsberechtigte der ihm gemachten Auflage nicht nach, so wird ihm trotz der Bewilligung die Abfindungssumme nicht ausbezahlt; ein Klagerecht aus der Bewilligung steht ihm auch nicht zu (§ 12 Abs. 1). Für die Eintragung der Sicherungshypothek in das Grundbuch sind die Vorschriften der §§ 13, 19 GBO. maßgebend.

Im Falle des § 1 Abs. 2 KAG. kann eine Sicherungshypothek nicht in Betracht kommen, es kann daher auch eine solche nicht im Grundbuche eingetragen werden (siehe auch Kommissionsbericht S. 18).

Die Eintragung einer Sicherungshypothek wird sowohl im Interesse des Fiskus als auch des Abgefundenen in der Regel verlangt werden müssen. Nur ausnahmsweise, z. B. wenn der Grundbesitz nicht belastet ist, oder die Vermögensverhältnisse des Versorgungsberechtigten sehr günstige sind oder andere hinreichende Sicherheiten geboten sind, kann wohl von der Sicherungshypothek abgesehen werden. Darüber, ob dies möglich ist, hat sich die von der Landeszentralbehörde bestimmte Stelle gutachtlich zu äußern (Ausf.-Best. d. Bundesrats Nr. 3 Abs. 4).

Nach Rückzahlung der Abfindungssumme hat die oberste Militärverwaltungsbehörde die Sicherungshypothek zur Löschung zu bringen.

6. Die Eintragung der Sicherungshypothek kann sowohl bei Bewilligung der Abfindungssumme, als auch nach deren Auszahlung verlangt werden, wenn besondere Umstände hiezu Veranlassung geben. Willigt der Abgefundene nicht in die Eintragung der Sicherungshypothek ein, so verbleibt dem Militärfiskus nur der Rechtsweg. Im Falle der rechtskräftigen Verurteilung des Abgefundenen zur Bewilligung der Eintragung der Sicherungshypothek ersetzt nach § 894 ZPO. die rechtskräftige Verurteilung die Bewilligung.

7. Nach Abs. 3 beschränkt sich die Rückzahlungsverpflichtung auf den Betrag, auf den die Abfindungssumme festzusetzen gewesen wäre, wenn der Abgefundene den Antrag auf Kapitalabfindung im Zeitpunkte der **Rückforderung** gestellt hätte.

Hatte der Berechtigte z. B. als 31 jähriger 2880 Mk. Kapitalabfindung erhalten, und hätte er als 41 jähriger die Abfindungssumme zurückzuzahlen, so würde die Rückzahlungssumme nicht 2880 Mk., sondern nur 2430 Mk. betragen; denn diese Summe hätte er zur Zeit der Rückforderung im Falle der Antragstellung erhalten müssen.

Es verbleiben ihm daher 2880—2430 = 450 Mk.

8. Das Rückforderungsrecht kann ohne jede Zeitbeschränkung, auch über das 55. Lebensjahr hinaus, geltend gemacht werden, solange sich ein Kapitalisierungsfaktor nach Ziff. 4 Abs. 3 der Ausf.-Best. des Bundesrats errechnet. Dies wäre, rein rechnerisch betrachtet, bis zum 72. Lebensjahre. Hiebei ist zu beachten, daß die Gründe, die die Hingabe des Kapitals zeitlich begrenzen, ganz andere sind, als die, die für die Rückforderung maßgebend sein müssen.

§ 9.

Dem Abgefundenen können auf Antrag die durch die Kapitalabfindung erloschenen Gebührnisse gegen Rückzahlung der Abfindungssumme wieder bewilligt werden, wenn er zur Erlangung einer anderen Erwerbsmöglichkeit das Grundstück weiterveräußert oder wenn andere wichtige Gründe vorliegen.

Die Vorschrift des § 8 Abs. 3 findet entsprechende Anwendung; der Berechnung ist der Zeitpunkt der Rückzahlung zugrunde zu legen.

1. Diese Gesetzesbestimmung war im Regierungsentwurfe nicht enthalten. Sie wurde nach einem Vorschlage des Berichterstatters erst in der 2. Lesung der Kommission als § 7b eingefügt.

Satz 1 des Abänderungsvorschlages hatte folgenden Wortlaut:

„Dem Abgefundenen können aus wichtigen Gründen auf Antrag die durch die Kapitalabfindung erloschenen Gebührnisse gegen Rückzahlung der Abfindungssumme wieder bewilligt werden.“

Hiezu wurde in der Kommission der Antrag gestellt, statt des Wortes „aus“ einzufügen: „im Falle der Weiterveräußerung, um sich einer anderen Erwerbsmöglichkeit zuzuwenden oder aus anderen . . .“

Dieser Vermittelungsvorschlag wurde vorbehaltlich redaktioneller Änderung angenommen (s. auch Note 2c S. 141).

2. Dem Grundsatze des § 4 Abs. 2 KAG., daß die Versorgungsgebührnisse im Falle der Kapitalabfindung endgültig erlöschen, entspricht es, daß § 9 von einer Wiederbewilligung der Versorgungsgebührnisse spricht, so daß diese unter gewissen Bedingungen wieder aufleben können.

Diese Bedingungen sind dreifach:

a) Antragstellung durch den Abgefundenen;

b) Rückzahlung der Abfindungssumme;

c) Weiterveräußerung des mit der Kapitalabfindung erworbenen oder gefestigten Grundbesitzes zur Erlangung einer anderen Erwerbsmöglichkeit oder Vorliegen anderer wichtiger Gründe.

ad a. Nur auf Antrag des Abgefundenen findet eine Wiederbewilligung der erloschenen Versorgungsgebührnisse statt; die Antragstellung wird entsprechend den Vorschriften der Nr. 1 der Ausf.-Bestimmungen des Bundesrats zu erfolgen haben (siehe Note 7 zu § 1 S. 32 f. u. 36). Er ist also seitens der Rentenempfänger bei dem Bezirksfeldwebel, seitens der Witwen bei der Ortspolizeibehörde oder einer anderen von der Landeszentralbehörde bestimmten Amtsstelle anzubringen.

Der Antrag hat den Zeitpunkt der früheren Bewilligung und die Höhe der Abfindungssumme genau zu bezeichnen, ferner das derzeitige Lebensalter des Versorgungsberechtigten, sowie in eingehender Weise die Gründe, warum die Wiederbewilligung der erloschenen Gebührnisse angestrebt wird. Auch ist zu bemerken, von welchem Zeitpunkte an die Gebührnisse wieder bezogen werden wollen und wann die Rückzahlung der Abfindungssumme erfolgen kann.

Über die Wiederbewilligung der erloschenen Gebührnisse im Falle des § 9 entscheidet die oberste Militärverwaltungsbehörde (**Ausf.-Best. des Bundesrats Nr. 8**).

Die Bestimmungen der Nr. 7 Abs. 3 und 4 der Ausf.-Best. des Bundesrats finden Anwendung (siehe Note 4 zu § 8 S. 136).

ad b. Das Wiederaufleben der Gebührnisse erfolgt nur gegen Rückzahlung der Abfindungssumme. Rückzuzahlen ist aber nicht der ganze Betrag der ursprünglich bewilligten Summe, sondern in entsprechender Anwendung des § 8 Abs. 3 KAG. nur der Betrag, auf den die Abfindungssumme festzusetzen gewesen wäre, wenn der Abgefundene den Antrag auf Kapitalabfindung im Zeitpunkte der **Rückzahlung — nicht** der Antragstellung gestellt hätte (§ 9 Abs. 2 und Note 7 zu § 8 S. 138).

Über die Verpflichtung der Erben zur Zurückzahlung der Abfindungssumme siehe Note 2 zu § 7 S. 130.

ad c. Nur dann, wenn der Abgefundene zur Erlangung einer anderen Erwerbsmöglichkeit das Grundstück weiterveräußert, oder wenn andere wichtige Gründe vorliegen, können die durch die Kapitalabfindung erloschenen Gebührnisse wieder bewilligt werden.

Ob diese Gründe wirklich vorliegen, bedarf einer sorgfältigen Prüfung seitens der obersten Militärverwaltungsbehörde.

In der 2. Kommissionslesung des Gesetzentwurfs war ursprünglich ein Antrag gestellt, der der Militärverwaltung die Verpflichtung auferlegen wollte, jedesmal die Abfindungssumme zurückzahlen zu müssen, sobald der Abgefundene sich zur Zurückzahlung erbietet, also dem Abgefundenen einen Rechtsanspruch auf Wiederbewilligung seiner Versorgungsgebührnisse verliehen hätte.

Dieser Antrag war als Abs. 4 zum § 5a des Abänderungsvorschlages des Berichterstatters, aus dem dann § 6 des Ges. entstanden ist (siehe Note 1 zu § 6 S. 112 ff.) gedacht und hatte folgenden Wortlaut:

„Die Genehmigung (nämlich zur Weiterveräußerung und Belastung des Grundstückes) muß erteilt werden, wenn der Abgefundene sich erbietet, nach § 7a Abs. 3 (nun § 8 Abs. 3) die Abfindungssumme zurückzuzahlen."

Der Antragsteller begründete seinen Antrag damit, daß es sonst aus dem einen oder anderen unsachlichen Grunde dem Kriegsbeschädigten erschwert werden könne, von seinem Grundstücke wieder loszukommen und daß hierin eine Beschränkung der Freizügigkeit zu erblicken sei. Es müsse das Recht geschaffen werden, den früheren Zustand wieder herstellen zu können, wenn der Abgefundene hiezu den Wunsch hege. Man könne z. B. jemand, der nicht aus ländlichen Verhältnissen stamme, nicht zwingen, dauernd auf dem Lande zu bleiben.

Der Vertreter des Kriegsministeriums bat den Antrag abzulehnen, weil er gewissermaßen die Prinzipien des ganzen Gesetzes als einer Kannvorschrift durchbreche, zudem sei er auch überflüssig. Wenn der Mann das Kapital zurückzahlt und die Bitte ausspricht, die Rente wieder zu bekommen, dann habe die Militärverwaltung keinen Grund, das abzulehnen. Wenn die Mußvorschrift in das Gesetz hineingebracht würde, so werde hiermit die Tendenz des ganzen Gesetzes in erheblicher Weise verschoben; jede Zurückzahlung des Kapitals zwinge dazu, das Grundstück freizugeben. Man habe natürlich bei dem Gesetz in erster Linie die Versorgung der Kriegsteilnehmer durch Seßhaftmachung als Ziel verfolgt. Darüber hinaus habe man auch noch ein höheres, ein ideales Ziel, im Auge gehabt, nämlich die Abgefundenen nach Möglichkeit an ihrem Besitz, an der Scholle festzuhalten, und zwar im guten Sinne. Mit dem Antrag öffne man aber der Spekulation Tür und Tor und ein wesentlicher Zweck des Gesetzes werde auf diese Weise vereitelt.

Der Staatssekretär des Reichsschatzamtes erklärte: Wenn man den jetzigen Entwurf mit der ursprünglichen

Vorlage vergleiche, so müsse man sich vor Augen halten, daß in der ursprünglichen Vorlage die Wahl, ob Rente oder Kapitalabfindung, eine definitive war. Eine Rückumwandlung in Rente war im ersten Entwurf nicht vorgesehen. Wenn man schon einmal an die Verleihung des Rechtes, das einmal gewährte Kapital in die Rente zurückzuverwandeln, denke, so sei der Vorschlag des Berichterstatters, die Zurückwandlung nur aus wichtigen Gründen stattfinden zu lassen, der einzige richtige Weg. Wenn jemand die Abfindung der Rente vorziehe, so sei der Normalzustand doch derjenige, daß der Mann das Kapital behält, es sei denn, daß wichtige Gründe ihn veranlassen, die Rückumwandlung in die Rente zu verlangen.

Beim Vorliegen wichtiger Gründe könne ja die Militärbehörde die Rückzahlung genehmigen und dann könne der Mann doch selbstverständlich verkaufen. Die ganze Bewegungs- und Verfügungsfreiheit über das Grundstück stehe aber im unmittelbaren Zusammenhange mit der Frage des Rechts auf Rückumwandlung des Kapitals in Rente.

Die Kommission könne überzeugt sein, daß die Militärverwaltung nicht in rigoroser Weise und ohne Rücksichtnahme auf die Verhältnisse verfahren werde, daß sie nicht willkürlich und aus freiem Belieben heraus eine Rückumwandlung verweigern werde, wenn wichtige Gründe dafür vorhanden sind. Der Reichsfinanzverwaltung könne es sogar lieber sein, wenn das Kapital zurückgezahlt werde, aber er möchte sich nur dagegen verwahren, daß die ganze Ökonomie des Gesetzes dadurch zerstört wird, daß die Umwandlung in das Belieben des Einzelnen gestellt wird, auch wenn keine wichtigen Gründe vorliegen.

Ein Mitglied der Kommission erinnerte daran, daß man auch bei den Baugenossenschaften nicht ohne Veräußerungsbeschränkungen durchkomme und meinte, daß die Spekulationsgefahr doch nicht von der Hand zu weisen sei. Nach seiner Ansicht könne man aber, um die Bedenken der anderen Seite zu beseitigen, den Mittelweg einschlagen, indem man im ersten Satze des § 7b (nun § 9 Abs. 1) vor dem Worte „aus" einschaltet: „im Falle der Weiterveräußerung, um sich einer anderen Erwerbsmöglichkeit zuzuwenden."

Ein anderes Mitglied erklärte, er hege die Zuversicht, daß die Genehmigung zum Verkaufe des Grundstücks auch stets erteilt werden wird, wenn wirklich wichtige Gründe persönlicher, familiärer oder wirtschaftlicher Art vorliegen.

Schließlich wurde der Vertreter des preuß. Kriegsministeriums gebeten, sich darüber zu äußern, ob man sich schon schlüssig geworden sei, was man sich als „wichtige Gründe" im Sinne des § 7b vorstelle, worauf die Erklärung abgegeben wurde, daß man als solche beispielsweise den Tod der Frau oder eine Verschlimmerung des Leidens des Kriegsbeschädigten bezeichnen könne.

Daraufhin wurde der Antrag zu § 5a abgelehnt und dafür bei § 7b die in Note 1 erwähnte Änderung bzw. Einfügung vorgenommen (Kommissionsbericht S. 33 bis 37 und S. 38; siehe auch Reichstagsverhandlungen 1916 S. 1464).

3. Nur dann, wenn die in § 9 genannten Gründe vorliegen, können die erloschenen Versorgungsgebührnisse wieder aufleben.

Entäußert sich der Abgefundene aus einem anderen Grunde, z. B. aus Spekulation seines Grundbesitzes, wozu er nach Ablauf der gemäß § 6 von der obersten Militärverwaltungsbehörde gesteckten Frist von nicht über zwei Jahren in der Lage ist (siehe Note 14 zu § 6 S. 128), so ist die Wiederbewilligung der durch die Kapitalabfindung erloschenen Gebührnisse ausgeschlossen, auch dann nicht, wenn der Abgefundene sich zur Zurückzahlung der Abfindungssumme erbietet. Der Abgefundene würde in diesem Falle lediglich noch seine Rente weiterbeziehen und etwa noch den nicht kapitalisierten Teil seiner Zulagen. Auch ein Wiederaufleben des Anspruches auf die durch die Kapitalabfindung erloschenen Versorgungsgebührnisse (§ 10) würde in solchen Fällen nicht stattfinden, es sei denn, daß die oberste Militärverwaltungsbehörde nach § 8 Abs. 1 KAG. die Zurückzahlung der Abfindungssumme verlangt (siehe Note 3 zu § 8 S. 135).

4. Wegen der Dauer des Anspruchs auf Wiederbewilligung der Rente siehe Note 8 zu § 8 S. 139.

§ 10.

Der nach § 4 Abs. 2 erloschene Anspruch lebt mit Wirkung vom Ersten des Monats wieder auf, in dem die Abfindungssumme zurückgezahlt ist.

1. Diese Bestimmung entspricht im wesentlichen dem § 7 Abs. 2 des Regierungsentwurfs. Während jedoch dort die Rückzahlung nur für den Fall geregelt war, daß die Abfindungssumme nicht innerhalb einer von der obersten Militärverwaltungsbehörde bemessenen Frist bestimmungsgemäß verwendet wurde, ist in der nunmehrigen Gesetzesfassung ganz allgemein ausgesprochen, daß der nach § 4 Abs. 2 erloschene Anspruch mit Wirkung vom Ersten des Monats wieder auflebt, in dem die Abfindungssumme zurückgezahlt ist.

Die Änderung gegenüber dem Entwurfe war durch die in der Kommission des Reichstags erfolgte Einstellung eines § 7a und b, des nunmehrigen § 8 und 9 bedingt (siehe Note 1 zu § 9 S. 139 f.), so daß der in der Kommission beschlossene § 7bb als § 10 im KAG. Aufnahme fand (siehe Kommissionsbericht S. 51).

§ 10 findet demnach nicht nur auf die Fälle der §§ 7 und 8 — Zurückzahlung auf Verlangen der obersten Militärverwaltungsbehörde — sondern auch auf die Fälle der freiwilligen Zurückzahlung nach § 9 Anwendung.

2. Das Wiederaufleben der nach § 4 Abs. 2 erloschenen Rente hat zur Voraussetzung, daß die Abfindungssumme **zurückgezahlt ist**, also sich bereits in den Händen des Militärfiskus befindet (siehe auch Kommissionsber. S. 28). Es ist daher nicht angängig, sich mit einer bloßen Zusicherung, daß die Abfindungssumme bestimmt zurückgezahlt wird, zu begnügen, auch dann nicht, wenn die Zurückzahlung in absehbarer Zeit einwandfrei feststeht.

Die zahlenden Kassen werden sich vor Auszahlung der Versorgungsgebührnisse zu vergewissern haben, daß die Abfindungssumme zurückbezahlt ist.

Würde z. B. die Zurückzahlung des Kapitals am 21. Juni 1929 erfolgen, so könnte die Rente mit dem 1. Juni 1929 wieder aufleben, denn mit Wirkung vom Ersten des Monats, in dem die Zurückzahlung des Abfindungskapitals **erfolgt**, lebt der erloschene Rentenanspruch wieder auf.

3. In der Reichstagskommission hatte ein Vertreter des preuß. Kriegsministeriums erklärt, wenn man dem Abgefundenen die Möglichkeit geben wolle, das Kapital unter Umständen wieder zurückzuzahlen und dafür die laufenden Gebührnisse wieder zu beziehen, so setze er voraus, daß damit die Angelegenheit erledigt sein müsse. Jedenfalls dürfe nicht hinterher jemand kommen und sagen: Jetzt will ich wieder eine Kapitalabfindung haben.

Diese Auffassung dürfte wohl nicht ganz zutreffend sein.

Angenommen, es hatte jemand ab 1. Januar 1922 seine Versorgungsgebührnisse nach § 10 KAG. wieder bezogen und er kommt durch Erbschaft oder Heirat am 1. Mai 1922 in den Besitz von Liegenschaften, deren Stärkung ihm durch Kapitalisierung einer Zulage zweckmäßig erscheint oder er will einer gemeinnützigen Baugenossenschaft beitreten, so dürfte wohl kein Hindernis dafür bestehen, neuerdings um eine Kapitalabfindung nachzusuchen.

Sind die gesetzlichen Voraussetzungen nach § 2 KAG. gegeben, so wäre nicht einzusehen, dem Versorgungsberechtigten bloß deshalb die Abfindung vorzuenthalten, weil er nach fünf Monaten schon wieder eine solche haben möchte.

Oder es hatte früher jemand um Kapitalabfindung nachgesucht, um einer gemeinnützigen Baugenossenschaft beizutreten. Er hat dann nach einiger Zeit um Wiederaufleben seiner Rente nachgesucht, ist auch in den Bezug der vollen Rente getreten und kommt nun auf irgendeine Weise in die Lage, Grundbesitz erwerben zu können. Zweifellos wäre es in solchen Fällen unbillig, die Möglichkeit einer Kapitalabfindung zu verschließen. Dies dürfte auch sicher nicht vom Gesetzgeber gewollt sein.

Daß natürlich in derlei Fällen die oberste Militärverwaltungsbehörde mit doppelter Vorsicht die Verhältnisse prüfen und insbesondere spekulative Absichten des Antragstellers hintanhalten muß, ist selbstverständlich, z. B. wenn der Kriegsrentenempfänger alle paar Jahre (§ 6) unter dem Vorwand eines wichtigen Grundes (§ 9) sein Anwesen mit Gewinn veräußert, die Abfindung zurückzahlt, seine volle Rente wieder bezieht und dann ein neues Objekt mit neuer Kapitalabfindung erwerben will, um auch dieses wieder zu veräußern.

Ein solches Gebaren des Versorgungsberechtigten würde zweifelsohne dem Zwecke des Kapitalabfindungsgesetzes zuwiderlaufen. Eine nützliche Verwendung des Geldes im Sinne des § 2 Ziff. 4 KAG. wäre hier sicherlich nicht gewährleistet.

4. Über das Verfahren siehe Note 4 zu § 8 S. 136.

§ 11.

Schließt eine abgefundene Witwe eine weitere Ehe, so ist die Abfindungssumme binnen drei Monaten nach der Eheschließnng insoweit zurückzuzahlen, als

sie den Gesamtbetrag der bei ihrer Festsetzung berücksichtigten und bis zu ihrer Wiederverheiratung fällig gewesenen Versorgungsgebührnisse übersteigt. Von dem hiernach zurückzuzahlenden Betrag ist der Witwe der dreifache Betrag desjenigen Versorgungsteils zu belassen, welcher der Kapitalabfindung zugrunde gelegt ist.

Zur Sicherung der Rückzahlung kann die Eintragung einer Sicherungshypothek oder eine andere Sicherheit verlangt werden.

Liegen besondere Umstände vor, so kann von der Rückzahlung ganz oder teilweise abgesehen werden.

1. Hiezu bemerkt die Begründung (S. 6):

„Einer besonderen Regelung bedarf der Fall der Wiederverheiratung von Witwen.

Da nach § 30 MHG. 1907 das Recht auf den Bezug des Witwen- und Waisengeldes und der Kriegsversorgung im Falle der Wiederverheiratung erlischt, ist für diesen Fall die Rückzahlung des Kapitals auszusprechen und die Möglichkeit seiner Sicherstellung vorzusehen, an der übrigens schon im Interesse der Witwe regelmäßig festzuhalten sein wird.

Es wird Sache der Heeresverwaltung sein, im Einvernehmen mit der Reichsfinanzverwaltung die Bedingungen, unter denen die Rückzahlung erfolgen soll, so zu gestalten, daß nicht gewollte Härten vermieden bleiben und die Wiederverheiratung nicht erschwert wird.

Aus diesem Grunde enthält das Gesetz die Ermächtigung, beim Vorliegen besonderer Umstände von der Rückzahlung des Kapitals ganz oder teilweise abzusehen oder dieselbe zu stunden.“

Abs. 1 des § 11 hatte nach dem Entwurfe als § 6 folgenden Wortlaut:

„Schließt eine abgefundene Witwe eine weitere Ehe, so ist die Abfindungssumme binnen 3 Monaten nach der Eheschließung insoweit zurückzuzahlen, als sie den

Gesamtbetrag der bei ihrer Festsetzung berücksichtigten und bis zu ihrer Wiederverheiratung fällig gewesenen Versorgungsgebührnisse übersteigt."

Hiezu wurde in der Reichstagskommission der Antrag Nr. 268 gestellt, folgenden § 5a einzufügen:

1. § 5a.

„Schließt eine versorgungsberechtigte Witwe eine weitere Ehe, so erhält sie das Dreifache ihrer Jahresrente als Abfindung (Witwenabfindung)."

2. Ferner § 6 einzuleiten:

„Schließt eine nach § 1 abgefundene Witwe eine weitere Ehe .... usw."

3. und im § 6 als Abs. 4 hinzuzufügen:

„Auf die Rückzahlung der Abfindungssumme wird die nach § 5a bei der Wiederverheiratung zahlbare Witwenabfindung in Anrechnung gebracht."

Für den Fall der Ablehnung des Antrags Nr. 268 unter Ziff. 1 wolle als Antrag Nr. 269 dem Militärhinterbliebenengesetze vom 17. Mai 1907 folgende Bestimmung als § 35a eingefügt werden:

„Heiratet eine Witwe wieder, so erhält sie das Dreifache ihres Jahreswitwengeldes als Abfindung."

In Übereinstimmung mit dem Berichterstatter wies der Antragsteller der beiden Anträge darauf hin, daß die Frage der Witwenabfindung allgemein gelöst werden müsse. Er erinnerte daran, daß dieser Gedanke in der Unfallversicherung und auch in der Knappschaftsversicherung durchgeführt sei. Nach der letzteren würden Summen von der einfachen bis zur dreifachen Jahresrente gewährt, je nach der Leistungsfähigkeit des Knappschaftsvereins. Der Antragsteller begründete seinen Antrag Nr. 268 mit der Gefahr des Entstehens von Konkubinaten bei einer Verweigerung der Abfindungssumme und mit den anderwärts gemachten guten Erfahrungen bei der Bewilligung einer Abfindung. Sein Vorschlag stehe mit dem Grundcharakter des Kapitalabfindungsgesetzes in keinem Widerspruch; er gebe aber anheim, falls Bedenken bestehen, den § 30 MHG. gemäß dem Antrag Nr. 269 zu ändern.

Der Vertreter des Reichsschatzamtes äußerte formale Bedenken; man müsse sich auch zunächst fragen, ob dieser Gedanke überhaupt weiter zu verfolgen sei, weil er Konsequenzen auf dem ganzen Gebiete der Witwenversorgung nach sich ziehe, man müsse das Reichsbeamtengesetz, die Reichsversicherungsordnung ändern und den Gesetzgebungen der Bundesstaaten vorgreifen.

An sich sei der Standpunkt der bisherigen Gesetzgebung klar und ethisch gerechtfertigt. Man sei davon ausgegangen, daß es Sache des Mannes ist, die Frau zu ernähren und gebe der Witwe, wenn sie um den Ernährer gekommen, ein Witwengeld. Wenn aber ein anderer Ernährer an die Stelle des ersten getreten sei, sei zur Weitergewährung des Witwengeldes kein Grund mehr vorhanden.

Wenn man damit den Frauen das Wiederverheiraten erleichtern wolle, so werde hier ein schweres Problem angeschnitten, das zu der Bevölkerungspolitik gehöre und es sei zu erwägen, ob gerade bei den Witwen oder den Kriegswitwen besondere Veranlassung gegeben sei, hier vorzugehen. Diese befänden sich fast durchwegs im Besitze einer Ausstattung, welche den nicht verheirateten Mädchen fehle.

Ein Kommissar des Reichsschatzamtes machte noch darauf aufmerksam, daß nach den maßgebenden gesetzlichen Vorschriften sich bei einem Kriegsteilnehmer, der Zivilbeamter ist, im Falle seines Todes das Kriegswitwengeld zusammensetzt aus dem Witwengeld, das die Witwe aus der Zivilstellung des Mannes bezieht, und der militärischen Versorgung. Letztere ruht in gewissen Grenzen neben einer zivilen Versorgung.

Während nun bei der Wiederverheiratung das Zivilwitwengeld, das den Hauptbetrag ausmacht, erlöschen würde, würde in Konsequenz der gestellten Anträge **nur** der ihr belassene Teil der **Kriegsversorgung** der Abfindung zugrunde gelegt werden können. Umgekehrt würde eine andere Witwe, deren Mann einen freien Beruf hatte oder Berufssoldat gewesen ist, eine erheblich höhere Summe erhalten.

Trotz der von der Regierungsseite ausgesprochenen Bedenken wurde von der Kommission der Antrag 268 angenommen (Kommissionsbericht S. 25 ff.).

Auch bei der 2. Lesung der Gesetzesvorlage in der Kommission (Bericht S. 38 ff.) wurden eine Reihe von Abänderungsanträgen gestellt, schließlich aber § 11 als § 7c in seiner jetzigen Fassung den Vorschlägen des Berichterstatters entsprechend angenommen.

2. Abs. 1 setzt voraus, daß die Witwe, die eine neue Ehe eingehen will, zur Zeit der Eheschließung bereits abgefunden ist. Es muß demnach die Abfindungssumme an die Witwe zur **Auszahlung** gelangt sein. Nach diesem Zeitpunkte kann also die Witwe, die sich wieder verheiratet hat, jederzeit die erhaltene Kapitalabfindung zurückzahlen und sich somit die Heiratsabfertigung nach Maßgabe des Abs. 1 Satz 2 verschaffen. Sie kann sich daher einen Vorteil erwerben, der Witwen ohne mit Kapitalabfindung erworbenen Grundbesitz versagt bleiben muß (§ 30 MHG.). Überdies bleibt eine solche Witwe noch 3 Monate nach erfolgter Wiederverheiratung im Genusse ihrer kapitalisierten Witwenbezüge. Sollte allerdings die Witwe es von vornherein lediglich auf die dreifache Abfertigung abgesehen haben, und erhält hievon nach erfolgter Auszahlung der Militärfiskus später Kenntnis, so steht ihm das Anfechtungsrecht nach § 123 BGB. wegen arglistiger Täuschung zu. Die Anfechtung kann jedoch nur binnen Jahresfrist von der Kenntnisnahme des Anfechtungsgrundes an gerechnet, erfolgen (§ 124 BGB.). Sie ist erst ausgeschlossen, wenn seit der Bewilligung 30 Jahre verstrichen sind (§ 124 Abs. 3 BGB.), kann also auch über die in § 6 KAG. normierte zweijährige Frist hinaus erfolgen. Erfolgt die Anfechtung, so ist das ganze Rechtsgeschäft als nichtig anzusehen (§ 142 BGB.). Die Anfechtung erfolgt durch Erklärung gegenüber dem Anfechtungsgegner (§ 143 BGB.).

Sollte der immerhin nicht unmögliche Fall eintreten, daß eine Witwe abgefunden wurde, deren Ehemann als im Kriege geblieben beurkundet wurde und die eine weitere Ehe eingegangen hat, und nun der erste Ehemann plötzlich wieder auftauchen, so hätte hier die zuunrecht Abgefundene die ganze Abfindungssumme einschließlich des anläßlich der Wiederverehelichung ihr belassenen dreifachen Betrages ihrer Versorgungsgebührnisse fristlos zurückzuzahlen.

3. Die Abfindungssumme ist innerhalb dreier Monate nach erfolgter Eheschließung zurückzuzahlen. Eine spätere Zurückzahlung, die durch besonders gelagerte Verhältnisse bedingt ist, wird auf ein besonderes Gesuch der Witwe mit Genehmigung der obersten Militärverwaltungsbehörde nicht unzulässig sein, schon um im Gesetze nicht gewollte Härten zu vermeiden. Ebenso kann auch die ratenweise Rückzahlung erfolgen.

4. Nach § 30 MHG. erlischt das Recht auf den Bezug des Witwengeldes mit dem Ablauf des Monats, in dem sich die Witwe wieder verheiratet. Die logische Folge hieraus ist, daß auch die Abfindungssumme, die ja lediglich eine Kapitalisierung eines Teiles der Witwenbezüge darstellt, wieder zurückzuzahlen ist. Um den Kriegerwitwen die Eingehung einer neuen Ehe zu erleichtern, bestimmt § 11 abweichend von § 30 MHG., daß diesen Witwen der **dreifache** Betrag desjenigen Versorgungsteiles zu belassen ist, der der seinerzeitigen Kapitalabfindung zugrunde gelegt ist. Es handelt sich also hier um ein bedingtes Wiederaufleben eines Teiles der kapitalisierten Versorgungsgebührnisse.

Weiter kommt noch derjenige Betrag von der zurückzuzahlenden Summe in Abzug, den die Witwe an fortlaufenden Versorgungsgebührnissen bis zur Wiederverheiratung an Stelle der Kapitalabfindung erhalten hätte.

Beispiel:

Die Witwe eines Vizefeldwebels, die gemäß § 20a MHG. ein jährliches Witwengeld von 600 Mk. zu beanspruchen hatte, stellt im Alter von 30 Jahren Antrag auf Kapitalabfindung. Unter Zugrundelegung dieses

Lebensalters hatte sie an Stelle von 300 Mk. fortlaufenden Versorgungsgebührnissen eine Kapitalabfindung von 16¼ mal 300 Mk. = 4875 Mk. erhalten.

Das Kapital wurde am 21. September 1916 ausbezahlt und ist somit ab 1. Oktober 1916 die Zahlung der 300 Mk. fortlaufenden Versorgungsgebührnisse eingestellt worden, während der Rest des Witwengeldes von jährlich 300 Mk. weiterläuft.

Am 1. September 1920 geht die Witwe eine weitere Ehe ein. Würde eine Kapitalabfindung nicht eingetreten sein, so hätte sie seit 1. Oktober 1916 4 mal 300 Mk. = 1200 Mk. Witwengeld an Stelle der Kapitalabfindung erhalten.

Die nach § 11 KAG. zurückzuzahlende Summe berechnet sich also folgendermaßen:

Erhaltene Abfindungssumme: 4875 Mk.; hievon ab (4×300) = 1200 Mk. + (3×300) = 900 Mk. — dreifacher Betrag des der Kapitalabfindung zugrunde gelegten Versorgungsteiles — in Summa 2100 Mk.; **zurückzuzahlen** sind demnach 4875—2100 = **2775** Mk.

Würde nun die Witwe nicht in 4 Jahren, sondern in 15 Jahren, also im Alter von 45 Jahren heiraten, so hätte sie vom 1. Oktober 1916 bis 1. September 1931 15×300 = 4500 Mk. Witwengeld an Stelle der Kapitalabfindung erhalten, so daß unter Einschluß des dreifachen Betrages eine zurückzuzahlende Summe nicht verbleibt; denn es würde sich ein Betrag von 4500 + 900 = 5400 Mk. ergeben. Dieser wäre also **höher** als die am 1. Oktober 1916 erhaltene Abfindungssumme. In solchen Fällen wird **nicht** der **ganze** dreifache Betrag der Versorgungsgebührnisse, sondern lediglich die **Differenz** zwischen der erhaltenen Abfindungssumme und den bei der Wiederverheiratung angelaufenen und der Kapitalabfindung seinerzeit zugrunde gelegten Versorgungsgebührnisse, d. i. im angegebenen Beispiele statt der an sich zustehenden 3×300 = 900 Mk. nur 4875—4500 = 375 Mk. auszuzahlen sein. Denn nach dem Wortlaut des Gesetzes soll nur von dem **zurückzuzahlenden** Betrage, **nicht aber darüber hinaus**, der Witwe der dreifache Betrag desjenigen Versorgungsteiles, der der Kapitalabfindung zugrunde gelegt ist, **belassen** werden. Wird der dreifache Betrag nicht erreicht, so hat eine entsprechende Kürzung bis zur Höhe der erhaltenen Kapitalabfindung einzutreten.

Würde im Zeitpunkte der Wiederverheiratung der Witwe für den dreifachen Betrag nichts mehr verbleiben, also die Kapitalabfindung im Laufe der Jahre abgegolten sein, so käme die Heiratsabfertigung nach Abs. 1 Satz 2 § 11 KAG. überhaupt nicht in Betracht.

Bezüglich der Witwen, deren Ehemänner im Zivildienste angestellt waren, mithin die allgemeine Versorgung aus Zivilfonds beziehen, siehe das in Note 6 zu § 3 S. 96 Gesagte und Fußnote hiezu.

Da auch der dreifache Betrag der Heiratsabfertigung nur aus der Kriegsversorgung, zu welcher bei den genannten Witwen die allgemeine Versorgung aus Zivilfonds nicht zählt, genommen werden kann, so ergibt sich, daß je nach dem militärischen Dienstgrad des verstorbenen Ehemannes Beträge von 900, 600 und 300 Mk. in Betracht kommen. Die Witwen von Unteroffizieren und Gemeinen erhalten mithin im Gegensatz zu den Witwen ohne allgemeine Versorgung eine um 150 Mk. bzw. um 300 Mk. geringere Abfertigung.

5. Nach Abs. 2 kann zur Sicherung der Rückzahlung die Eintragung einer Sicherungshypothek oder eine andere Sicherheit verlangt werden. Wegen der Sicherungshypothek siehe das in Note 5 zu § 8 S. 137 Gesagte.

Unter „anderer Sicherheit" ist z. B. die Bestellung einer Bürgschaft, die Verpfändung einer Lebensversicherung, einer Erbschaft oder eines Kapitalvermögens (Wertpapiere usw.), auch wertvoller Schmucksachen zu verstehen. Siehe hiezu § 232 BGB.

6. Wenn besondere Umstände vorliegen, so kann nach Abs. 3 von der Rückzahlung der Abfindungssumme ganz oder teilweise abgesehen werden.

Bei der 2. Lesung des Entwurfs in der Kommission erklärte hiezu der Vertreter des preuß. Kriegsministeriums:

Da durch die Bestimmung der Rückzahlung des Kapitals seitens der abgefundenen Witwen, welche eine weitere Ehe eingehen, unter Umständen große Härten entstehen können, ist in dem Entwurfe des Abs. 3 des § 6 eingefügt worden, wonach die Rückzahlung ganz oder teilweise erlassen werden kann. Er möchte hier besonders betonen, daß gerade dieser Absatz in der wohlwollendsten und weitesten Weise ausgelegt werden würde. Die Entscheidung liege allein in der Hand der obersten Militärwaltungsbehörde.

Wenn sich nun die Regierung auf Wunsch der Kommission entschlossen habe, die in dem Vorschlage des Berichterstatters fettgedruckten Worte anzunehmen, so sei sie doch noch weiter entgegengekommen. Das Kriegsministerium behalte sich eine Nachprüfung vor und würde besonders in der ersten Zeit darauf halten, daß bei ablehnenden Bescheiden die Unterlagen eingefordert werden, damit es eventuell in der Lage sei, Weisungen an die Behörden zu erlassen (Kommissionsbericht S. 39, Reichstagsverhandlungen 1916 S. 958, 961).

Was unter den besonderen Umständen, unter denen von der ganzen oder teilweisen Rückzahlung abgesehen werden kann, zu verstehen sei, sagt das Gesetz nicht. Hier wird es wohl auf die Entscheidung von Fall zu Fall ankommen. Fälle, in denen die Zurückforderung der Abfindungssumme die Existenz der Witwe in Frage stellen und deren Verehelichung ausschließen würde, werden jedenfalls unter Abs. 3 zu rechnen sein.

Außerdem dürfte im übrigen wohl ganz allgemein der Grundsatz aufzustellen sein, daß besondere Umstände zur ganzen oder teilweisen Belassung der Kapitalabfindung dann gegeben sind, wenn der mit dem Kapitalabfindungsgesetze gewollte Zweck auch bei Eingehung der weiteren Ehe der abgefundenen Witwe zum mindesten bestehen bleibt.

Bei Abfindungsanträgen der Witwe hat die Landeszentralbehörde bzw. die von dieser bestimmte Stelle zu prüfen, ob die für die Rückzahlung des Kapitals im Falle der Wiederverheiratung angebotene Sicherheit nach Art und Umfang ausreichend erscheint oder ob ausnahmsweise von dem Erfordern einer Sicherheitsleistung abgesehen werden kann (**Ausf.-Best. des Bundesrats Nr. 3 Abs. 3**).

7. Verfahren.

Auch über die Rückforderung der Kapitalabfindungssumme nach § 11 entscheidet die oberste Militärverwaltungsbehörde (**Ausf.-Best. des Bundesrats Nr. 7 Abs. 1**).

Schließt eine abgefundene Witwe eine weitere Ehe, so berichtet die Pensionsregelungsbehörde an die oberste Militärverwaltungsbehörde und äußert sich gutachtlich über die angebrachte Art der Rückzahlung der Abfindungssumme sowie darüber, ob nach Abzug der ihr nach § 11 zu belassenden Beträge besondere Gründe für einen teilweisen oder gänzlichen Verzicht auf die Rückzahlung vorliegen.

Die oberste Militärverwaltungsbehörde entscheidet nach Anhörung der in Nr. 6 der Ausf.-Best. des Bundesrats, d. i. die von der Landeszentralbehörde bestimmte Stelle, im Einvernehmen mit dem Reichsschatzamt, ob und unter welchen Bedingungen die Rückzahlung erfolgen oder unterbleiben soll (**Ausf.-Best. des Bundesrats** Nr. 7 Abs. 5).

8. Zahlt die Witwe nach Ablauf dreier Monate nach ihrer Wiederverehelichung — wegen der Fristberechnung siehe §§ 187, 188 BGB. — die erhaltene Abfindungssumme nicht zurück, so wird der Militärfiskus den Zivilrechtsweg beschreiten müssen, um auf Grund eines Vollstreckungstitels die Rückzahlung zu erzwingen. Die Vollstreckung wird sich in erster Linie in die nach § 11 Abs. 1 geleisteten Sicherungen zu erstrecken haben.

§ 12.

Aus der Bewilligung der Abfindung kann nicht auf Auszahlung geklagt werden.

Innerhalb der im § 7 vorgesehenen Frist ist ein der ausgezahlten Abfindungssumme gleichkommender Betrag an Geld, Wertpapieren und Forderungen der Pfändung nicht unterworfen.

Urkundlich unter Unserer Höchsteigenhändigen Unterschrift und beigedrucktem Kaiserlichen Insiegel.

1. Dieser Paragraph lautete als § 8 nach dem Regierungsentwurf:

„Aus der Bewilligung der Abfindung kann nicht auf Auszahlung geklagt werden.

Innerhalb der im § 7 Abs. 1 (jetzt § 7) vorgesehenen Frist ist ein der ausgezahlten Abfindungssumme gleichkommender Betrag an Geld, Wertpapieren und Forderungen der Pfändung nicht unterworfen, sofern der Schuldner nachweist, daß die Frist noch nicht abgelaufen ist.

Wegen des Anspruches des Fiskus auf Rückzahlung einer Kapitalabfindung ist die Pfändung von Versorgungsgebührnissen ohne Beschränkung zulässig, jedoch sind die für das Gnadenvierteljahr an Hinterbliebene zu zahlenden Versorgungsgebührnisse der Pfändung nicht unterworfen."

Hiezu bemerkt die Begründung (S. 7):

„Die Vorschriften des Abs. 1 und 2 wollen den Versorgungsberechtigten sowohl vor als auch nach Auszahlung der Abfindungssumme vor Zugriffen Dritter schützen. Die Vorschrift des Abs. 3 soll die Durchführung eines Rückforderungsanspruchs in den Fällen der §§ 6 und 7 (jetzt §§ 7 und 11) ermöglichen."

2. Abs. 1 des Entwurfs wurde ohne Änderung übernommen. Er stellt eine Vorsichtsmaßregel dar. Es ist nämlich möglich, daß zwischen der Bewilligung der Kapitalabfindung und der Auszahlung der bewilligten Summe durch die zuständige Zahlungsstelle, Dinge zur Kenntnis der obersten Militärverwaltungsbehörde gelangen, die erkennen lassen, daß für eine nützliche Verwendung der Abfindungssumme keine

Gewähr mehr im Sinne des § 2 Ziff. 4 besteht; z. B. der Prüfungsstelle wurden Tatsachen verschwiegen, die nun nachträglich noch vor der Auszahlung zur Kenntnis der Behörden kommen, oder die wirtschaftlichen Verhältnisse des Gesuchstellers haben sich durch Unglücksfälle, Elementarereignisse, plötzliche Krankheit usw. derart verschlechtert, daß die seinerzeit angenommene Gewährleistung nicht mehr aufrecht erhalten werden kann.

Für diese Fälle muß der obersten Militärverwaltungsbehörde die Möglichkeit gegeben sein, ihre Bewilligung zurückzuziehen und die etwa bereits erfolgte Zahlungsanweisung außer Kraft zu setzen.

Diese Maßregel könnte natürlich nicht mehr erfolgen, wenn mit der Bewilligung dem Versorgungsberechtigten ein Recht auf Auszahlung zustehen würde; ein solches Recht wäre aber zweifellos trotz des Kannanspruches gegeben, wenn einmal die Bewilligung erfolgt ist. So bedurfte es der ausdrücklichen gesetzlichen Festlegung des Ausschlusses eines Klagerechtes.

3. Nach der Begründung zum Entwurfe ist der Zweck des Abs. 1, den Versorgungsberechtigten vor Zugriffen Dritter zu schützen. Es unterliegt aber nach dem in Note 2 Gesagten keinem Zweifel, daß Abs. 1 gerade in erster Linie die dort angeführten Fälle im Auge hat; schließlich bilden ja auch diese im Endgrunde einen Schutz der Versorgungsberechtigten.

Aus dem Abs. 1 ergibt sich auch, daß die bewilligte Abfindungssumme im Falle des Ablebens des Versorgungsberechtigten nicht einen Bestandteil der Erbschaftsmasse bilden kann und auch die Erben keinen Anspruch gegen den Militärfiskus auf Auszahlung der Abfindungssumme haben. Eine Zahlung an die Erben kann überhaupt unter keinen Umständen erfolgen.

4. Nach § 7 ist die Abfindungssumme, falls diese nicht innerhalb einer von der obersten Militärverwaltungsbehörde bemessenen Frist bestimmungsgemäß verwendet ist, auf Erfordern zurückzuzahlen.

Innerhalb dieser in das Ermessen der obersten Militärbehörde gestellten Frist (siehe Note 1 zu § 7 S. 129) ist nach Abs. 2 ein der ausgezahlten Abfindungssumme gleichkommender Betrag an Geld, Wertpapieren und Forderung der Pfändung nicht unterworfen. Abs. 2 sieht also den Schutz des Versorgungsberechtigten vor Zugriffen Dritter nach der erfolgten Auszahlung der Abfindungssumme vor. Die Vorschrift stellt eine Ergänzung des § 850 ZPO. dar und soll für den Versorgungsberechtigten die Möglichkeit ergeben, ungestört innerhalb der ihm nach § 7 gesteckten Frist die Abfindungssumme ihrem Bestimmungszwecke auch wirklich zuzuführen. Hieran hat ja auch die Militärverwaltung ein erhebliches Interesse.

5. Der Nachsatz des Abs. 2 „soferne der Schuldner nachweist, daß die Frist noch nicht abgelaufen ist" wurde bei den Kommissionsverhandlungen gestrichen (Kommissionsbericht S. 29, 40), ebenso der Abs. 3 des Entw. (siehe Note 1 zu § 12). Dieser Abs. 3 entsprach dem § 40 Abs. 2 MVG., inhaltlich dessen wegen des Anspruches des Militärfiskus auf Rückzahlung zuunrecht erhobener Beträge die Pfändung von Versorgungsgebührnissen ohne Beschränkung zulässig ist. Die Streichung wurde damit begründet, daß es notwendig sei, die Rentenempfänger davor zu schützen, ihre Renten verlieren zu müssen. Es sei nicht zu verantworten, daß der Fall eintreten könnte, daß ein Kriegsteilnehmer, der vielleicht die schwerste Verwundung erlitten habe, jahrelang ohne irgendwelche Versorgung herumlaufen müsse. Deshalb dürften die Rentenbezüge nicht gepfändet werden können. Die Militärverwaltung dürfe eben die Kapitalabfindung nicht bewilligen, wenn Gefahr bestehe, daß das Geld verloren gehen könne. Der unsoziale Gedanke des Mannschaftsversorgungsgesetzes dürfe nicht mehr erneuert werden (Kommissionsbericht S. 5, 29, Reichstagsverhandlungen 1916 S. 1464).

III.

Anhang.

---

1. Tabelle zur Berechnung der Höhe der Kapitalabfindung an Stelle der Kriegszulage oder Verstümmelungszulage.

Der der Kapitalabfindung zugrunde zu legende Monatsbetrag der laufenden Versorgung ℳ	Lebensjahre und																
	21	22	23	24	25	26	27	28	29	30	31	32	33	34	35	36	37
	18½	18¼	18	17¾	17½	17¼	17	16¾	16½	16¼	16	15¾	15½	15¼	15	14¾	14½
	ℳ	ℳ	ℳ	ℳ	ℳ	ℳ	ℳ	ℳ	ℳ	ℳ	ℳ	ℳ	ℳ	ℳ	ℳ	ℳ	ℳ
1	**222**	**219**	**216**	**213**	**210**	**207**	**204**	**201**	**198**	**195**	**192**	**189**	**186**	**183**	**180**	**177**	**174**
1,25	277,50	273,75	270	266,25	262,50	258,75	255	251,25	247,50	243,75	240	236,25	232,50	228,75	225	221,25	217,50
1,50	333	328,50	324	319,50	315	310,50	306	301,50	297	292,50	288	283,50	279	274,50	270	265,50	261
1,75	388,50	383,25	378	372,75	367,50	362,25	357	351,75	346,50	341,25	336	330,75	325,50	320,25	315	309,75	304,50
2	**444**	**438**	**432**	**426**	**420**	**414**	**408**	**402**	**396**	**390**	**384**	**378**	**372**	**366**	**360**	**354**	**348**
2.25	499,50	492,75	486	479,25	472,50	465,75	459	452,25	445,50	438,75	432	425,25	418,50	411,75	405	398,25	391,50
2,50	555	547,50	540	532,50	525	517,50	510	502,50	495	487,50	480	472,50	465	457,50	450	442,50	435
2,75	610,50	602,25	594	585,75	577,50	569,25	561	552,75	544,50	536,25	528	519,75	511,50	503,25	495	486,75	478,50
3	**666**	**657**	**648**	**639**	**630**	**621**	**612**	**603**	**594**	**585**	**576**	**567**	**558**	**549**	**540**	**531**	**522**
3,25	721,50	711,75	702	692,25	682,50	672,75	663	653,25	643,50	633,75	624	614,25	601,50	594,75	585	575,25	565,50
3,50	777	766,50	756	745,50	735	724,50	714	703,50	693	682,50	672	661,50	651	640,50	630	619,50	609
3,75	832,50	821,25	810	798,75	787,50	776,25	765	753,75	742,50	731,25	720	708,75	697,50	686,25	675	663,75	652,50
4	**888**	**876**	**864**	**852**	**840**	**828**	**816**	**804**	**792**	**780**	**768**	**756**	**744**	**732**	**720**	**708**	**696**
4.25	943,50	930,75	918	905,25	892,50	879,75	867	854,25	841,50	828,75	816	803,25	790,50	777,75	765	752,25	739,50
4,50	999	985,50	972	958,50	945	931,50	918	904,50	891	877,50	864	850,50	837	823,50	810	796,50	783
4,75	1054,50	1010,25	1026	1011,75	997,50	983,25	969	954,75	940,50	926,25	912	897,75	883,50	869,25	855	840,75	826,50
5	**1110**	**1095**	**1080**	**1065**	**1050**	**1035**	**1020**	**1005**	**990**	**975**	**960**	**945**	**930**	**915**	**900**	**885**	**870**
5,25	1165,50	1149,75	1134	1118,25	1102,50	1086,75	1071	1055,25	1039,50	1023,75	1008	992,25	976,50	960,75	945	929,25	913,50
5.50	1221	1204,50	1188	1171,50	1155	1138,50	1122	1105,50	1089	1072,50	1056	1039,50	1023	1006,50	990	973,50	957
5,75	1276,50	1259,25	1242	1224,75	1207,50	1190,25	1173	1155,75	1138,50	1121,25	1104	1086,75	1069,50	1052,25	1035	1017,75	1000,50
6	**1332**	**1314**	**1296**	**1278**	**1260**	**1242**	**1224**	**1206**	**1188**	**1170**	**1152**	**1134**	**1116**	**1098**	**1680**	**1062**	**1044**
6,25	1387,50	1368,75	1350	1331,25	1312,50	1293,75	1275	1256,25	1237,50	1218,75	1200	1181,25	1162,50	1143,75	1125	1106,25	1087,50
6,50	1443	1423,50	1404	1384,50	1365	1345,50	1326	1306,50	1287	1267,50	1248	1228,50	1209	1189,50	1170	1150,50	1131
6,75	1498,50	1478,25	1458	1437,75	1417,50	1397,25	1377	1356,75	1336,50	1316,25	1296	1275,75	1255,50	1235,25	1215	1194,75	1174,50

7	**1554**	**1533**	**1512**	**1491**	**1470**	**1449**	**1428**	**1407**	**1386**	**1365**	**1344**	**1323**	**1302**	**1281**	**1260**	**1239**	**1218**
7,25	1609,50	1587,75	1566	1544,25	1522,50	1500,75	1479	1457,25	1435,50	1413,75	1392	1370,25	1348,50	1326,75	1305	1283,25	1261,50
7,50	1665	1642,50	1620	1597,50	1575	1552,50	1530	1507,50	1485	1462,50	1440	1417,50	1395	1372,50	1350	1327,50	1305
7,75	1720,50	1697,25	1674	1650,75	1627,50	1604,25	1581	1557,75	1534,50	1511,25	1488	1464,75	1441,50	1418,25	1395	1371,75	1348,50
8	**1776**	**1752**	**1728**	**1704**	**1680**	**1656**	**1632**	**1608**	**1584**	**1560**	**1536**	**1512**	**1488**	**1464**	**1440**	**1416**	**1392**
8,25	1831,50	1806,75	1782	1757,25	1732,50	1707,75	1683	1658,25	1633,50	1608,75	1584	1559,25	1534,50	1509,75	1485	1460,25	1435,50
8,50	1887	1861,50	1836	1810,50	1785	1759,50	1734	1708,50	1683	1657,50	1632	1606,50	1581	1555,50	1530	1504,50	1479
8,75	1942,50	1916,25	890	1863,75	1837,50	1811,25	1785	1758,75	1732,50	1706,25	1680	1653,75	1627,50	1601,25	1575	1548,75	1522,50
9	**1998**	**1971**	**1944**	**1917**	**1890**	**1863**	**1836**	**1809**	**1782**	**1755**	**1728**	**1701**	**1674**	**1647**	**1620**	**1593**	**1566**
9,25	2053,50	2025,75	1998	1970,25	1942,50	1914,75	1887	1859,25	1831,50	1803,75	1776	1748,25	1720,50	1692,75	1665	1637,25	1609,50
9,50	2109	2080,50	2052	2023,50	1995	1966,50	1938	1909,50	1881	1852,50	1824	1795,50	1767	1738,50	1710	1681,50	1653
9,75	2164,50	2135,25	2106	2076,75	2047,50	2018,25	1989	1959,75	1930,50	1901,25	1872	1842,75	1813,50	1784,25	1755	1725,75	1696,50
10	**2220**	**2190**	**2160**	**2130**	**2100**	**2070**	**2040**	**2010**	**1980**	**1950**	**1920**	**1890**	**1860**	**1830**	**1800**	**1770**	**1740**
10,25	2275,50	2244,75	2214	2183,25	2152,50	2121,75	2091	2060,25	2029,50	1998,75	1968	1937,25	1906,50	1875,75	1845	1814,25	1783,50
10,50	2331	2299,50	2268	2236,50	2205	2173,50	2142	2110,50	2079	2047,50	2016	1984,50	1953	1921,50	1890	1858,50	1827
10,75	2386,50	2354,25	2322	2289,75	2257,50	2225,25	2193	2160,75	2128,50	2096,25	2064	2031,75	1999,50	1967,25	1935	1902,75	1870,50
11	**2442**	**2409**	**2376**	**2343**	**2310**	**2277**	**2244**	**2211**	**2178**	**2145**	**2112**	**2079**	**2046**	**2013**	**1980**	**1947**	**1914**
11,25	2497,50	2463,75	2430	2396,25	2362,50	2328,75	2295	2261,25	2227,50	2193,75	2160	2126,25	2092,50	2058,75	2025	1991,25	1957,50
11,50	2553	2518,50	2484	2449,50	2415	2380,50	2346	2311,50	2277	2242,50	2208	2173,50	2139	2104,50	2070	2035,50	2001
11,75	2608,50	2573,25	2538	2502,75	2467,50	2432,25	2397	2361,75	2326,50	2291,25	2256	2220,75	2185,50	2150,25	2115	2079,75	2044,50
12	**2664**	**2628**	**2592**	**2556**	**2520**	**2484**	**2448**	**2412**	**2376**	**2340**	**2304**	**2268**	**2232**	**2196**	**2160**	**2124**	**2088**
12,25	2719,50	2682,75	2646	2609,25	2572,50	2535,75	2499	2462,25	2425,50	2388,75	2352	2315,25	2278,50	2241,75	2205	2168,25	2131,50
12,50	2775	2737,50	2700	2662,50	2625	2587,50	2550	2512,50	2475	2437,50	2400	2362,50	2325	2287,50	2250	2212,50	2175
12,75	2830,50	2792,25	2754	2715,75	2677,50	2639,25	2601	2562,75	2524,50	2486,25	2448	2409,75	2371,50	2333,25	2295	2256,75	2218,50
13	**2886**	**2847**	**2808**	**2769**	**2730**	**2691**	**2652**	**2613**	**2574**	**2535**	**2496**	**2457**	**2418**	**2379**	**2340**	**2301**	**2262**
13,25	2941,50	2901,75	2862	2822,25	2782,50	2742,75	2703	2663,25	2623,50	2583,75	2544	2504,25	2464,50	2424,75	2385	2345,25	2305,50
13,50	2997	2956,50	2916	2875,50	2835	2794,50	2754	2713,50	2673	2632,50	2592	2551,50	2511	2470,50	2430	2389,50	2349
13,75	3052,50	3011,25	2970	2928,75	2887,50	2846,25	2805	2763,75	2722,50	2681,25	2640	2598,75	2557,50	2516,25	2475	2433,75	2392,50
14	**3108**	**3066**	**3024**	**2982**	**2940**	**2898**	**2856**	**2814**	**2772**	**2730**	**2688**	**2646**	**2604**	**2562**	**2520**	**2478**	**2436**
14,25	3163,50	3120,75	3078	3035,25	2992,50	2949,75	2907	2864,25	2821,50	2778,75	2736	2693,25	2650,50	2607,75	2565	2522,25	2479,50
14,50	3219	3175,50	3132	3088,50	3045	3001,50	2958	2914,50	2871	2827,50	2784	2740,50	697	2653,50	2610	2566,50	2523
14,75	3274,50	3230,25	3186	3141,75	3097,50	3053,25	3009	2964,75	2920,50	2876,25	2832	2787,75	2743,50	2699,25	2655	2610,75	2566,50

Jahresvielfaches

38	39	40	41	42	43	44	45	46	47	48	49	50	51	52	53	54	55
14¼	14	13¾	13½	13¼	13	12¾	12½	12¼	12	11¾	11¼	10¾	10¼	9¾	9¼	8¾	8¼
ℳ	ℳ	ℳ	ℳ	ℳ	ℳ	ℳ	ℳ	ℳ	ℳ	ℳ	ℳ	ℳ	ℳ	ℳ	ℳ	ℳ	ℳ
171	**168**	**165**	**162**	**159**	**156**	**153**	**150**	**147**	**144**	**141**	**135**	**129**	**123**	**117**	**111**	**105**	**99**
213,75	210	206,25	202,50	198,75	195	191,25	187,50	183,75	180	176,25	168,75	161,25	153,75	146,25	138,75	131,25	123,75
256,50	252	247,50	243	238,50	234	229,50	225	220,50	216	211,50	202,50	193,50	184,50	175,50	166,50	157,50	148,50
299,25	294	288,75	283,50	278,25	273	267,75	262,50	257,25	252	246,75	236,25	225,75	215,25	204,75	194,25	183,75	173,25
342	**336**	**330**	**324**	**318**	**312**	**306**	**300**	**294**	**288**	**282**	**270**	**258**	**246**	**234**	**222**	**210**	**198**
384,75	378	371,25	364,50	357,75	351	344,25	337,50	330,75	324	317,25	303,75	290,25	276,75	263,25	249,75	236,25	222,75
427,50	420	412,50	405	397,50	390	382,50	375	367,50	360	352,50	337,50	322,50	307,50	292,50	277,50	262,50	247,50
470,25	462	453,75	445,50	437,25	429	420,75	412,50	404,25	396	387,75	371,25	354,75	338,25	321,75	305,25	288,75	272,25
513	**504**	**495**	**486**	**477**	**468**	**459**	**450**	**441**	**432**	**423**	**405**	**387**	**369**	**351**	**333**	**315**	**297**
555,75	546	536,25	526,50	516,75	507	497,25	487,50	477,75	468	458,25	438,75	419,25	399,75	380,25	360,75	341,25	321,75
598,50	588	577,50	567	556,50	546	535,50	525	514,50	504	493,50	472,50	451,50	430,50	409,50	388,50	367,50	346,50
641,25	630	618,75	607,50	596,25	585	573,75	562,50	551,25	540	528,75	506,25	483,75	461,25	438,75	416,25	393,75	371,25
684	**672**	**660**	**648**	**636**	**624**	**612**	**600**	**588**	**576**	**564**	**540**	**516**	**492**	**468**	**444**	**420**	**396**
726,75	714	701,25	688,50	675,75	663	650,25	637,50	624,75	612	599,25	573,75	548,25	522,75	497,25	471,75	446,25	420,75
769,50	756	742,50	729	715,50	702	688,50	675	661,50	648	634,50	607,50	580,50	553,50	526,50	499,50	472,50	445,50
812,25	798	783,75	769,50	755,25	741	726,75	712,50	698,25	684	669,75	641,25	612,75	584,25	555,75	527,25	498,75	470,25
855	**840**	**825**	**810**	**795**	**780**	**765**	**750**	**735**	**720**	**705**	**675**	**645**	**615**	**585**	**555**	**525**	**495**
897,75	882	866,25	850,50	834,75	819	803,25	787,50	771,75	756	740,25	708,75	677,25	645,75	614,25	582,75	551,25	519,75
940,50	924	907,50	891	874,50	858	841,50	825	808,50	792	775,50	742,50	709,50	676,50	643,50	610,50	577,50	544,50
983,25	966	948,75	931,50	914,25	897	879,75	862,50	845,25	828	810,75	776,25	741,75	707,25	672,75	638,25	603,75	569,25
1026	**1008**	**990**	**972**	**954**	**936**	**918**	**900**	**882**	**864**	**846**	**810**	**774**	**738**	**702**	**666**	**630**	**594**
1068,75	1050	1031,25	1012,50	993,75	975	956,25	937,50	918,75	900	881,25	843,75	806,25	768,75	731,25	693,75	656,25	618,75
1111,50	1092	1072,50	1053	1033,50	1014	994,50	975	955,50	936	916,50	877,50	838,50	799,50	760,50	721,50	682,50	643,50
1154,25	1134	1113,75	1093,50	1073,25	1053	1032,75	1012,50	992,25	972	951,75	911,25	870,75	830,25	789,75	749,25	708,75	668,25

1197	**1176**	**1155**	**1134**	**1113**	**1092**	**1071**	**1050**	**1029**	**1008**	**987**	**945**	**903**	**861**	**819**	**777**	**735**	**693**
1239,75	1218	1196,25	1174,50	1152,75	1181	1109,25	1087,50	1065,75	1044	1022,25	978,75	935,25	891,75	848,25	804,75	761,25	717,75
1282,50	1260	1237,50	1215	1192,50	1170	1147,50	1125	1102,50	1080	1057,50	1012,50	967,50	922,50	877,50	832,50	787,50	742,50
1325,25	1302	1278,75	1255,50	1232,25	1209	1185,75	1162,50	1139,25	1116	1092,75	1046,25	999,75	953,25	906,75	860,25	813,75	767,25
1368	**1344**	**1320**	**1296**	**1272**	**1248**	**1224**	**1200**	**1176**	**1152**	**1128**	**1080**	**1032**	**984**	**936**	**888**	**840**	**792**
1410,75	1386	1361,25	1336,50	1311,75	1287	1262,25	1287,50	1212,75	1188	1163,25	1113,75	1064,25	1014,75	965,25	915,75	866,25	816,75
1453,50	1428	1402,50	1877	1351,50	1826	1300,50	1275	1249,50	1224	1198,50	1147,50	1096,50	1045,50	994,50	948,50	892,50	841,50
1496,25	1470	1443,75	1417,50	1391,25	1365	1338,75	1312,50	1286,25	1260	1233,75	1181,25	1128,75	1076,25	1023,75	971,25	918,75	866,25
1539	**1512**	**1485**	**1458**	**1431**	**1404**	**1377**	**1350**	**1323**	**1296**	**1269**	**1215**	**1161**	**1107**	**1053**	**999**	**945**	**891**
1581,75	1554	1526,25	1498,50	1470,75	1443	1415,25	1387,50	1359,75	1332	1304,25	1248,75	1193,25	1137,75	1082,25	1026,75	971,25	915,75
1624,50	1596	1567,50	1539	1510,50	1482	1453,50	1425	1396,50	1368	1339,50	1282,50	1225,50	1168,50	1111,50	1054,50	997,50	940,50
1667,25	1638	1608,75	1579,50	1550,25	1521	1491,75	1462,50	1433,25	1404	1374,75	1316,25	1257,75	1199,25	1140,75	1082,25	1023,75	965,25
1710	**1680**	**1650**	**1620**	**1590**	**1560**	**1530**	**1500**	**1470**	**1440**	**1410**	**1350**	**1290**	**1230**	**1170**	**1110**	**1050**	**990**
1752,75	1722	1691,25	1660,50	1629,75	1599	1568,25	1537,50	1506,75	1476	1445,25	1383,75	1322,25	1260,75	1199,25	1137,75	1076,25	1014,75
1795,50	1764	1732,50	1701	1669,50	1638	1606,50	1575	1543,50	1512	1480,50	1417,50	1354,50	1291,50	1228,50	1165,50	1102,50	1039,50
1838,25	1806	1778,75	1741,50	1709,25	1677	1641,75	1612,50	1580,25	1548	1515,75	1451,25	1386,75	1322,25	1257,75	1193,25	1128,75	1064,25
1881	**1848**	**1815**	**1782**	**1749**	**1716**	**1683**	**1650**	**1617**	**1584**	**1551**	**1485**	**1419**	**1353**	**1287**	**1221**	**1155**	**1089**
1923,75	1890	1856,25	1822,50	1788,75	1755	1721,25	1687,50	1653,75	1620	1586,25	1518,75	1451,25	1383,75	1316,25	1248,75	1181,25	1113,75
1966,50	1932	1897,50	1863	1828,50	1794	1759,50	1725	1690,50	1656	1621,50	1552,50	1483,50	1414,50	1345,50	1276,50	1207,50	1138,50
2009,25	1974	1938,75	1903,50	1868,25	1833	1797,75	1762,50	1727,25	1692	1656,75	1586,25	1515,75	1445,25	1374,75	1304,25	1233,75	1163,25
2052	**2016**	**1980**	**1944**	**1908**	**1872**	**1836**	**1800**	**1764**	**1728**	**1692**	**1620**	**1548**	**1476**	**1404**	**1332**	**1260**	**1188**
2094,75	2058	2021,25	1984,50	1947,75	1911	1874,25	1837,50	1800,75	1764	1727,25	1653,75	1580,25	1506,75	1483,25	1359,75	1286,25	1212,75
2137,50	2100	2062,50	2025	1987,50	1950	1912,50	1875	1837,50	1800	1762,50	1687,50	1612,50	1537,50	1462,50	1387,50	1312,50	1287,50
2180,25	2142	2103,75	2065,50	2027,25	1989	1950,75	1912,50	1874,25	1836	1797,75	1721,25	1644,75	1568,25	1491,75	1415,25	1338,75	1262,25
2223	**2184**	**2145**	**2106**	**2067**	**2028**	**1989**	**1950**	**1911**	**1872**	**1833**	**1755**	**1677**	**1599**	**1521**	**1443**	**1365**	**1287**
2265,75	2226	2186,25	2146,50	2106,75	2067	2027,25	1987,50	1947,75	1908	1868,25	1788,75	1709,25	1629,75	1550,25	1470,75	1391,25	1311,75
2308,50	2268	2227,50	2187	2146,50	2106	2065,50	2025	1984,50	1944	1903,50	1822,50	1741,50	1660,50	1579,50	1498,50	1417,50	1336,50
2351,25	2310	2268,75	2227,50	2186,25	2145	2103,75	2062,50	2021,25	1980	1938,75	1856,25	1773,75	1691,25	1608,75	1526,25	1443,75	1301,25
2394	**2352**	**2310**	**2268**	**2226**	**2184**	**2142**	**2100**	**2058**	**2016**	**1974**	**1890**	**1806**	**1722**	**1638**	**1554**	**1470**	**1386**
2436,75	2394	2351,25	2308,50	2265,75	2223	2180,25	2137,50	2094,75	2052	2009,25	1923,75	1838,25	1752,75	1667,25	1581,75	1496,25	1410,75
2479,50	2436	2392,50	2349	2305,50	2262	2218,50	2175	2131,50	2088	2044,50	1957,50	1870,50	1783,50	1696,50	1609,50	1522,50	1435,50
2522,25	2478	2433,75	2389,50	2345,25	2301	2256,75	2212,50	2168,25	2124	2079,75	1991,25	1902,75	1814,25	1725,75	1637,25	1548,75	1460,25

Der der Kapitalabfindung zugrunde zu legende Monatsbetrag der laufenden Versorgung	Lebensjahre und																
	21	22	23	24	25	26	27	28	29	30	31	32	33	34	35	36	37
	18½	18¼	18	17¾	17½	17¼	17	16¾	16½	16¼	16	15¾	15½	15¼	15	14¾	14½
ℳ	ℳ	ℳ	ℳ	ℳ	ℳ	ℳ	ℳ	ℳ	ℳ	ℳ	ℳ	ℳ	ℳ	ℳ	ℳ	ℳ	ℳ
15	**3330**	**3285**	**3240**	**3195**	**3150**	**3105**	**3060**	**3015**	**2970**	**2925**	**2880**	**2835**	**2790**	**2745**	**2700**	**2655**	**2610**
15,25	3385,50	3339,75	3294	3248,25	3202,50	3156,75	3111	3065,25	3019,50	2973,75	2928	2882,25	2836,50	2790,75	2745	2699,25	2653,50
15,50	3441	3394,50	3348	3301,50	3255	3208,50	3162	3115,50	3069	3022,50	2976	2929,50	2883	2836,50	2790	2743,50	2697
15,75	3496,50	3449,25	3402	3354,75	3307,50	3260,25	3213	3165,75	3118,50	3071,25	3024	2976,75	2929,50	2882,25	2835	2787,75	2740,50
16	**3552**	**3504**	**3456**	**3408**	**3360**	**3312**	**3264**	**3216**	**3168**	**3120**	**3072**	**3024**	**2976**	**2928**	**2880**	**2832**	**2784**
16,25	3607,50	3558,75	3510	3461,25	3412,50	3363,75	3315	3266,25	3217,50	3168,75	3120	3071,25	3022,50	2973,75	2925	2876,25	2827,50
16,50	3663	3613,50	3564	3514,50	3465	3415,50	3366	3316,50	3267	3217,50	3168	3118,50	3069	3019,50	2970	2920,50	2871
16,75	3718,50	3668,25	3618	3567,75	3517,50	3467,25	3417	3366,75	3316,50	3266,25	3216	3165,75	3115,50	3065,25	3015	2964,75	2914,50
17	**3774**	**3723**	**3672**	**3621**	**3570**	**3519**	**3468**	**3417**	**3366**	**3315**	**3264**	**3213**	**3162**	**3111**	**3060**	**3009**	**2958**
17,25	3829,50	3777,75	3726	3674,25	3622,50	3570,75	3519	3467,25	3415,50	3363,75	3312	3260,25	3208,50	3156,75	3105	3053,25	3001,50
17,50	3885	3832,50	3780	3727,50	3675	3622,50	3570	3517,50	3465	3412,50	3360	3307,50	3255	3202,50	3150	3097,50	3045
17,75	3940,50	3887,25	3834	3780,75	3727,50	3674,25	3621	3567,75	3514,50	3461,25	3408	3354,75	3301,50	3248,25	3195	3141,75	3088,50
18	**3996**	**3942**	**3888**	**3834**	**3780**	**3726**	**3672**	**3618**	**3564**	**3510**	**3456**	**3402**	**3348**	**3294**	**3240**	**3186**	**3132**
18,25	4051,50	3996,75	3942	3887,25	3832,50	3777,75	3723	3668,25	3613,50	3558,75	3504	3449,25	3394,50	3339,75	3285	3230,25	3175,50
18,50	4107	4051,50	3996	3940,50	3885	3829,50	3774	3718,50	3663	3607,50	3552	3496,50	3441	3385,50	3330	3274,50	3219
18,75	4162,50	4106,25	4050	3993,75	3937,50	3881,25	3825	3768,75	3712,50	3656,25	3600	3543,75	3487,50	3431,25	3375	3318,75	3262,50
19	**4218**	**4161**	**4104**	**4047**	**3990**	**3933**	**3876**	**3819**	**3762**	**3705**	**3648**	**3591**	**3534**	**3477**	**3420**	**3363**	**3306**
19,25	4273,50	4215,75	4158	4100,25	4042,50	3984,75	3927	3869,25	3811,50	3753,75	3696	3638,25	3580,50	3522,75	3465	3407,25	3349,50
19,50	4329	4270,50	4212	4153,50	4095	4036,50	3978	3919,50	3861	3802,50	3744	3685,50	3627	3568,50	3510	3451,50	3393
19,75	4384,50	4325,25	4266	4206,75	4147,50	4088,25	4029	3969,75	3910,50	3851,25	3792	3732,75	3673,50	3614,25	3555	3495,75	3436,50
20	**4440**	**4380**	**4320**	**4260**	**4200**	**4140**	**4080**	**4020**	**3960**	**3900**	**3840**	**3780**	**3720**	**3660**	**3600**	**3540**	**3480**
20,25	4495,50	4434,75	4374	4313,25	4252,50	4191,75	4131	4070,25	4009,50	3948,75	3888	3827,25	3766,50	3705,75	3645	3584,25	3523,50
20,50	4551	4489,50	4428	4366,50	4305	4243,50	4182	4120,50	4059	3997,50	3936	3874,50	3813	3751,50	3690	3628,50	3567
20,75	4606,50	4544,25	4482	4419,75	4357,50	4295,25	4233	4170,75	4108,50	4046,25	3984	3921,75	3859,50	3797,25	3735	3672,75	3610,50

21	**4662**	**4599**	**4536**	**4473**	**4410**	**4347**	**4284**	**4221**	**4158**	**4095**	**4032**	**3969**	**3906**	**3843**	**3780**	**3717**	**3654**
21,25	4717,50	4653,75	4590	4526,25	4462,50	4398,75	4335	4271,25	4207,50	4143,75	4080	4016,25	3952,50	3888,75	3825	3761,25	3697,50
21,50	4773	4708,50	4644	4579,50	4515	4450,50	4386	4321,50	4257	4192,50	4128	4063,50	3999	3934,50	3870	3805,50	3741
21,75	4828,50	4763,25	4698	4632,75	4567,50	4502,25	4437	4371,75	4306,50	4241,25	4176	4110,75	4045,50	3980,25	3915	3849,75	3784,50
22	**4884**	**4818**	**4752**	**4686**	**4620**	**4554**	**4488**	**4422**	**4356**	**4290**	**4224**	**4158**	**4092**	**4026**	**3960**	**3894**	**3828**
22,25	4939,50	4872,75	4806	4739,25	4672,50	4605,75	4539	4472,25	4405,50	4338,75	4272	4205,25	4138,50	4071,75	4005	3938,25	3871,50
22,50	4995	4927,50	4860	4792,50	4725	4657,50	4590	4522,50	4455	4387,50	4320	4252,50	4185	4117,50	4050	3982,50	3915
22,75	5050,50	4982,25	4914	4845,75	4777,50	4709,25	4641	4572,75	4504,50	4436,25	4368	4299,75	4231,50	4163,25	4095	4026,75	3958,50
23	**5106**	**5037**	**4968**	**4899**	**4830**	**4761**	**4692**	**4623**	**4554**	**4485**	**4416**	**4347**	**4278**	**4209**	**4140**	**4071**	**4002**
23,25	5161,50	5091,75	5022	4952,25	4882,50	4812,75	4743	4673,25	4603,50	4533,75	4464	4394,25	4324,50	4254,75	4185	4115,25	4045,50
23,50	5217	5146,50	5076	5005,50	4935	4864,50	4794	4723,50	4653	4582,50	4512	4441,50	4371	4300,50	4230	4159,50	4089
23,75	5272,50	5201,25	5130	5058,75	4987,50	4916,25	4845	4773,75	4702,50	4631,25	4560	4488,75	4417,50	4346,25	4275	4203,75	4132,50
24	**5328**	**5256**	**5184**	**5112**	**5040**	**4968**	**4896**	**4824**	**4752**	**4680**	**4608**	**4536**	**4464**	**4392**	**4320**	**4248**	**4176**
24,25	5383,50	5310,75	5238	5165,25	5092,50	5019,75	4947	4874,25	4801,50	4728,75	4656	4583,25	4510,50	4437,75	4365	4292,25	4219,50
24,50	5439	5365,50	5292	5218,50	5145	5071,50	4998	4924,50	4851	4777,50	4704	4630,50	4557	4483,50	4410	4336,50	4263
24,75	5494,50	5420,25	5346	5271,75	5197,50	5123,25	5049	4974,75	4900,50	4826,50	4752	4677,75	4603,50	4529,25	4455	4380,75	4306,50
25	**5550**	**5475**	**5400**	**5325**	**5250**	**5175**	**5100**	**5025**	**4950**	**4875**	**4800**	**4725**	**4650**	**4575**	**4500**	**4425**	**4350**
25,25	5605,50	5529,75	5454	5378,25	5302,50	5226,75	5151	5075,25	4999,50	4923,75	4848	4772,25	4696,50	4620,75	4545	4469,25	4393,50
25,50	5661	5584,50	5508	5431,50	5355	5278,50	5202	5125,50	5049	4972,50	4896	4819,50	4743	4666,50	4590	4513,50	4437
25,75	5716,50	5639,25	5562	5484,75	5407,50	5330,25	5253	5175,75	5098,50	5021,25	4944	4866,75	4789,50	4712,25	4635	4557,75	4480,50
26	**5772**	**5694**	**5616**	**5538**	**5460**	**5382**	**5304**	**5226**	**5148**	**5070**	**4992**	**4914**	**4836**	**4758**	**4680**	**4602**	**4524**
26,25	5827,50	5748,75	5670	5591,25	5512,50	5433,75	5355	5276,25	5197,50	5118,75	5040	4961,25	4882,50	4803,75	4725	4646,25	4567,50
26,50	5883	5803,50	5724	5644,50	5565	5485,50	5406	5326,50	5247	5167,50	5088	5008,50	4929	4849,50	4770	4690,50	4611
26,75	5938,50	5858,25	5778	5697,75	5617,50	5537,25	5457	5376,75	5296,50	5216,25	5136	5055,75	4975,50	4895,25	4815	4734,75	4654,50
27	**5994**	**5913**	**5832**	**5751**	**5670**	**5589**	**5508**	**5427**	**5346**	**5265**	**5184**	**5103**	**5022**	**4941**	**4860**	**4779**	**4698**

Jahresvielfaches

38	39	40	41	42	43	44	45	46	47	48	49	50	51	52	53	54	55
14¼	14	13¾	13½	13¼	13	12¾	12½	12¼	12	11¾	11¼	10¾	10¼	9¾	9¼	8¾	8¼
ℳ	ℳ	ℳ	ℳ	ℳ	ℳ	ℳ	ℳ	ℳ	ℳ	ℳ	ℳ	ℳ	ℳ	ℳ	ℳ	ℳ	ℳ
2565	**2520**	**2475**	**2430**	**2385**	**2340**	**2295**	**2250**	**2205**	**2160**	**2115**	**2025**	**1935**	**1845**	**1755**	**1665**	**1575**	**1485**
2607,75	2562	2516,25	2470,50	2424,75	2379	2333,25	2287,50	2241,75	2196	2150,25	2058,75	1967,25	1875,75	1784,25	1692,75	1601,25	1509,75
2650,50	2604	2557,50	2511	2464,50	2418	2371,50	2325	2278,50	2232	2185,50	2092,50	1999,50	1906,50	1813,50	1720,50	1627,50	1534,50
2693,25	2646	2598,75	2551,50	2504,25	2457	2409,75	2362,50	2315,25	2268	2220,75	2126,25	2031,75	1937,25	1842,75	1748,25	1653,75	1559,25
2736	**2688**	**2640**	**2592**	**2544**	**2496**	**2448**	**2400**	**2352**	**2304**	**2256**	**2160**	**2064**	**1968**	**1872**	**1776**	**1680**	**1584**
2778,75	2730	2681,25	2632,50	2583,75	2535	2486,25	2437,50	2388,75	2340	2291,25	2193,75	2096,25	1998,75	1901,25	1803,75	1706,25	1608,75
2821,50	2772	2722,50	2673	2623,50	2574	2524,50	2475	2425,50	2376	2326,50	2227,50	2128,50	2029,50	1930,50	1831,50	1732,50	1633,50
2864,25	2814	2763,75	2713,50	2663,25	2613	2562,75	2512,50	2462,25	2412	2361,75	2261,25	2160,75	2060,25	1959,75	1859,25	1758,75	1658,25
2907	**2856**	**2805**	**2754**	**2703**	**2652**	**2601**	**2550**	**2499**	**2448**	**2397**	**2295**	**2193**	**2091**	**1989**	**1887**	**1785**	**1683**
2949,75	2898	2846,25	2794,50	2742,75	2691	2639,25	2587,50	2535,75	2484	2432,25	2328,75	2225,25	2121,75	2018,25	1914,75	1811,25	1707,75
2992,50	2940	2887,50	2835	2782,50	2730	2677,50	2625	2572,50	2520	2467,50	2362,50	2257,50	2152,50	2047,50	1942,50	1837,50	1732,50
3035,25	2982	2928,75	2875,50	2822,25	2769	2715,75	2662,50	2609,25	2556	2502,75	2396,25	2289,75	2183,25	2076,75	1970,25	1863,75	1757,25
3078	**3024**	**2970**	**2916**	**2862**	**2808**	**2754**	**2700**	**2646**	**2592**	**2538**	**2430**	**2322**	**2214**	**2106**	**1998**	**1890**	**1782**
3120,75	3066	3011,25	2956,50	2901,75	2847	2792,25	2737,50	2682,75	2628	2573,25	2463,75	2354,25	2244,75	2135,25	2025,75	1916,25	1806,75
3163,50	3108	3052,50	2997	2941,50	2886	2830,50	2775	2719,50	2664	2608,50	2497,50	2386,50	2275,50	2164,50	2053,50	1942,50	1831,50
3206,25	3150	3093,75	3037,50	2981,25	2925	2868,75	2812,50	2756,25	2700	2643,75	2531,25	2418,75	2306,25	2193,75	2081,25	1968,75	1856,25
3249	**3192**	**3135**	**3078**	**3021**	**2964**	**2907**	**2850**	**2793**	**2736**	**2679**	**2565**	**2451**	**2337**	**2223**	**2109**	**1995**	**1881**
3291,75	3234	3176,25	3118,50	3060,75	3003	2945,25	2887,50	2829,75	2772	2714,25	2598,75	2483,25	2367,75	2252,25	2136,75	2021,25	1905,75
3334,50	3276	3217,50	3159	3100,50	3042	2983,50	2925	2866,50	2808	2749,50	2632,50	2515,50	2398,50	2281,50	2164,50	2047,50	1930,50
3377,25	3318	3258,75	3199,50	3140,25	3081	3021,75	2962,50	2903,25	2844	2784,75	2666,25	2547,75	2429,25	2310,75	2192,25	2073,75	1955,25
3420	**3360**	**3300**	**3240**	**3180**	**3120**	**3060**	**3000**	**2940**	**2880**	**2820**	**2700**	**2580**	**2460**	**2340**	**2220**	**2100**	**1980**
3462,75	3402	3341,25	3280,50	3219,75	3159	3098,25	3037,50	2976,75	2916	2855,25	2733,75	2612,25	2490,75	2369,25	2247,75	2126,25	2004,75
3505,50	3444	3382,50	3321	3259,50	3198	3136,50	3075	3013,50	2952	2890,50	2767,50	2644,50	2521,50	2398,50	2275,50	2152,50	2029,50
3548,25	3486	3423,75	3361,50	3299,25	3237	3174,75	3112,50	3050,25	2988	2925,75	2851,25	2676,75	2552,25	2427,75	2303,25	2178,75	2054,25

3591	**3528**	**3465**	**3402**	**3339**	**3276**	**3213**	**3150**	**3087**	**3024**	**2961**	**2835**	**2709**	**2583**	**2457**	**2331**	**2205**	**2079**
3633,75	3570	3506,25	3442,50	3378,75	3315	3251,25	3187,50	3123,75	3060	2996,25	2868,75	2741,25	2613,75	2486,25	2358,75	2231,25	2103,75
3676,50	3612	3547,50	3483	3418,50	3354	3289,50	3225	3160,50	3096	3031,50	2902,50	2773,50	2644,50	2515,50	2386,50	2257,50	2128,50
3719,25	3654	3588,75	3523,50	3458,25	3393	3327,75	3262,50	3197,25	3132	3066,75	2936,25	2805,75	2675,25	2544,75	2414,25	2283,75	2153,25
3762	**3696**	**3630**	**3564**	**3498**	**3432**	**3366**	**3300**	**3234**	**3168**	**3102**	**2970**	**2838**	**2706**	**2574**	**2442**	**2310**	**2178**
3804,75	3738	3671,25	3604,50	3537,75	3471	3404,25	3337,50	3270,75	3204	3137,25	3003,75	2870,25	2736,75	2603,25	2469,75	2336,25	2202,75
3847,50	3780	3712,50	3645	3577,50	3510	3442,50	3375	3307,50	3240	3172,50	3037,50	2902,50	2767,50	2632,50	2497,50	2362,50	2227,50
3890,25	3822	3753,75	3685,50	3617,25	3549	3480,75	3412,50	3344,25	3276	3207,75	3071,25	2934,75	2798,25	2661,75	2525,25	2388,75	2252,25
3933	**3864**	**3795**	**3726**	**3657**	**3588**	**3519**	**3450**	**3381**	**3312**	**3243**	**3105**	**2967**	**2829**	**2691**	**2553**	**2415**	**2277**
3975,75	3906	3836,25	3766,50	3696,75	3627	3557,25	3487,50	3417,75	3348	3278,25	3138,75	2999,25	2859,75	2720,25	2580,75	2441,25	2301,75
4018,50	3948	3877,50	3807	3736,50	3666	3595,50	3525	3454,50	3384	3313,50	3172,50	3031,50	2890,50	2749,50	2608,50	2467,50	2326,50
4061,25	3990	3918,75	3847,50	3776,25	3705	3633,75	3562,50	3491,25	3420	3348,75	3206,25	3063,75	2921,25	2778,75	2636,25	2493,75	2351,25
4104	**4032**	**3960**	**3888**	**3816**	**3744**	**3672**	**3600**	**3528**	**3456**	**3384**	**3240**	**3096**	**2952**	**2808**	**2664**	**2520**	**2376**
4146,75	4074	4001,25	3928,50	3855,75	3783	3710,25	3637,50	3564,75	3492	3419,25	3273,75	3128,25	2982,75	2837,25	2691,75	2546,25	2400,75
4189,50	4116	4042,50	3969	3895,50	3822	3748,50	3675	3601,50	3528	3454,50	3307,50	3160,50	3013,50	2866,50	2719,50	2572,50	2425,50
4232,25	4158	4083,75	4009,50	3935,25	3861	3786,75	3712,50	3638,25	3564	3489,75	3341,25	3192,75	3044,25	2895,75	2747,25	2598,75	2450,25
4275	**4200**	**4125**	**4050**	**3975**	**3900**	**3825**	**3750**	**3675**	**3600**	**3525**	**3375**	**3225**	**3075**	**2925**	**2775**	**2625**	**2475**
4317,75	4242	4166,25	4090,50	4014,75	3939	3863,25	3787,50	3711,75	3636	3560,25	3408,75	3257,25	3105,75	2954,25	2802,75	2651,25	2499,75
4360,50	4284	4207,50	4131	4054,50	3978	3901,50	3825	3748,50	3672	3595,50	3442,50	3289,50	3136,50	2983,50	2830,50	2677,50	2524,50
4403,25	4326	4248,75	4171,50	4094,25	4017	3939,75	3862,50	3785,25	3708	3630,75	3476,25	3321,75	3167,25	3012,75	2858,25	2703,75	2549,25
4446	**4368**	**4290**	**4212**	**4134**	**4056**	**3978**	**3900**	**3822**	**3744**	**3666**	**3510**	**3354**	**3198**	**3042**	**2886**	**2730**	**2574**
4488,75	4410	4331,25	4252,50	4173,75	4095	4016,25	3937,50	3858,75	3780	3701,25	3543,75	3386,25	3228,75	3071,25	2913,75	2756,25	2598,75
4531,50	4452	4372,50	4293	4213,50	4134	4054,50	3975	3895,50	3816	3736,50	3577,50	3418,50	3259,50	3100,50	2941,50	2782,50	2623,50
4574,25	4494	4413,75	4333,50	4253,25	4173	4092,75	4012,50	3932,25	3852	3771,75	3611,25	3450,75	3290,25	3129,75	2969,25	2808,75	2648,25
4617	**4536**	**4455**	**4374**	**4293**	**4212**	**4131**	**4050**	**3969**	**3888**	**3807**	**3645**	**3483**	**3321**	**3159**	**2997**	**2835**	**2673**

2. Bekanntmachung, betreffend Ausführungsbestimmungen zum Gesetz über Kapitalabfindung an Stelle von Kriegsversorgung (Kapitalabfindungsgesetz).

Vom 8. Juli 1916.

Auf Grund des Artikel 7 Nr. 2 der Reichsverfassung hat der Bundesrat nachstehende Bestimmungen zur Ausführung des Gesetzes über Kapitalabfindung an Stelle von Kriegsversorgung (Kapitalabfindungsgesetz) vom 3. Juli 1916 (Reichs-Gesetzbl. S. 680) beschlossen:

1.

Der Antrag auf Kapitalabfindung.

Der Antrag ist an keine Frist gebunden. Er muß Angaben über das Lebensalter des Versorgungsberechtigten, über die im § 2 Nr. 2 und 3, bei Witwen über die im § 2 Nr. 2 aufgeführten Voraussetzungen, sowie in jedem Falle wenigstens eine allgemeine Angabe über den Verwendungszweck (§ 2 Nr. 4) enthalten.

Der Antrag der Rentenempfänger ist bei dem Bezirksfeldwebel, der Antrag der Witwen bei der Ortspolizeibehörde oder einer anderen von der Landeszentralbehörde bestimmten Amtsstelle anzubringen.

Der Antrag ist, erforderlichenfalls nach den nötigen Ergänzungen, an das Bezirkskommando, für Witwen von Angehörigen der Marine oder der Schutztruppen unmittelbar an die oberste Militärverwaltungsbehörde (Nr. 9) weiterzugeben.

2.

Die Prüfung durch die Militärbehörden.

Das Bezirkskommando prüft, ob die Voraussetzungen des § 2 Nr. 1 bis 3 des Gesetzes gegeben sind. Es veranlaßt die Untersuchung des Antragstellers durch einen beamteten Arzt, der sich auch dahin zu äußern hat, ob vom ärztlichen Standpunkt aus Bedenken gegen die Gewährung der Kapitalabfindung bestehen.

Demnächst wird der Antrag unmittelbar dem Generalkommando zur Entscheidung vorgelegt. Erachtet dieses auf Grund selbständiger Nachprüfung die vorstehenden Voraussetzungen des Gesetzes für erfüllt, so bescheidet es den Antragsteller. In dem Bescheid ist anzugeben, bis zu welcher Höhe im Falle nachgewiesener nützlicher Verwendung die Kapitalabfindung gewährt werden könnte. Gleichzeitig ist — soweit möglich — die Stelle zu bezeichnen, an die der Antragsteller sich wegen der weiteren Behandlung des Antrags zu wenden hat (Nr. 3); auch ist auf die Vorschriften der §§ 6 und 8 des Gesetzes hinzuweisen. Abschrift des Bescheids legt das Generalkommando der obersten Militärverwaltungsbehörde vor.

Werden die Voraussetzungen des § 2 Nr. 1 bis 3 des Gesetzes nicht als erfüllt angesehen oder bestehen Bedenken hinsichtlich des Gesundheitszustandes, so teilt das Generalkommando dies dem Antragsteller mit.

In jedem Bescheide des Generalkommandos ist der Antragsteller darauf hinzuweisen, daß er die endgültige Entscheidung der obersten Militärverwaltungsbehörde anrufen kann.

Die Zustellung des Bescheids erfolgt nach den für das Verfahren in sonstigen Versorgungsangelegenheiten gegebenen Bestimmungen.

Für Versorgungsberechtigte, die das 55. Lebensjahr vollendet haben, erfolgt die Prüfung und Bescheidung durch die oberste Militärverwaltungsbehörde. Das gleiche gilt für Witwen von Angehörigen der Marine oder der Schutztruppen.

3.

Die Prüfung durch die von den Landeszentralbehörden bestimmten Stellen.

Auf Grund eines zustimmenden Bescheids wendet sich der Antragsteller an die von der Landeszentralbehörde bestimmte Stelle zur Prüfung der Nützlichkeit der beabsichtigten Verwendung des Kapitals. Die Prüfung erfolgt nach den im Einvernehmen mit den obersten Militärverwaltungsbehörden zu erlassenden Anweisungen der Landeszentralbehörden.

Sie erstreckt sich insbesondere auf die Familien- und Vermögensverhältnisse des Bewerbers, seine persönliche Eignung zu der beabsichtigten Verwendung und auf den zur Erreichung des Verwendungszwecks erforderlichen Geldbetrag.

Bei Abfindungsanträgen von Witwen ist ferner zu prüfen, ob die für die Rückzahlung des Kapitals im Falle der Wiederverheiratung angebotene Sicherheit nach Art und Umfang ausreichend erscheint oder ob ausnahmsweise von dem Erfordern einer Sicherheitsleistung abgesehen werden kann.

Das Ergebnis ihrer Prüfung teilen die von den Landeszentralbehörden bestimmten Stellen unter Benachrichtigung des Bezirkskommandos unmittelbar der obersten Militärverwaltungsbehörde mit. Sie fügen die erforderlichen Unterlagen bei und äußern sich darüber, ob und welche Maßnahmen zur Sicherung des Zweckes der Abfindung erforderlich erscheinen, insbesondere, ob und für welche Frist die Weiterveräußerung und Belastung des auf Grund der Kapitalabfindung erworbenen Grundstücks zu beschränken ist, sowie ob die Bewilligung der Kapitalabfindung von der Eintragung einer Sicherungshypothek zur Sicherung des Anspruchs auf Rückzahlung abhängig zu machen ist oder aus welchen Gründen von der Eintragung oder den Maßnahmen des § 6 Satz 2 des Gesetzes abgesehen werden kann. Hiernach bescheinigen sie, unter welchen Voraussetzungen und in welcher Höhe für eine nützliche Verwendung des Kapitals Gewähr besteht; zugleich äußern sie sich darüber, ob die Zahlung an Dritte zu leisten ist.

Handelt es sich um den Antrag der Witwe eines Angehörigen der Marine oder der Schutztruppen, so unterbleibt die Benachrichtigung an das Bezirkskommando.

Wenn es sich um den Erwerb von Grundbesitz durch Beitritt zu einem Bau- oder Siedelungsunternehmen handelt, ist auch eine Bescheinigung der Landeszentralbehörde oder der von ihr bestimmten Stelle über die Gemeinnützigkeit des Unternehmens beizufügen.

4.

Die endgültige Entscheidung.

Die oberste Militärverwaltungsbehörde trifft auf Grund der gemäß Nr. 2 und 3 beschafften Unterlagen, deren Ergänzung im Benehmen mit den Landeszentralbehörden ihr vorbehalten bleibt, die endgültige Entscheidung über die Kapitalabfindung.

Sie setzt im Falle der Bewilligung die Abfindungssumme fest und bescheidet den Antragsteller. Abschrift des Bescheids erhalten das Generalkommando, das Bezirkskommando, die Pensionsregelungsbehörde sowie die mit der Überwachung der Verwendung betraute Stelle (Nr. 6).

Bei Personen, die das 55. Lebensjahr vollendet haben, ist die Abfindungssumme derart zu bemessen, daß sich das im § 5 des Gesetzes bei dem 55. Lebensjahre festgesetzte Vielfache der Versorgungsgebührnisse ($8\frac{1}{4}$) für jedes fernere Lebensjahr um die Hälfte desjenigen Versorgungsteils, welcher der Kapitalabfindung zugrunde gelegt wird, vermindert.

In dem Bescheid ist der Verwendungszweck der Abfindungssumme und der Empfangsberechtigte zu bezeichnen, eine nach Lage des Einzelfalls zu bestimmende Frist für den Nachweis der bestimmungsgemäßen Verwendung festzusetzen und auf das Rückforderungsrecht des Fiskus, auch für den Fall einer Wiederverheiratung der Witwe (§§ 7, 8, 11 des Gesetzes), hinzuweisen. Auch ist eine gemäß § 6 des Gesetzes bestimmte Frist in den Bescheid aufzunehmen.

Werden zur Sicherung des Zweckes der Abfindung besondere Maßnahmen angeordnet oder wird die Eintragung einer Sicherungshypothek verlangt, so ist dies im Bescheid im einzelnen anzugeben. In dem Bescheid ist darauf hinzuweisen, daß bei Vereitelung des Abfindungszwecks durch Verstoß gegen die von der obersten Militärverwaltungsbehörde angeordneten Maßnahmen die Rechtsfolgen des § 8 eintreten.

Das nach Nr. 9 Abs. 2 an Stelle des Generalkommandos tretende Marine-Stationskommando oder das Kommando der Schutztruppen sowie das Bezirkskommando erhalten keine Abschrift des Bescheids, wenn es sich um den Antrag der Witwe eines Angehörigen der Marine oder der Schutztruppen handelt.

Die Bewilligung der Kapitalabfindung ist unter Angabe der bewilligenden Behörde, des Tages der Bewilligung, der Höhe der Abfindung und der Höhe der durch die Abfindung erlöschenden Bezüge in dem Militärpaß zu vermerken.

5.

Die Auszahlung der Abfindungssumme.

Die Auszahlung der Abfindungssumme erfolgt nach den von den Landeszentralbehörden im Einvernehmen mit den obersten Militärverwaltungsbehörden erlassenen Bestimmungen.

6.

Die Überwachung der Verwendung.

Die Ausführung der Entscheidung nach Maßgabe der dem Abgefundenen gemachten Auflagen und die Überwachung der weiteren nützlichen Verwendung ist Sache der von der Landeszentralbehörde bestimmten Stelle. Diese hat der obersten Militärverwaltungsbehörde Mitteilung zu machen, wenn der Zweck der Kapitalabfindung gefährdet oder vereitelt wird, auch hat sie auf Erfordern der obersten Militärverwaltungsbehörde Auskunft zu erteilen.

7.

Die Rückforderung der Abfindungssumme.

Über die Rückforderung entscheidet die oberste Militärverwaltungsbehörde.

Liegen die Voraussetzungen der §§ 7, 8 des Gesetzes vor, so ist die Entscheidung über die Rückforderung dem Abgefundenen zuzustellen und gleichzeitig der Pensionsregelungsbehörde mitzuteilen.

Die auf Grund der Rückzahlung wieder fortlaufend zu zahlenden Versorgungsgebührnisse sind vom 1. des

Monats ab, in dem die Rückzahlung erfolgt ist, in der dem zurückgezahlten Betrag entsprechenden Höhe zu gewähren. Für die Zeit bis zu diesem Tage sind die Gebührnisse nicht nachzuzahlen.

Auf die Neuregelung der Versorgungsgebührnisse finden die Ausführungsbestimmungen des Bundesrats vom 19. Juni 1906 (Zentralbl. für das Deutsche Reich S. 662) entsprechende Anwendung.

Schließt eine abgefundene Witwe eine weitere Ehe, so berichtet die Pensionsregelungsbehörde an die oberste Militärverwaltungsbehörde und äußert sich gutachtlich über die angebrachte Art der Rückzahlung der Abfindungssumme sowie darüber, ob nach Abzug der ihr nach § 11 des Gesetzes zu belassenden Beträge besondere Gründe für einen teilweisen oder gänzlichen Verzicht auf die Rückzahlung vorliegen. Die oberste Militärverwaltungsbehörde entscheidet nach Anhörung der in Nr. 6 bezeichneten Stelle im Einvernehmen mit dem Reichsschatzamt, ob und unter welchen Bedingungen die Rückzahlung erfolgen oder unterbleiben soll.

8.

Die Wiederbewilligung der erloschenen Gebührnisse.

Über die Wiederbewilligung der erloschenen Gebührnisse im Falle des § 9 des Gesetzes entscheidet die oberste Militärverwaltungsbehörde. Die Bestimmungen der Nr. 7 Abs. 3 und 4 finden Anwendung.

9.

Zuständige Behörden.

Als oberste Militärverwaltungsbehörde gilt für das Heer das Kriegsministerium des Kontingents, für die Kaiserliche Marine das Reichs-Marineamt und für die Kaiserlichen Schutztruppen das Reichs-Kolonialamt.

An Stelle der Generalkommandos treten für Marineangehörige die Marine-Stationskommandos, für Schutztruppenangehörige das Kommando der Schutztruppen im Reichs-Kolonialamt.

Berlin, den 8. Juli 1916

Der Stellvertreter des Reichskanzlers

Dr. Helfferich.

3. Ausführungsanweisungen der Landeszentralbehörden zum Kapitalabfindungsgesetze.

Preußische Ausführungsanweisung vom 29. September 1916 zu der Bekanntmachung des Bundesrats vom 8. Juli 1916 (RGBl. S. 684) zum Kapitalabfindungsgesetz.

Zu Nr. 1 der Bekanntmachung.

1.

Der Antrag der Witwen auf Kapitalabfindung ist bei der Ortspolizeibehörde des Wohnorts oder, in Ermangelung dieses, des Aufenthaltsorts der Witwe anzubringen.

Außer den in Nr. 1 Abs. 1 der Bekanntmachung vorgeschriebenen Angaben muß der Antrag Namen und Dienstgrad des verstorbenen Ehemannes und Jahr und Tag der Geburt der Witwe enthalten.

Zu Nr. 3 der Bekanntmachung.

2.

Als Stelle zur Prüfung der Nützlichkeit der beabsichtigten Verwendung des Abfindungskapitals wird vorbehaltlich der Bestimmungen in Nr. 9 der Landrat (im Regierungsbezirk Sigmaringen der Oberamtmann), in Stadtkreisen der Bürgermeister, desjenigen Kreises (Stadtkreises) bestimmt, in dem der mit zustimmendem Bescheide der Militärbehörde versehene Antragsteller zur Zeit der Anbringung seines Prüfungsgesuches beim Landrat (Bürgermeister) seinen Wohnsitz oder, in Ermangelung dieses, seinen Aufenthaltsort hat.

3.

Grundlegende Voraussetzung für die Gewährung von Kapitalabfindung ist nach dem Gesetz, daß das Geld zum Erwerb oder zur wirtschaftlichen Stärkung eigenen Grundbesitzes verwendet werden soll. Die Prüfung hat demgemäß festzustellen, ob diese Voraussetzung vorliegt.

Der Erwerb eigenen Grundbesitzes kann insbesondere darin bestehen, daß der Antragsteller ein ländliches oder städtisches Grundstück aus freier Hand erwirbt oder daß er sich auf einem solchen Grundstücke mit Hilfe eines gemeinnützigen Bau- oder Siedlungsunternehmens ansiedelt. Der Beitritt zu einem Bau- oder Siedlungsunternehmen zu dem Zweck, eine Wohnung zu mieten oder ein Grundstück zu pachten, reicht nicht aus.

In welcher Rechtsform der Grundbesitz erworben werden soll, ist belanglos. Insbesondere ist auch die Form des Rentenguts oder des Erbbaurechts zugelassen.

Daß der zu erwerbende Grundbesitz mit einem Wohnhause versehen ist oder versehen werden soll, ist zwar im Gesetz nicht ausdrücklich ausgesprochen. Da das Gesetz aber, wie sich aus seiner Begründung ergibt, die Seßhaftmachung auf eigener Scholle fördern will, wird das Vorhandensein oder die Errichtung eines Wohnhauses vorausgesetzt werden müssen.

Der Grundbesitz soll zur Befriedigung des eigenen Wohnbedürfnisses oder zur Ausübung des eigenen Geschäftsbetriebes dienen. Die Erbauung oder der Erwerb von hauptsächlich zur Vermietung bestimmten Häusern kann nicht in Betracht kommen.

4.

Unter die Maßnahmen zur wirtschaftlichen Stärkung eigenen Grundbesitzes im Sinne des Gesetzes sind insbesondere zu rechnen die Entschuldung oder die sonstige Verbesserung der Schuldverhältnisse des Grundstücks (z. B. die Umwandlung einer kündbaren Hypothek in eine unkündbare Abtragshypothek), der Aufbau oder die Wiederherstellung von Wohn- und Wirtschaftsgebäuden, die Vergrößerung leistungsunfähigen oder leistungsschwachen Grundbesitzes durch Zukauf geeigneter Landflächen, die Vervollständigung von landwirtschaftlichem Inventar, die Ausführung von Meliorationen und dergleichen. Entscheidend ist, daß diese Maßnahmen nicht nur Verbesserungen darstellen, die an sich zwar nützlich und zweckmäßig sind, aber die wirtschaftlichen Verhältnisse des Grundstücks nicht ausschlaggebend beeinflussen, sondern daß sie den Grundbesitz wirtschaftlich so stärken, daß während bisher seine Erhaltung unsicher war, sie jetzt gesichert erscheint.

5.

Die Prüfung hat sich darauf zu erstrecken, ob die nützliche Verwendung des Geldes in der Person des Antragstellers gewährleistet ist. Hiefür kommen alle seine persönlichen und wirtschaftlichen (Gesundheits-, Berufs-, Vermögens-, Familien-) Verhältnisse in Betracht. Handelt es sich beispielsweise um den Erwerb landwirtschaftlichen Grundbesitzes, so wird zu untersuchen sein, ob der Antragsteller an sich und insbesondere bei verminderter körperlicher Leistungsfähigkeit, nach Zahl, Arbeitsfähigkeit und Vorbildung seiner Familienmitglieder, nach seinen Vermögensverhältnissen usw. für den Erwerb eines landwirtschaftlichen Grundstücks überhaupt geeignet und bejahendenfalls welche Besitzgröße für ihn angemessen ist. Kommt der Erwerb einer Gartenstelle in Frage, deren Ertrag zum Lebensunterhalt des Antragstellers nicht ausreicht, so wird u. a. zu ermitteln sein, ob und inwieweit nebenbei ländliche, gewerbliche oder Heimarbeit geleistet werden muß und nach den Fähigkeiten des Antragstellers und seiner Angehörigen geleistet werden kann, und welche Aussichten und Gelegenheiten in der betreffenden Gegend hiefür gegeben sind. Dabei wird es von Wert sein, wenn nicht bloß eine, sondern eine gewisse Mannigfaltigkeit von Arbeitsgelegenheiten vorhanden ist.

Die Kenntnis von der Leistungsfähigkeit des Antragstellers in gesundheitlicher Beziehung wird sich in der Regel aus der von der Militärbehörde veranlaßten ärztlichen Untersuchung gewinnen lassen. Gegebenenfalls ist eine beglaubigte Abschrift des bei den Versorgungsakten des Bezirkskommandos befindlichen ärztlichen Gutachtens einzuholen.

Ferner ist zu prüfen, ob das zu erwerbende Grundstück nach seiner Zweckbestimmung eine angemessene Lage, Größe und Beschaffenheit hat, ob der vom Antragsteller zu zahlende Kaufpreis und die sonstigen

Kaufbedingungen angemessen, ob die Hypothekenverhältnisse geregelt sind und dergleichen mehr.

6.

Mit Rücksicht auf die besonderen Ziele des Gesetzes ist ferner zu prüfen, welche Maßnahmen vorzusehen sind, um einerseits die erstmalige bestimmungsmäßige Verwendung und die dauernde Erhaltung des Verwendungszwecks zu sichern und um andererseits für den Fall der Vereitelung des Zwecks die Rückzahlung der Abfindungssumme sicherzustellen (§§ 6 bis 8 des Gesetzes). Die Rückzahlung ist auch Voraussetzung für das etwaige Wiederaufleben der erloschenen Versorgungsgebührnisse nach § 9 des Gesetzes. Bei Abfindungsanträgen von Witwen ist nach Nr. 3 Abs. 5 der Bekanntmachung des Bundesrats zu verfahren. Außer den im Gesetz ausdrücklich genannten Sicherungsmaßregeln (Veräußerungs- und Belastungsverbot, Eintragung einer Sicherungshypothek) können auch andere (z. B. Bürgschaften) in Frage kommen.

Die Antragsteller sind über den Zweck dieser Maßnahmen aufzuklären. Gegebenenfalls ist mit ihnen darüber zu verhandeln, welche der in Betracht kommenden Beschränkungen als ihnen am wenigsten lästig zu wählen sein wird.

Von der Sicherungsmaßregel darf nur ausnahmsweise abgesehen werden; die Ausnahme ist zu begründen.

Schließlich gehört hierher auch die Prüfung der Frage, an wenn die Kapitalabfindung auszuzahlen ist, ob an den abfindungsberechtigten Antragsteller oder, was die Regel sein wird, für seine Rechnung an einen Dritten, z. B. an den Grundstücksverkäufer oder den Hypothekengläubiger, und welche Frist für ihre Verwendung zu gewähren ist.

7.

Der Prüfungsstelle bleibt es überlassen, sich die Kenntnis von den Verhältnissen des Antragstellers und des Grundbesitzes zu verschaffen, wie und soweit es ihr erforderlich erscheint. Grundsätzlich ist es Sache des

Antragstellers, den Nachweis von der Nützlichkeit der beabsichtigten Verwendung des Abfindungskapitals zu erbringen und zu diesem Zwecke die erforderlichen Unterlagen (z. B. Grundstücksangebote, Kauf- oder Bauverträge, Baupläne, Kostenanschläge, Katasterauszüge, Grundbuchabschriften u. dgl.) vorzulegen. Die Prüfungsstelle wird sich aber hierauf nicht beschränken dürfen, sondern selbsttätig geeignete Ermittelungen anstellen und Erkundigungen einziehen müssen. In dieser Beziehung ist in der Begründung des Gesetzes beispielsweise darauf hingewiesen, daß die Anhörung von Landwirtschaftskammern, Handelskammern, Handwerkskammern, Fachvereinen und ähnlichen Organisationen in Frage kommen könne.

Es sollen folgende Stellen angehört werden:

a) soweit es sich um eine Ansiedlung durch Rentengutsgründung handelt, in der Regel der Spezialkommissar;

b) soweit es sich um den Erwerb durch Beitritt zu einem gemeinnützigen Bauunternehmen handelt, die provinziellen Vereine für Kleinwohnungen oder die Revisionsverbände der Baugenossenschaften;

c) die nach den bestehenden allgemeinen Grundsätzen für den Antragsteller zuständige Fürsorgeorganisation.

Im Falle des Beitritts des Antragstellers zu einem gemeinnützigen Bau- oder Siedlungsunternehmen hat die Prüfungsstelle eine Bescheinigung über die Gemeinnützigkeit des Unternehmens einzuholen. Diese Bescheinigung wird erteilt vom Regierungspräsidenten, soweit es sich um ein gemeinnütziges Bauunternehmen, vom Oberpräsidenten, soweit es sich um ein gemeinnütziges Siedlungsunternehmen handelt.

8.

Nach Abschluß seiner Prüfung verfährt der Landrat (Bürgermeister) nach Nr. 3 Abs. 4 der Bekanntmachung des Bundesrats. Er erteilt die dort vorgeschriebene Bescheinigung und überreicht sie mit den seiner Prüfung zugrunde liegenden Unterlagen unmittelbar dem Kriegsministerium (Versorgungs- und Justizdepartement) — Reichsmarineamt, Reichs-Kolonialamt — unter gleichzeitiger Benachrichtigung des Bezirkskommandos.

9.

Falls der Grundbesitz nicht in dem Kreise (Stadtkreise) liegt, in dem der Antragsteller wohnt oder sich aufhält, so hat der Landrat (Bürgermeister) des Wohnsitzes oder Aufenthaltsorts (Nr. 2), nachdem er die Fürsorgeorganisation gemäß Nr. 7 Abs. 2c gehört hat, den Antrag mit seinem Gutachten über die persönlichen und bisherigen wirtschaftlichen Verhältnisse des Antragstellers und mit dem Gutachten der Fürsorgeorganisation an den Landrat (Bürgermeister) der belegenen Sache abzugeben. Dieser übernimmt die weitere Prüfung, insbesondere auch die Anhörung nach Nr. 7 Abs. 2a und c, erteilt die Bescheinigung und verfährt in der Nr. 8 vorgeschriebenen Weise.

Zu Nr. 5 der Bekanntmachung.

10.

Die Abfindungssumme ist auf Veranlassung der für den Antragsteller zuständigen Pensionsregelungsbehörde durch die für die Zahlung der Versorgungsgebührnisse bestimmte Kasse an den im Bescheide der obersten Militärverwaltungsbehörde bezeichneten Empfangsberechtigten zu zahlen und der Generalmilitärkasse (für Marine- und Schutztruppen-Angehörige der Reichshauptkasse) aufzurechnen. Ist die Auszahlung nach dem Bescheide an die Erfüllung von Voraussetzungen geknüpft, so muß vor der Zahlung von der mit der Ausführung der Entscheidung beauftragten Stelle (Nr. 11) bescheinigt werden, daß die Zahlung erfolgen kann. Über den Empfang hat der Abfindungsberechtigte Quittung zu leisten, auch wenn die Zahlung an Dritte zu leisten ist.

Mit Zustimmung des Abfindungsberechtigten kann die Abfindungssumme für ihn an eine geeignete Bank oder Sparkasse mit der Maßgabe bezahlt werden, daß er über das Kapital nur mit Einwilligung der mit der Ausführung der Entscheidung beauftragten Stelle verfügen darf. Diese Form der Auszahlung wird sich namentlich dann empfehlen, wenn die Verwendung des Kapitals in Teilbeträgen beabsichtigt ist.

Rentenempfänger haben den mit dem Vermerk über die Bewilligung der Abfindung versehenen Militärpaß der Pensionsregelungsbehörde vorzulegen. Diese hat vor der Zahlung die Übertragung des Vermerks aus dem Militärpaß und zugleich die Eintragung des Zeitpunktes des Erlöschens der abgefundenen Versorgungsgebührnisse in das Pensionsquittungsbuch zu veranlassen.

Zu Nr. 6 der Bekanntmachung.

11.

Zur Ausführung der Entscheidung und zur Überwachung der weiteren nützlichen Verwendung wird der Landrat (Bürgermeister) der belegenen Sache bestimmt.

Ergibt sich, daß die von der obersten Militärverwaltungsbehörde festgesetzte Frist zur bestimmungsmäßigen Verwendung (§ 7 des Gesetzes) nicht ausreichend bemessen ist, so hat die Überwachungsstelle eine Verlängerung der Frist anzuregen.

Die Überwachungsstelle hat geeignete Vorkehrungen zu treffen, um sich von einer etwaigen Gefährdung oder Vereitelung des Verwendungszwecks rechtzeitig Kenntnis zu verschaffen. Soweit es sich insbesondere um ländliche Verhältnisse handelt, werden die Gemeinde-(Guts-)vorsteher oder andere geeignete Vertrauensmänner anzuweisen sein, von wichtigen Veränderungen, auffälligen Vorkommnissen u. dgl. dem Landrat Mitteilung zu machen.

12.

Über Beobachtungen allgemeiner Natur, die die Landräte (Bürgermeister) bei der Erledigung ihrer Aufgaben zur Ausführung des Kapitalabfindungsgesetzes machen, sowie über etwa sich ergebende Zweifelsfragen grundsätzlicher Art ist im Zivildienstwege an den beteiligten Ressortminister zu berichten.

Bayern.

Abdruck.
Nr. 2746 b 20.

K. Staatsministerium des Innern.

Bekanntmachung vom 6. Dezember 1916.

(MABl. Kriegsbeilage S. 1660.)

Betreff: **Ausführungsanweisung zum Kapitalabfindungsgesetz.**

Auf Grund der Bundesratsbekanntmachung vom 8. Juli 1916, betr. Ausführungsbestimmungen zum Gesetz über Kapitalabfindung an Stelle von Kriegsversorgung (RGBl. S. 684) erläßt das K. Staatsministerium des Innern im Einvernehmen mit dem K. Kriegsministerium folgende Ausführungsanweisung:

Zu Nr. 1 der Bekanntmachung.

1. Der Antrag der Witwen auf Kapitalabfindung ist bei der Ortspolizeibehörde des Wohnorts oder, in Ermangelung eines solchen, bei der Ortspolizeibehörde des Aufenthaltsorts der Witwe anzubringen.

Außer den in Nr. 1 Abs. 1 der Bekanntmachung vorgeschriebenen Angaben muß der Antrag den Namen und Dienstgrad des verstorbenen Ehemanns sowie Jahr und Tag der Geburt der Witwe enthalten.

Zu Nr. 3 der Bekanntmachung.

2. Als Stellen, die die Nützlichkeit der beabsichtigten Verwendung des Abfindungskapitals zu prüfen haben, werden vorbehaltlich der Bestimmungen in Nr. 9 die K. Regierungen, Kammern des Innern, bestimmt, in deren Bezirk der Antragsteller seinen Wohnort oder, in Ermangelung eines solchen, seinen Aufenthaltsort hat.

Der Prüfungsstelle ist der zustimmende Bescheid der Militärbehörde vorzulegen.

3. Nach dem Gesetze kann Kapitalabfindung nur zum Erwerb oder zur wirtschaftlichen Stärkung eigenen Grundbesitzes gewährt werden.

Die Prüfung hat demgemäß festzustellen, ob diese Voraussetzung vorliegt.

Der Erwerb eigenen Grundbesitzes kann insbesondere darin bestehen, daß der Antragsteller ein ländliches oder städtisches Grundstück aus freier Hand erwirbt oder daß er sich auf einem solchen Grundstück mit Hilfe eines gemeinnützigen Bau- oder Siedlungsunternehmens ansiedelt. Der Beitritt zu einem Bau- oder Siedlungsunternehmen zu dem Zweck, eine Wohnung zu mieten oder ein Grundstück zu pachten, reicht nicht aus.

Neben dem Erwerb zu Eigentum ist auch Erbbaurecht zugelassen.

Daß auf dem Grundbesitz ein Wohnhaus errichtet ist oder errichtet werden soll, ist zwar im Gesetze nicht ausdrücklich ausgesprochen. Da aber das Gesetz, wie sich aus seiner Begründung ergibt, die Seßhaftmachung auf eigener Scholle fördern will, wird das Vorhanden- oder die Errichtung eines Wohnhauses vorausgesetzt werden müssen. Der Grundbesitz soll zur Befriedigung des eigenen Wohnbedürfnisses oder zur Ausübung des eigenen Geschäftsbetriebes dienen. Die Erbauung oder der Erwerb von hauptsächlich zur Vermietung bestimmten Häusern kann nicht in Betracht kommen.

4. Unter die Maßnahmen zur wirtschaftlichen Stärkung eigenen Grundbesitzes im Sinne des Gesetzes sind insbesondere zu rechnen:

Die Entschuldung oder die sonstige Verbesserung der Schuldverhältnisse des Grundstücks (z. B. die Umwandlung einer kündbaren Hypothek in eine unkündbare Abtragshypothek), der Aufbau oder die Wiederherstellung von Wohn- und Wirtschaftsgebäuden, die Vergrößerung leistungsunfähigen oder leistungsschwachen Grundbesitzes durch Zukauf geeigneter Landflächen, die Vervollständigung von wirtschaftlichem Inventar, die Ausführung von Meliorationen und dergl. Entscheidend ist, daß diese Maßnahmen nicht nur nützliche und zweckmäßige Verbesserungen darstellen, sondern daß sie die wirtschaftlichen Verhältnisse wesentlich beeinflussen und so den Grundbesitz nachhaltig stärken.

5. Die Prüfung hat sich darauf zu erstrecken, ob die nützliche Verwendung des Geldes in der Person des Antragstellers gewährleistet ist. Hierfür kommen alle seine persönlichen und wirtschaftlichen (Gesundheits-, Berufs-, Vermögens-, Familien-) Verhältnisse in Betracht. Handelt es sich beispielsweise um den Erwerb landwirtschaftlichen Grundbesitzes, so wird zu untersuchen sein, ob der Antragsteller an sich, und insbesondere bei verminderter körperlicher Leistungsfähigkeit, nach der Zahl, Arbeitsfähigkeit und Vorbildung seiner Familienmitglieder, nach seinen Vermögensverhältnissen usw. für den Erwerb eines landwirtschaftlichen Grundstücks überhaupt geeignet und bejahendenfalls, welche Besitzgröße für ihn angemessen ist. Kommt der Erwerb einer Gartenstelle in Frage, deren Ertrag zum Lebensunterhalt des Antragstellers nicht ausreicht, so wird u. a. zu ermitteln sein, ob und inwieweit nebenbei ländliche, gewerbliche oder Heimarbeit geleistet werden muß und nach den Fähigkeiten des Antragstellers und seiner Angehörigen geleistet werden kann, und welche Aussichten und Gelegenheiten in der betreffenden Gegend hierfür gegeben sind. Dabei wird es von Wert sein, wenn eine gewisse Mannigfaltigkeit von Arbeitsgelegenheiten vorhanden ist. Die Kenntnis von der Leistungsfähigkeit des Antragstellers in gesundheitlicher Beziehung wird sich in der Regel aus der von der Militärbehörde veranlaßten ärztlichen Untersuchung gewinnen lassen. Gegebenenfalls ist eine beglaubigte Abschrift des bei den Versorgungsakten des Bezirkskommandos befindlichen ärztlichen Gutachtens einzuholen.

Ferner ist zu prüfen, ob das zu erwerbende Grundstück für den in Aussicht genommenen Zweck eine angemessene Lage, Größe und Beschaffenheit hat, ob der vom Antragsteller zu zahlende Kaufpreis und die sonstigen Kaufbedingungen angemessen, ob die Belastungsverhältnisse geregelt sind und dergl. mehr.

6. Mit Rücksicht auf die besonderen Ziele des Gesetzes ist ferner zu prüfen, welche Maßnahmen vorzusehen sind, um einerseits die bestimmungsmäßige Ver-

wendung des Abfindungskapitals dauernd zu gewährleisten und um andererseits für den Fall der Vereitelung des Zwecks der Kapitalabfindung die Rückzahlung der Abfindungssumme sicherzustellen. (§§ 6—8 des Gesetzes.) Die Rückzahlung ist auch Voraussetzung für das etwaige Wiederaufleben der erloschenen Versorgungsgebührnisse nach § 9 des Gesetzes. Bei Abfindungsanträgen von Witwen ist nach Nr. 3 Abs. 3 der Bekanntmachung zu verfahren. Außer den im Gesetze ausdrücklich genannten Sicherungsmaßregeln (Veräußerungs- und Belastungsverbot, Eintragung einer Sicherungshypothek) können auch andere (z. B. Bürgschaften) in Frage kommen.

Die Antragsteller sind über den Zweck dieser Maßnahmen aufzuklären. Gegebenenfalls ist mit ihnen darüber zu verhandeln, welche der in Betracht kommenden Beschränkungen als ihnen am wenigsten lästig zu wählen sein wird.

Wenn von einer Sicherungsmaßregel abgesehen werden soll, so ist dies besonders zu begründen (§ 6 des Gesetzes).

Schließlich gehört hierher auch die Prüfung der Frage, an wen die Kapitalabfindung auszuzahlen ist, ob an den abfindungsberechtigten Antragsteller oder, was die Regel sein wird, für seine Rechnung an einen Dritten, z. B. an den Grundstücksverkäufer oder den Hypothekengläubiger, und welche Frist für ihre Verwendung zu gewähren ist.

7. Der Prüfungsstelle bleibt es überlassen, sich die Kenntnis von den Verhältnissen des Antragstellers und des Grundbesitzes zu verschaffen, wie und soweit es ihr erforderlich erscheint. Grundsätzlich ist es Sache des Antragstellers, den Nachweis von der Nützlichkeit der beabsichtigten Verwendung des Abfindungskapitals zu erbringen und zu diesem Zwecke die erforderlichen Unterlagen (z. B. Grundstücksangebote, Kauf- oder Bauverträge, Baupläne, Kostenanschläge, Katasterauszüge, Grundbuchauszüge und dergl.) vorzulegen. Die Prüfungsstelle wird sich aber hierauf nicht beschränken dürfen, sondern selbsttätig geeignete Ermittelungen anstellen

und Erkundigungen einziehen müssen. So kann die Anhörung der landwirtschaftlichen Berufsvertretung, der Handelskammer, Handwerkskammer, von Fachvereinen oder ähnlichen Organisationen in Frage kommen.

Insbesondere sollen folgende Stellen gehört werden:

a) die Kreisstelle für Kriegsinvaliden- oder Kriegerhinterbliebenen-Fürsorge, gegebenenfalls die Orts- oder Bezirksstellen dieser Fürsorgezweige,

b) die Landessiedlungsstelle beim K. Staatsministerium des Innern. Ihre Einvernahme wird namentlich in allen jenen Fällen besonders wichtig sein, in denen es sich um den Erwerb eigenen Grundbesitzes durch Beitritt zu einem gemeinnützigen Bau- oder Siedlungsunternehmen handelt.

Im Falle des Beitritts des Antragstellers zu einem gemeinnützigen Bau- oder Siedlungsunternehmen hat die Prüfungsstelle eine Bescheinigung über die Gemeinnützigkeit des Unternehmens auszustellen.

8. Nach Abschluß ihrer Prüfung verfährt die K. Regierung, Kammer des Innern, nach Nr. 3 Abs. 4 der Bekanntmachung. Sie erteilt die dort vorgeschriebene Bescheinigung und überreicht sie mit den ihrer Prüfung zugrunde liegenden Unterlagen unmittelbar dem Kriegsministerium — Reichsmarineamt, Reichskolonialamt — unter gleichzeitiger Benachrichtigung des Bezirkskommandos, soweit nicht nach Nr. 3 Abs. 5 der Bekanntmachung hiervon abzusehen ist.

9. Falls der Grundbesitz nicht in dem Regierungsbezirke liegt, in dem der Antragsteller wohnt oder sich aufhält, gibt die K. Regierung, Kammer des Innern, nach Einvernahme der Fürsorgestelle (Nr. 7 Abs. 2 a) die Verhandlungen mit ihrem Gutachten über die persönlichen und wirtschaftlichen Verhältnisse des Antragstellers an jene K. Regierung, Kammer des Innern, ab, in deren Bezirk der Grundbesitz gelegen ist. Diese übernimmt die weitere Prüfung, hört insbesondere die Landessiedlungsstelle, stellt gegebenenfalls die Bescheinigung über die Gemeinnützigkeit des Unternehmens aus und verfährt sodann nach Maßgabe der Nr. 8.

Zu Nr. 5 der Bekanntmachung.

10. Das Kriegsministerium veranlaßt die Zahlung und Verrechnung der Abfindungssumme durch Vermittlung der Generalmilitärkasse. Ist die Auszahlung nach dem Bescheide an die Erfüllung von Voraussetzungen geknüpft, so hat vor der Zahlung die mit der Ausführung der Entscheidung beauftragte Stelle (Nr. 11) zu bescheinigen, daß die Zahlung erfolgen kann. Über den Empfang hat der Abfindungsberechtigte Quittung zu leisten, auch wenn die Zahlung an Dritte zu leisten ist.

Mit Zustimmung des Abfindungsberechtigten kann die Abfindungssumme für ihn an eine geeignete Bank oder Sparkasse mit der Maßgabe bezahlt werden, daß er über das Kapitel nur mit Einwilligung der Stelle verfügen darf, die mit der Ausführung der Entscheidung beauftragt ist. Diese Form der Auszahlung wird sich namentlich dann empfehlen, wenn die Verwendung des Kapitals in Teilbeträgen beabsichtigt ist.

Rentenempfänger haben den Militärpaß mit dem Vermerk über die Bewilligung der Abfindung dem Kriegsministerium vorzulegen. Dieses wird vor der Zahlung die Übertragung des Vermerks aus dem Militärpaß und zugleich die Eintragung des Zeitpunkts des Erlöschens der abgefundenen Versorgungsgebührnisse in das Pensionsquittungsbuch veranlassen.

Zu Nr. 6 der Bekanntmachung.

11. Mit der Ausführung der Entscheidung und der Überwachung der weiteren nützlichen Verwendung wird die K. Regierung, Kammer des Innern, betraut, in deren Bezirk der Grundbesitz liegt. Ergibt sich, daß die vom Kriegsministerium — Reichsmarineamt, Reichskolonialamt — festgesetzte Frist zur bestimmungsmäßigen Verwendung (§ 7 des Gesetzes) nicht ausreichend bemessen ist, so ist eine Verlängerung der Frist anzuregen.

Die Überwachungsstelle hat geeignete Vorkehrungen zu treffen, um sich von einer etwaigen Gefährdung oder Vereitelung des Verwendungszwecks rechtzeitig Kenntnis zu verschaffen. Dabei werden die Distriktsverwaltungsbehörden heranzuziehen sein, die ihrerseits, namentlich in ländlichen Verhältnissen, sich durch die Bürgermeister oder andere geeignete Vertrauensmänner von wichtigen Veränderungen, auffälligen Vorkommnissen und dergl. werden unterrichten lassen. Auch können die Orts- und Bezirksstellen der Kriegsinvaliden- oder Kriegerhinterbliebenen-Fürsorge um ihre Mitwirkung angegangen werden.

12. Über Beobachtungen allgemeiner Natur, die sich beim Vollzug des Kapitalabfindungsgesetzes ergeben, werden die K. Regierungen, Kammern des Innern, dem K. Staatsministerium des Innern berichten.

München, den 6. Dezember 1916.

Dr. **Frhr. von Soden-Fraunhofen.**

Sachsen.

Anweisung zu den Ausführungsbestimmungen des Bundesrates vom 8. Juli 1916 zum Kapitalabfindungsgesetze vom 3. Juli 1916 (Reichsgesetzblatt S. 680).

(Sächs. Staatszeitung Nr. 261).

Zu 1 Absatz 2:

Der Antrag der Witwen auf Kapitalabfindung ist bei der Ortspolizeibehörde des Wohnorts oder, in Ermangelung dieses, den Aufenthaltsort der Witwen anzubringen.

Ortspolizeibehörde ist in Städten Revidierter Städteordnung der Stadtrat, sonst die Amtshauptmannschaft.

Zu 3 Absatz 1,6.

Die Nützlichkeit der beabsichtigten Verwendung des Kapitals wird von der Kreishauptmannschaft Dresden als Landessiedelungsstelle (§ 1 des Gesetzes vom 5. Mai 1916 die Ansiedlung von Kriegsteilnehmern betreffend) geprüft.

Wo es sich um die Gemeinnützigkeit eines Bau- und Siedlungsunternehmens handelt, stellt sie die Bescheinigung darüber aus.

Zu 6:

Die Entscheidung auszuführen und die weitere nützliche Verwendung zu überwachen, ist Sache derselben Stelle.

Zu 3, 5, 6:

Der Kreishauptmannschaft Dresden als Landessiedelungsstelle bleibt vorbehalten, darüber, welche Grundsätze und welches Verfahren bei Ausführung des Gesetzes, insbesondere bei der Prüfung (3 Absatz 1), in bezug auf die Auszahlung der Abfindungssumme (5) und bei der Überwachung der Verwendung (6) zu beobachten sind, weiter erforderliche Anweisungen im Einvernehmen mit dem Kriegsministerium und mit Genehmigung des Ministeriums des Innern zu geben.

Dresden, am 8. November 1916

Ministerium des Innern.

Württemberg.

Verfügung des Ministeriums des Innern, betreffend den Vollzug des Kapitalabfindungsgesetzes.

Vom 19. Juli 1916.

(Württ. Regierungsblatt 1916 S. 59ff.

Zum Vollzug des Gesetzes über Kapitalabfindung an Stelle von Kriegsversorgung (Kapitalabfindungsgesetz) vom 3. Juli 1916 (Reichs-Gesetzbl. S. 680) wird unter Bezugnahme auf die zu diesem Gesetz ergangenen Ausführungsbestimmungen des Bundesrats vom 8. Juli 1916 (Reichs-Gesetzbl. S. 684) im Einvernehmen mit dem K. Kriegsministerium nachstehendes verfügt:

I.

Versorgungsberechtigte Kriegerwitwen haben den Antrag auf Kapitalabfindung bei der Ortspolizeibehörde ihres Wohnorts, in solchen Gemeinden, in denen gemäß dem Ministerialerlaß vom 16. Mai 1916

(Amtsbl. S. 89) örtliche Fürsorgestellen für Kriegerwitwen und Waisen errichtet sind oder errichtet werden, bei diesen Stellen anzubringen.

Die den Antrag entgegennehmende Stelle hat ihn nötigenfalls zu ergänzen (Ziff. 1 Abs. 1 und 3 der Ausführungsbestimmungen) und sodann gemäß Abs. 3 a. a. O. weiterzuleiten.

II.

Die Prüfung der Nützlichkeit der beabsichtigten Verwendung der Abfindungssumme, die Ausführung der von dem K. Kriegsministerium getroffenen endgültigen Entscheidung nach Maßgabe der dem Abgefundenen gemachten Auflagen und die Überwachung der weiteren nützlichen Verwendung der Abfindungssumme, gegebenenfalls auch die Ausstellung einer Bescheinigung über die Gemeinnützigkeit eines etwa in Frage kommenden Bau- oder Siedlungsunternehmens, ist dem Württembergischen Landesausschuß für Kriegsinvalidenfürsorge in Stuttgart, Falkertstraße 29, übertragen worden.

Die Versorgungsberechtigten haben sich daher, wenn sie auf ihren beim Bezirksfeldwebel oder bei der in Abschnitt I Abs. 1 genannten Stelle eingereichten Antrag vom K. Generalkommando einen zustimmenden Bescheid erhalten haben, an den genannten Landesausschuß zu wenden, der sodann durch Vermittlung seiner Bezirksausschüsse zunächst die Prüfung der Nützlichkeit der beabsichtigten Verwendung der Abfindungssumme in die Wege leitet und späterhin das K. Kriegsministerium von dem Ergebnis der Prüfung in Kenntnis setzt.

III.

Die Bezirksausschüsse für Kriegsinvalidenfürsorge sind berechtigt, die Schultheißenämter um Auskunft und Ansichtsäußerung, insbesondere hinsichtlich der in Ziffer 3 Abs. 2 bis 4 der Ausführungsbestimmungen genannten Punkte, zu ersuchen.

Die Schultheißenämter haben die erbetenen Äußerungen auf Grund gewissenhafter Prüfung der in Betracht kommenden Verhältnisse, erforderlichenfalls nach Anhörung des Gemeinderats, abzugeben.

IV.

Die Ausbezahlung der Abfindungssumme an die Empfangsberechtigten erfolgt durch Vermittlung des für den Wohnort des Versorgungsberechtigten zuständigen Bezirksausschusses für Kriegsinvalidenfürsorge, dem die erforderlichen Beträge durch das K. Kriegszahlamt überwiesen werden.

V.

Die Ausführung der von dem K. Kriegsministerium getroffenen endgültigen Entscheidungen über die Kapitalabfindung wird von dem Landesausschuß für Kriegsinvalidenfürsorge seinen Bezirksausschüssen übertragen, die ihrerseits die Ortsausschüsse oder Vertrauensmänner der Kriegsinvalidenfürsorge in den einzelnen Gemeinden mit der Überwachung der weiteren nützlichen Verwendung der Abfindungssummen betrauen.

Jede Gefährdung des Abfindungszwecks wird von den Ortsausschüssen oder Vertrauensmännern durch Vermittlung der Bezirksausschüsse dem Landesausschuß und von diesem dem K. Kriegsministerium mitgeteilt.

Die Gemeindebehörden des Wohnorts des Versorgungsberechtigten sind verpflichtet, die Bezirks- und Ortsausschüsse sowie die Vertrauensmänner bei ihrer, sich aus Abs. 1 ergebenden Tätigkeit nachdrücklich zu unterstützen.

VI.

Versorgungsberechtigte oder andere Beteiligte, die sich durch Verfügungen der Bezirksausschüsse beschwert fühlen, sind berechtigt, gegenüber diesen Verfügungen die Entscheidung des Landesausschusses für Kriegsinvalidenfürsorge anzurufen. Gegenüber den Entscheidungen des Landesausschusses steht ihnen das Recht der Beschwerde an das K. Kriegsministerium zu.

VII.

In denjenigen Gemeinden, in denen örtliche Fürsorgestellen für Kriegerwitwen und Waisen errichtet sind oder errichtet werden, treten hinsichtlich der Behandlung der Abfindungsanträge von Kriegerwitwen die Fürsorgestellen in den sich aus den Abschnitten II bis VI der gegenwärtigen Verfügung ergebenden Beziehungen an die Stelle der Bezirksausschüsse für Kriegsinvalidenfürsorge, ihrer Ortsausschüsse und Vertrauensmänner.

Wo solche Fürsorgestellen nicht bestehen, können die mit der Fürsorgetätigkeit für Kriegerwitwen und Waisen betrauten Vertrauensmänner (zu vergl. Abschnitt II Abs. 2 ff. des unter I genannten Ministerialerlasses) von den Bezirksausschüssen für Kriegsinvalidenfürsorge insoweit, als es sich um Abfindungsanträge von Kriegerwitwen handelt, zur Mitarbeit herangezogen werden.

Stuttgart, den 19. Juli 1916.

Für den Staatsminister:

Haag.

Baden.

Verordnung vom 2. Dezember 1916, den Vollzug des Kapitalabfindungsgesetzes betreffend.

(Ges.- u. VBl. 1916 Nr. 101 S. 359 ff.)

Auf Grund der Bekanntmachung, betreffend Ausführungsbestimmungen zum Gesetz über Kapitalabfindung an Stelle von Kriegsversorgung (Kapitalabfindungsgesetz) vom 8. Juli 1916 (Reichs-Gesetzblatt S. 684) wird unter Aufhebung der Verordnung vom 9. August 1916 (Gesetzes- und Verordnungsblatt Seite 215) mit sofortiger Wirkung im Einvernehmen mit den obersten Militärverwaltungsbehörden folgende

Ausführungsanweisung

erlassen:

Zu Ziffer 1 der Bekanntmachung.

1.

Der Antrag der Witwen auf Kapitalabfindung ist bei der „Örtlichen Fürsorgestelle des Vereins „Badischer Heimatdank“ zur Beratung der Kriegsbeschädigten und Kriegshinterbliebenen, sowie zur Ermittelung ihrer persönlichen und wirtschaftlichen Verhältnisse“ anzubringen. Solange in einer Gemeinde eine örtliche Fürsorgestelle nicht besteht, ist der Antrag bei der Ortspolizeibehörde anzubringen.

Zuständig ist die Fürsorgestelle (Ortspolizeibehörde) derjenigen Gemeinde, in der die Witwe ihren Wohnsitz oder in Ermangelung eines solchen ihren Aufenthaltsort hat.

Außer den in Ziffer 1 Absatz 1 der Bekanntmachung vorgeschriebenen Angaben muß der Antrag Namen und Dienstgrad des verstorbenen Ehemannes und Jahr und Tag der Geburt der Witwe enthalten.

Zu Ziffer 3 der Bekanntmachung.

2.

Als Stelle zur Prüfung der Nützlichkeit der beabsichtigten Verwendung des Abfindungskapitals werden die Vorstände der Landesausschüsse der Kriegsbeschädigten- und Kriegshinterbliebenenfürsorge des Vereins „Badischer Heimatdank“ bestimmt.

Zuständig ist jeweils der Vorstand desjenigen Landesausschusses, dessen Fürsorgebereich die den Antrag stellende Person angehört.

Die Vorstände der Landesausschüsse können die Prüfung Sonderausschüssen übertragen.

Zur Vornahme der nötigen Erhebungen und zur Beschaffung der für ihre Entschließung erforderlichen Unterlagen bedienen sich die Vorstände der Landesausschüsse der Bezirks- und Ortsausschüsse des Vereins „Badischer Heimatdank“.

3.

Grundlegende Voraussetzung für die Gewährung von Kapitalabfindung ist nach dem Gesetz, daß das Geld zum Erwerb oder zur wirtschaftlichen Stärkung eigenen Grundbesitzes verwendet werden soll. Die Prüfung hat demgemäß festzustellen, ob diese Voraussetzung vorliegt.

Der **Erwerb** eigenen Grundbesitzes kann insbesondere darin bestehen, daß der Antragsteller ein ländliches oder städtisches Grundstück aus freier Hand erwirbt oder daß er sich auf einem solchen Grundstück mit Hilfe eines gemeinnützigen Bau- oder Siedlungsunternehmens ansiedelt. Der Beitritt zu einem Bau- oder Siedlungsunternehmen zu dem Zweck, eine Wohnung zu mieten oder ein Grundstück zu pachten, reicht nicht aus.

In welcher Rechtsform der Grundbesitz erworben werden soll, ist belanglos. Insbesondere ist auch die Form des Rentenguts oder des Erbbaurechts zugelassen.

Daß der zu erwerbende Grundbesitz mit einem Wohnhause versehen ist oder versehen werden soll, ist zwar im Gesetz nicht ausdrücklich ausgesprochen. Da das Gesetz aber, wie sich aus seiner Begründung ergibt, die Seßhaftmachung auf eigener Scholle fördern will, wird das Vorhandensein oder die Errichtung eines Wohnhauses vorausgesetzt werden müssen.

Der Grundbesitz soll zur Befriedigung des **eigenen** Wohnbedürfnisses oder zur Ausübung des **eigenen** Geschäftsbetriebes dienen. Die Erbauung oder der Erwerb von hauptsächlich zur Vermietung bestimmten Häusern kann nicht in Betracht kommen.

4.

Unter die Maßnahmen zur **wirtschaftlichen Stärkung** eigenen Grundbesitzes im Sinne des Gesetzes sind insbesondere zu rechnen die Entschuldung oder die sonstige Verbesserung der Schuldverhältnisse des Grundstücks (z. B. die Umwandlung einer kündbaren Hypothek in eine unkündbare Abtragshypothek), der Aufbau oder die Wiederherstellung von Wohn- und Wirtschaftsgebäuden, die Vergrößerung leistungsunfähigen oder leistungsschwachen Grundbesitzes durch Zukauf geeigneter Landflächen, die Vervollständigung von landwirtschaftlichem Inventar, die Ausführung von

Meliorationen und dergleichen. Entscheidend ist, daß diese Maßnahmen nicht nur nützliche und zweckmäßige Verbesserungen darstellen, sondern daß sie die wirtschaftlichen Verhältnisse im Sinne einer nachhaltigen Stärkung des Grundbesitzes wesentlich beeinflussen.

5.

Die Prüfung hat sich darauf zu erstrecken, ob die nützliche Verwendung des Geldes in der Person des Antragstellers gewährleistet ist. Hierfür kommen alle seine persönlichen und wirtschaftlichen (Gesundheits-, Berufs-, Vermögens-, Familien-) Verhältnisse in Betracht. Handelt es sich beispielsweise um den Erwerb landwirtschaftlichen Grundbesitzes, so wird zu untersuchen sein, ob der Antragsteller an sich und, insbesondere bei verminderter körperlicher Leistungsfähigkeit, nach Zahl, Arbeitsfähigkeit und Vorbildung seiner Familienmitglieder, nach seinen Vermögensverhältnissen usw. für den Erwerb eines landwirtschaftlichen Grundstücks überhaupt geeignet und bejahendenfalls, welche Besitzgröße für ihn angemessen ist. Kommt der Erwerb einer Gartenstelle in Frage, deren Ertrag zum Lebensunterhalt des Antragstellers nicht ausreicht, so wird u. a. zu ermitteln sein, ob und inwieweit nebenbei ländliche, gewerbliche oder Heimarbeit geleistet werden muß und nach den Fähigkeiten des Antragstellers und seiner Angehörigen geleistet werden kann, und welche Aussichten und Gelegenheiten in der betreffenden Gegend hierfür gegeben sind. Dabei wird es von Wert sein, wenn nicht bloß eine, sondern eine gewisse Mannigfaltigkeit von Arbeitsgelegenheiten vorhanden ist.

Die Kenntnis von der Leistungsfähigkeit des Antragstellers in gesundheitlicher Beziehung wird sich in der Regel aus der von der Militärbehörde veranlaßten ärztlichen Untersuchung gewinnen lassen. Gegebenenfalls ist eine beglaubigte Abschrift des bei den Versorgungsakten des Bezirkskommandos befindlichen ärztlichen Gutachtens einzuholen.

Ferner ist zu prüfen, ob das zu erwerbende Grundstück nach seiner Zweckbestimmung eine angemessene

Lage, Größe und Beschaffenheit hat, ob der vom Antragsteller zu zahlende Kaufpreis und die sonstigen Kaufbedingungen angemessen, ob die Hypothekenverhältnisse geregelt sind und dergleichen mehr.

6.

Mit Rücksicht auf die besonderen Ziele des Gesetzes ist ferner zu prüfen, welche Maßnahmen vorzusehen sind, um einerseits die erstmalige bestimmungsmäßige Verwendung und die dauernde Erhaltung des Verwendungszwecks zu sichern und um andererseits für den Fall der Vereitelung des Zwecks die Rückzahlung der Abfindungssumme sicherzustellen (§§ 6 bis 8 des Gesetzes). Die Rückzahlung ist auch Voraussetzung für das etwaige Wiederaufleben der erloschenen Versorgungsgebührnisse nach § 9 des Gesetzes. Bei Abfindungsanträgen von Witwen ist nach Ziffer 3 Absatz 3 der Bekanntmachung vom 8. Juli 1916 zu verfahren. Außer den im Gesetz ausdrücklich genannten Sicherungsmaßregeln (Veräußerungs- und Belastungsverbot, Eintragung einer Sicherungshypothek) können auch andere (z. B. Bürgschaften) in Frage kommen.

Die Antragsteller sind über den Zweck dieser Maßnahmen aufzuklären. Gegebenenfalls ist mit ihnen darüber zu verhandeln, welche der in Betracht kommenden Beschränkungen als ihnen am wenigsten lästig zu wählen sein wird.

Wenn von einer Sicherungsmaßregel abgesehen werden soll, so ist dies besonders zu begründen (§ 6 des Gesetzes).

Schließlich gehört hierher auch die Prüfung der Frage, an wen die Kapitalabfindung auszuzahlen ist, ob an den abfindungsberechtigten Antragsteller oder, was die Regel sein wird, für seine Rechnung an einen Dritten, z. B. an den Grundstücksverkäufer oder den Hypothekengläubiger, und welche Frist für ihre Verwendung zu gewähren ist.

7.

Der Prüfungsstelle bleibt es überlassen, sich die Kenntnis von den Verhältnissen des Antragstellers und des Grundbesitzes zu verschaffen, wie und soweit es ihr erforderlich erscheint. Grundsätzlich ist es Sache des Antragstellers, den Nachweis von der Nützlichkeit der beabsichtigten Verwendung des Abfindungskapitals zu erbringen und zu diesem Zwecke die erforderlichen Unterlagen (z. B. Grundstücksangebote, Kauf- oder Bauverträge, Baupläne, Kostenanschläge, Katasterauszüge, Grundbuchabschriften u. dergl.) vorzulegen. Die Prüfungsstelle wird sich aber hierauf nicht beschränken dürfen, sondern selbsttätig geeignete Ermittelungen anstellen und Erkundigungen einziehen müssen. Beispielsweise wird die Anhörung von Landwirtschaftskammern, Handelskammern, Handwerkskammern, Fachvereinen und ähnlichen Organisationen in Frage kommen können.

Im Falle des Beitritts des Antragstellers zu einem gemeinnützigen Bau- oder Siedelungsunternehmen hat die Prüfungsstelle eine Bescheinigung über die Gemeinnützigkeit des Unternehmens einzuholen. Diese Bescheinigung wird von dem Großherzoglichen Ministerium des Innern erteilt.

8.

Nach Abschluß ihrer Prüfung verfährt die Prüfungsstelle nach Ziffer 3 Absatz 4 der Bekanntmachung vom 8. Juli 1916. Sie erteilt die dort vorgesehene Bescheinigung und überreicht sie mit den ihrer Prüfung zugrundeliegenden Unterlagen unmittelbar dem Kriegsministerium (Versorgungs- und Justizdepartement) — Reichsmarineamt, Reichs-Kolonialamt — unter gleichzeitiger Benachrichtigung des Bezirkskommandos, soweit letztere nach Ziffer 3 Absatz 5 der Bekanntmachung erforderlich ist.

Zu Ziffer 5 der Bekanntmachung.

9.

Die Abfindungssumme ist auf Veranlassung der für den Antragsteller zuständigen Pensionsregelungsbehörde durch die für die Zahlung der Versorgungsgebührnisse bestimmte Kasse an den im Bescheide der obersten Militärverwaltungsbehörde bezeichneten Empfangsberechtigten zu zahlen und der General-Militärkasse (für

Marine- und Schutztruppen-Angehörige der Reichshauptkasse) aufzurechnen. Ist die Auszahlung nach dem Bescheide an die Erfüllung von Voraussetzungen geknüpft, so muß vor der Zahlung von der mit der Ausführung der Entscheidung beauftragten Stelle (Ziffer 10) bescheinigt werden, daß die Zahlung erfolgen kann. Über den Empfang hat der Abfindungsberechtigte Quittung zu leisten, auch wenn die Zahlung an Dritte zu leisten ist.

Mit Zustimmung des Abfindungsberechtigten kann die Abfindungssumme für ihn an eine geeignete Bank oder Sparkasse mit der Maßgabe gezahlt werden, daß er über das Kapital nur mit Einwilligung der mit der Ausführung der Entscheidung beauftragten Stelle verfügen darf. Diese Form der Auszahlung wird sich namentlich dann empfehlen, wenn die Verwendung des Kapitals in Teilbeträgen beabsichtigt ist.

Rentenempfänger haben den mit dem Vermerk über die Bewilligung der Abfindung versehenen Militärpaß der Pensionsregelungsbehörde vorzulegen. Diese hat vor der Zahlung die Übertragung des Vermerks aus dem Militärpaß und zugleich die Eintragung des Zeitpunktes des Erlöschens der abgefundenen Versorgungsgebührnisse in das Pensionsquittungsbuch zu veranlassen.

Zu Ziffer 6 der Bekanntmachung.

10.

Zur Ausführung der Entscheidung und zur Überwachung der weiteren nützlichen Verwendung werden ebenfalls die Vorstände der Landesausschüsse der Kriegsbeschädigten- und Kriegshinterbliebenenfürsorge des Vereins „Badischer Heimatdank" bestimmt.

Sie können auch für diesen Zweck Sonderausschüsse bestellen.

Ergibt sich, daß die von der obersten Militärverwaltungsbehörde festgesetzte Frist zur bestimmungsmäßigen Verwendung (§ 7 des Gesetzes) nicht ausreichend ist, so hat die Überwachungsstelle eine Verlängerung der Frist anzuregen.

Die Überwachungsstelle hat geeignete Vorkehrungen zu treffen, um sich von einer etwaigen Gefährdung oder Vereitelung des Verwendungszwecks rechtzeitig Kenntnis zu verschaffen.

Sie bedient sich hierbei der Mitwirkung der Bezirks- und Ortsausschüsse des Vereins „Badischer Heimatdank".

Die Bürgermeisterämter haben von wichtigen Veränderungen auffälligen Vorkommnissen u. dergl. der Überwachungsstelle Mitteilung zu machen.

11.

Über Beobachtungen allgemeiner Natur, die die Prüfungs- und Überwachungsstellen bei der Erledigung ihrer Aufgaben zur Ausführung des Kapitalabfindungsgesetzes machen, sowie über etwa sich ergebende Zweifelsfragen grundsätzlicher Art ist dem Ministerium des Innern Bericht zu erstatten.

Karlsruhe, den 2. Dezember 1916.

Großherzogliches Ministerium des Innern.

von Bodman.

Dr. Schühly.

4. Vorläufige Anweisungen des Preußischen Kriegsministeriums vom 26. Juli 1916.

(AVBl. 1916 S. 320).

Anweisungen zu dem Gesetz über Kapitalabfindung an Stelle von Kriegsversorgung (Kapitalabfindungsgesetz K.A.G. —) vom 3. Juli 1916.

Das Gesetz, das nebst den Ausführungsbestimmungen des Bundesrats vom 8. Juli 1916 in Nr. 154 Seite 680 ff. des Reichs-Gesetzblatts (vgl. Erlaß vom 18. Juli 1916 — AVBl. S. 295 ff. —) veröffentlicht ist, ist am 25. Juli 1916 in Kraft getreten.

Vorbehaltlich des späteren Erlasses einer, das Verfahren im einzelnen regelnden Anweisung wird zur Ausführung des Gesetzes zunächst folgendes bestimmt:

1. Für die Anmeldung des Antrags sind die in Ziffer 39 bis 41 und 44 bis 46 der Pensionierungsvorschrift erlassenen Bestimmungen insoweit maßgebend, als die Anträge an die Militärbehörde zu richten sind.

   Zuständig für die Annahme des Antrags (Nr. 1 der Ausführungsbestimmungen des Bundesrats) ist der Bezirksfeldwebel des Bezirkskommandos, dessen Kontrolle der Antragsteller unterliegt, bei Witwen die Ortspolizeibehörde des Wohnorts oder des anläßlich des Krieges gewählten vorübergehenden Aufenthaltsorts.

2. Die in Nr. 1, Absatz 1 der Ausführungsbestimmungen des Bundesrats geforderten Angaben (über das Lebensalter usw.) sollen die Prüfung und Feststellung der Verhältnisse erleichtern, sind jedoch amtlich nachzuprüfen, insbesondere sind Jahr und Tag der Geburt einwandfrei festzustellen.

3. Die Prüfung des Antrags kann auch bei solchen Antragstellern eingeleitet werden, die das 21. Lebensjahr noch nicht vollendet haben.

4. Bei denjenigen Antragstellern, die das 55. Lebensjahr vollendet haben, sind die Anträge unter Angabe der besonderen Gründe, die ausnahmsweise die Berücksichtigung gerechtfertigt erscheinen lassen, dem Kriegsministerium vorzulegen.

5. Für die ärztliche Untersuchung ist der beim Bezirkskommando diensttuende Arzt heranzuziehen. Hierzu sind ihm die Versorgungsakten der Rentenempfänger zuzustellen.

   Die ärztliche Untersuchung der Kriegerwitwen kann auf Antrag auch einem anderen beamteten Arzt (Kreisarzt) übertragen werden.

   Über die bei der ärztlichen Untersuchung zu beobachtenden Grundsätze wird von der Medizinal-Abteilung des Kriegsministeriums eine besondere Anweisung erlassen werden.

6. Bei Vorlage des Antrags an das Generalkommando ist die Stellungnahme des Bezirkskommandos zum Ausdruck zu bringen. Außer den Versorgungsakten sind alle Beweisstücke, die für die Prüfung des Antrags nach § 2 Nr. 1 bis 3 des Gesetzes noch erforderlich sind, sowie eine beglaubigte Abschrift der Seite 4 der Rentenliste oder Rentennachliste beizufügen.
7. Dem Bescheide des Generalkommandos ist die vorstehend bezeichnete Abschrift der Seite 4 der Rentenliste oder Rentennachliste beizufügen. Eine Übersendung der Versorgungsakten an die nach Nr. 3 der Ausführungsbestimmungen des Bundesrats in Betracht kommenden Stellen hat in keinem Falle stattzufinden.
8. Die Prüfung der Nützlichkeit der beabsichtigten Verwendung ist in die Hände von Zivilstellen gelegt, die noch von den Landeszentralbehörden bekannt gegeben werden. In Preußen sind bis zur endgültigen Bestimmung dieser Stellen die Antragsteller in dem Bescheide des Generalkommandos wegen Prüfung des beabsichtigten Verwendungszwecks an die Landräte, in Stadtkreisen an die Bürgermeister zu verweisen.

   Das Generalkommando hat dem Antragsteller aufzugeben, sobald er sich für einen bestimmten Verwendungszweck entschieden und die erforderlichen Vertragsunterlagen beschafft hat, diese sowie den Bescheid mit der Abschrift der Seite 4 der Rentenliste oder Rentennachliste mit dem Prüfungsantrag der Zivilstelle vorzulegen.
9. Das Bezirkskommando reicht nach der gemäß Nr. 3 Absatz 4 der Ausführungsbestimmungen des Bundesrats erfolgenden Benachrichtigung seitens der Prüfungsstelle eine beglaubigte Abschrift des ärztlichen Gutachtens unmittelbar dem Kriegsministerium ein.

   Der Zivilstelle ist auf Verlangen durch das Bezirkskommando ebenfalls eine beglaubigte Abschrift des ärztlichen Gutachtens zu übersenden.

10. Alle zur Vorlage an das Kriegsministerium bestimmten Schreiben sind an das Kriegsministerium, Versorgungs- und Justizdepartement, zu richten.
11. Den stellvertretenden Generalkommandos wird eine Tafel übersandt werden, aus der die Höhe der Kapitalbeträge ersichtlich ist.

Berlin, den 26. Juli 1916.
Nr. 762.7. 16. C2. R.

Kriegsministerium.
In Vertretung: v. Wandel.

5. Vollzugsanweisungen des Bayerischen Kriegsministeriums vom 15. Dezember 1916.

(VBl. d. KM. 1916 S. 1097.)

Betreff: **Vollzug des Kapitalabfindungsgesetzes vom 3. Juli 1916.**

Das Gesetz, das nebst den Ausführungsbestimmungen des Bundesrats vom 8. Juli 1916 im RGBl. S. 680 ff. (vgl. K. ME. vom 9. August 1916 — VBl. S. 687 ff. —) veröffentlicht wurde, ist am 25. Juli 1916 in Kraft getreten.

Zur Ausführung des Gesetzes bestimmt das Kriegsministerium:

1. Für die Anmeldung des Antrags sind die in Ziff. 39 bis 41 und 44 bis 46 der PV. — DV. 503 — erlassenen Bestimmungen insoweit maßgebend, als die Anträge an die Militärbehörde zu richten sind. Außerdem findet die Ziff. 48 der PV. sinngemäße Anwendung.

   Zuständig für die Annahme des Antrags (Nr. 1 der Ausf.-Best. des Bundesrats) ist der Bezirksfeldwebel des Bezirkskommandos, dessen Kontrolle der Antragsteller unterliegt, bei Witwen die Ortspolizeibehörde des Wohnorts oder, in Ermangelung eines solchen, die Ortspolizeibehörde des Aufenthaltsorts.

2. Die in Nr. 1 Abs. 1 der Ausf.-Best. des Bundesrats geforderten Angaben (über das Lebensalter usw.) sollen die Prüfung und Feststellung der Verhältnisse erleichtern, sind jedoch amtlich nachzuprüfen, insbesondere sind Jahr und Tag der Geburt einwandfrei festzustellen.
3. Die Prüfung des Antrags kann auch bei solchen Antragstellern eingeleitet werden, die das 21. Lebensjahr noch nicht vollendet haben.
4. Bei denjenigen Antragstellern, die das 55. Lebensjahr vollendet haben, sind die Anträge unter Angabe der besonderen Gründe, die ausnahmsweise die Berücksichtigung gerechtfertigt erscheinen lassen, dem Kriegsministerium vorzulegen.
5. Für die ärztliche Untersuchung ist der beim Bezirkskommando diensttuende Arzt heranzuziehen. Hierzu sind ihm die Versorgungsakten der Rentenempfänger zuzustellen.

   Die ärztliche Untersuchung der Kriegerwitwen kann auf Antrag auch einem anderen beamteten Arzt (Bezirksarzt) übertragen werden.

   Über die bei der ärztlichen Untersuchung zu beobachtenden Grundsätze ist vom Kriegsministerium eine besondere Anweisung erlassen worden.
6. Bei der Vorlage des Antrags an das Generalkommando ist die Stellungnahme des Bezirkskommandos zum Ausdruck zu bringen. Außer den Versorgungsakten sind alle Beweisstücke, die für die Prüfung des Antrags nach § 2 Nr. 1 bis 3 des Gesetzes noch erforderlich sind, sowie eine beglaubigte Abschrift der Seite 4 der Rentenliste oder Rentennachliste beizufügen.
7. Dem Bescheide des Generalkommandos ist die vorstehend bezeichnete Abschrift der Seite 4 der Rentenliste oder Rentennachliste beizufügen. Eine Übersendung der Versorgungsakten an die nach Nr. 3 der Ausf.-Best. des Bundesrats in Betracht kommenden Stellen hat in keinem Falle stattzufinden.
8. Die Prüfung der Nützlichkeit der beabsichtigten Verwendung ist in die Hände von Zivilstellen ge-

legt. Es sind dies: in Bayern: die K. Regierungen, Kammern des Innern; in Preußen: der Landrat (im Regierungsbezirk Sigmaringen der Oberamtmann), in Stadtkreisen der Bürgermeister (Erster Bürgermeister, Oberbürgermeister); in Württemberg: der Württembergische Landesausschuß für Kriegsinvalidenfürsorge in Stuttgart, Falkertstr. 29; im Königreich Sachsen: die Kreishauptmannschaft Dresden als Landessiedlungsstelle.

Das Generalkommando hat dem Antragsteller aufzugeben sobald er sich für einen bestimmten Verwendungszweck entschieden und die erforderlichen Vertragsunterlagen beschafft hat, diese sowie den Bescheid mit der Abschrift der Seite 4 der Rentenliste oder Rentennachliste mit dem Prüfungsantrag der Zivilstelle vorzulegen.

9. Das Bezirkskommando reicht nach der gemäß Nr. 3 Abs. 4 der Ausf.-Best. des Bundesrats erfolgenden Benachrichtigung seitens der Prüfungsstelle eine beglaubigte Abschrift des ärztlichen Gutachtens unmittelbar dem Kriegsministerium ein.

Der Zivilstelle ist auf Verlangen durch das Bezirkskommando ebenfalls eine beglaubigte Abschrift des ärztlichen Gutachtens zu übersenden.

10. Den stellvertretenden Generalkommandos wurde eine Tafel übersandt, aus der die Höhe der Kapitalbeträge ersichtlich ist.

11. Die Ausführungsanweisung des K. Staatsministeriums des Innern vom 6. Dezember 1916 für die Zivilstellen ist im K. B. Staatsanzeiger vom 9. Dezember 1916 Nr. 286, 2. Blatt, sowie nachstehend abgedruckt.

v. Hellingrath.

6. Mannschaftsversorgungsgesetz mit Tabelle über die Dienstgradeinteilung.

Gesetz über die Versorgung der Personen der Unterklassen des Reichsheeres, der Kaiserlichen Marine und der Kaiserlichen Schutztruppen.

Vom 31. Mai 1906.

(RGBl. S. 593).

Wir Wilhelm, von Gottes Gnaden Deutscher Kaiser, König von Preußen 2c. verordnen im Namen des Reichs, nach erfolgter Zustimmung des Bundesrats und des Reichstags, was folgt:

Erster Teil.

Reichsheer.

Anspruch auf Rente.

§ 1.

Die zur Klasse der Unteroffiziere und Gemeinen gehörenden Personen des Soldatenstandes haben bei der Entlassung aus dem aktiven Dienste Anspruch auf eine Rente (Militärrente), wenn und solange ihre Erwerbsfähigkeit infolge einer Dienstbeschädigung aufgehoben oder um wenigstens zehn Prozent gemindert ist.

Kapitulanten mit einer Dienstzeit von mindestens acht Jahren haben bei der Entlassung aus dem aktiven Dienste ohne Nachweis einer Dienstbeschädigung Anspruch auf eine Rente, wenn und solange ihre Erwerbsfähigkeit infolge von Gesundheitsstörungen, die während der Dienstzeit eingetreten sind, aufgehoben oder um wenigstens zehn Prozent gemindert ist.

Kapitulanten mit einer Dienstzeit von mindestens achtzehn Jahren haben beim Ausscheiden aus dem Dienste ohne den Nachweis verminderter Erwerbsfähigkeit Anspruch auf eine lebenslängliche Rente; im Falle der Doppelrechnung von Dienstzeit muß deren wirkliche Dauer mindestens zwölf Jahre betragen.

Als Kapitulanten gelten diejenigen Unteroffiziere und Gemeinen, welche sich über die gesetzliche Dienstzeit hinaus zum aktiven Dienste verpflichtet haben und in dessen Ableistung begriffen sind. Ferner rechnen zu den Kapitulanten im Sinne dieses Gesetzes die zur Klasse der Unteroffiziere gehörenden Gehaltsempfänger, mit Einschluß der im Range der Unteroffiziere stehenden Verwalter bei dem Kadettenkorps.

Fristen.

§ 2.

Der Anspruch auf Rente muß vor der Entlassung angemeldet werden, es sei denn, daß der Verlust oder die Minderung der Erwerbsfähigkeit die Folge einer Dienstbeschädigung ist. In diesem Falle kann der Anspruch angemeldet werden:

1. bei Friedensdienstbeschädigungen bis zum Ablaufe von zwei Jahren nach der Entlassung. Die Dienstbeschädigung muß vor der Entlassung festgestellt worden sein;
2. bei Kriegsverwundungen ohne Zeitbeschränkung;
3. bei sonstigen Kriegsdienstbeschädigungen bis zum Ablaufe von zehn Jahren nach dem Friedensschlusse. Beim Fehlen eines Friedensschlusses beginnt der Lauf der zehnjährigen Frist mit dem Schlusse des Jahres, in welchem der Krieg beendigt worden ist.

Von den im Abs. 1 Nr. 1, 3 aufgeführten Einschränkungen ist nur dann abzusehen, wenn der Nachweis erbracht worden ist, daß die Folgen einer Dienstbeschädigung erst nach der Entlassung bemerkbar geworden sind oder daß der Verletzte von der Anmeldung seines Anspruchs durch außerhalb seines Willens liegende Verhältnisse abgehalten worden ist. Die Anmeldung des Anspruchs muß jedoch bis zum Ablaufe von drei Monaten erfolgt sein, nachdem die Folgen der Dienstbeschädigung bemerkbar geworden sind oder das Hindernis für die Anmeldung weggefallen ist.

Dienstbeschädigung.

§ 3.

Als Dienstbeschädigungen gelten Gesundheitsstörungen, welche infolge einer Dienstverrichtung oder durch einen Unfall während der Ausübung des Dienstes eingetreten oder durch die dem Militärdienst eigentümlichen Verhältnisse verursacht oder verschlimmert sind.

Eine von dem Verletzten vorsätzlich herbeigeführte Gesundheitsstörung gilt nicht als Dienstbeschädigung.

Erwerbsunfähigkeit.

§ 4.

Bei der Beurteilung des Grades der Erwerbsunfähigkeit ist der von dem Verletzten vor seiner Einstellung in den Militärdienst ausgeübte Beruf zu berücksichtigen. Hat der Verletzte keinen besonderen Beruf ausgeübt, so erfolgt die Beurteilung nach der allgemeinen Erwerbsfähigkeit.

Der Besitz des Zivilversorgungsscheins gemäß § 15 oder der Bezug der laufenden Geldentschädigung (§ 19) oder die Abfindung mit der einmaligen Geldentschädigung für den Zivilversorgungsschein (§ 21) schließt die Berücksichtigung der beruflichen Erwerbsunfähigkeit aus. Das Gleiche gilt bei dem Besitze des Zivilversorgungsscheins gemäß § 16 oder des Anstellungsscheins (§ 17) mit dem Beginne der Anstellung oder Beschäftigung im Zivildienste (§ 36).

Berechnung der Dienstzeit.

§ 5.

Die Dienstzeit wird vom Tage des Eintritts in den aktiven Militärdienst bis zum Ablaufe des Tages gerechnet, an welchem die Entlassung erfolgt.

Mit Genehmigung der obersten Militärverwaltungsbehörde des Kontingents kann auch die Zeit angerechnet werden, welche im Militärdienst eines dem Reiche nicht angehörenden Staates zugebracht ist.

Die Dienstzeit vor dem Beginne des achtzehnten Lebensjahrs wird nicht angerechnet; nur im Kriegsfalle wird die Dienstzeit vom Beginne des Krieges, beim Eintritt in den Militärdienst während des Krieges vom Tage des Eintritts ab gerechnet.

Als Kriegszeit gilt die Zeit vom Tage der Mobilmachung, auf welche ein Krieg folgt, bis zum Tage der Demobilmachung.

§ 6.

Für jeden Krieg, an welchem ein Unteroffizier oder Gemeiner im Reichsheere teilgenommen hat, wird zu der wirklichen Dauer der Dienstzeit ein Jahr (Kriegsjahr) hinzugerechnet; jedoch ist für mehrere in ein Kalenderjahr fallende Kriege die Anrechnung nur eines Kriegsjahrs zulässig.

Unteroffizieren und Gemeinen, die sich in außereuropäischen Ländern mindestens ein Jahr ohne Unterbrechung dienstlich aufgehalten haben, wird die dort zugebrachte Dienstzeit doppelt gerechnet, falls eine solche Doppelrechnung den Beamten des Auswärtigen Amtes bewilligt ist. Ausgenommen von dieser Doppelrechnung ist die in solche Jahre fallende Dienstzeit, welche bereits als Kriegsjahre zu erhöhtem Ansatze kommen.

§ 7.

Der Kaiser bestimmt, wer als Teilnehmer an einem Kriege anzusehen ist, unter welchen Voraussetzungen bei Kriegen von längerer Dauer mehrere Kriegsjahre anzurechnen sind und ob denjenigen Unteroffizieren und Gemeinen Kriegsjahre anzurechnen sind, welche auf Befehl einem Kriege ausländischer Truppen beigewohnt haben; ferner welche militärische Unternehmung als ein Krieg im Sinne dieses Gesetzes anzusehen und welche Zeit als Kriegszeit zu rechnen ist, wenn keine Mobilmachung oder Demobilmachung stattgefunden hat. Für die Vergangenheit bewendet es bei den getroffenen Bestimmungen.

§ 8.

Von der Anrechnung als Dienstzeit ist die Zeit einer Freiheitsstrafe von mindestens einjähriger Dauer sowie die Zeit einer Kriegsgefangenschaft ausgeschlossen.

Unter besonderen Umständen kann die Zeit der Freiheitsstrafe mit Genehmigung des Kontingentsherrn, die Zeit der Kriegsgefangenschaft mit Genehmigung des Kaisers angerechnet werden.

Betrag der Rente.

§ 9.

Die Rente beträgt jährlich für die Dauer völliger Erwerbsunfähigkeit für:

Feldwebel	900 Mark	(Vollrente),
Sergeanten	720 „	„
Unteroffiziere	600 „	„
Gemeine	540 „	„

Für den Anspruch ist der Dienstgrad maßgebend, dessen Gebührnisse der Versorgungsberechtigte zuletzt bezogen hat.

Die Rente beträgt für die Dauer teilweiser Erwerbsunfähigkeit denjenigen in Hundertsteln auszudrückenden Teil der Vollrente, welcher dem Maße der Einbuße an Erwerbsfähigkeit entspricht (Teilrente).

§ 10.

Die Vollrente erhöht sich für diejenigen Personen, welche im Etat als pensionsfähig bezeichnete Löhnungszuschüsse oder Zulagen beziehen, um $^{75}/_{100}$ der zuletzt bezogenen Löhnungszuschüsse oder Zulagen.

Für die zur Klasse der Unteroffiziere gehörenden Gehaltsempfänger, mit Einschluß der im Range der Unteroffiziere stehenden Verwalter bei dem Kadettenkorps, beträgt die Vollrente $^{75}/_{100}$ des nach Maßgabe der Vorschriften des Gesetzes über die Rechtsverhältnisse der Reichsbeamten vom 31. März 1873 festzustellenden pensionsfähigen Diensteinkommens. Ist die Vollrente für Löhnungsempfänger desselben Dienstgrads höher, so wird diese gewährt.

§ 11.

Die Rente beträgt für Kapitulanten bei vollendeter achtzehnjähriger Dienstzeit (§ 1), unbeschadet des auf Grund der §§ 9, 10 etwa zustehenden höheren Anspruchs, $^{50}/_{100}$ der Vollrente und steigt mit jedem weiteren Dienstjahr um $^{3}/_{100}$ der Vollrente bis auf ihren vollen Betrag.

§ 12.

Die Rente ist in Monatsbeträgen zuzuerkennen. Die Monatsbeträge sind auf volle fünf Pfennig nach oben abzurunden.

Verstümmelungszulage.

§ 13.

Unteroffiziere und Gemeine, die durch Dienstbeschädigung in der nachstehenden Weise an der Gesundheit schwer geschädigt worden sind, haben für die Dauer dieses Zustandes neben dem Anspruch auf Rente Anspruch auf Verstümmelungszulage.

Die Verstümmelungszulage beträgt bei dem Verlust einer Hand, eines Fußes, der Sprache, des Gehörs auf beiden Ohren monatlich je 27 Mark und bei Verlust oder Erblindung beider Augen monatlich je 54 Mark.

Die Verstümmelungszulage von je 27 Mark kann ferner bewilligt werden bei Störung der Bewegungs- und Gebrauchsfähigkeit einer Hand, eines Armes, eines Fußes oder eines Beines, wenn die Störung so hochgradig ist, daß sie dem Verluste des Gliedes gleich zu achten ist, bei Verlust oder Erblindung eines Auges im Falle nicht völliger Gebrauchsfähigkeit des anderen Auges, bei anderen schweren Gesundheitsstörungen, wenn sie fremde Pflege und Wartung nötig machen.

Wird durch eine der vorstehend angegebenen Gesundheitsschädigungen schweres Siechtum verursacht in dem Grade, daß der Verletzte dauernd an das Krankenlager gefesselt ist, oder besteht die Gesundheitsschädigung in Geisteskrankheit, so kann die einfache Verstümmelungszulage bis zum Betrage von 54 Mark monatlich erhöht werden.

Die Verstümmelungszulage ist kein Bezug im Sinne des § 48 Abs. 1 Nr. 2 des Invalidenversicherungsgesetzes vom 13. Juli 1899.

Kriegszulage.

§ 14.

Unteroffiziere und Gemeine, deren Erwerbsfähigkeit infolge einer durch den Krieg herbeigeführten Dienstbeschädigung aufgehoben oder gemindert ist, haben neben dem Anspruch auf Rente Anspruch auf eine Kriegszulage. Diese beträgt monatlich 15 Mark.

Auf die Gewährung der Kriegszulage finden die Vorschriften des § 2 entsprechende Anwendung.

Die Kriegszulage ist kein Bezug im Sinne des § 48 Abs. 1 Nr. 2 des Invalidenversicherungsgesetzes vom 13. Juli 1899.

Zivilversorgung.

§ 15.

Kapitulanten erwerben durch zwölfjährige Dienstzeit den Anspruch auf den Zivilversorgungsschein, wenn sie zum Beamten würdig und brauchbar erscheinen.

Eine Hinzurechnung von Kriegsjahren und eine Doppelrechnung von Dienstzeit (§ 6) findet hierbei nicht statt.

§ 16.

Kapitulanten mit kürzerer als zwölfjähriger Dienstzeit, die wegen körperlicher Gebrechen im aktiven Dienste nicht mehr verwendet werden können und deshalb von der Militärbehörde entlassen werden, haben Anspruch auf den Zivilversorgungsschein, wenn sie zum Beamten würdig und brauchbar erscheinen.

§ 17.

Den nicht zu den Kapitulanten gehörenden Unteroffizieren und Gemeinen kann auf ihren Antrag neben der Rente ein Anstellungsschein für den Unterbeamtendienst verliehen werden, wenn sie zum Beamten würdig und brauchbar erscheinen.

§ 18.

Die mittleren, Kanzlei- und Unterbeamtenstellen bei den Reichs-, Staats- und Kommunalbehörden, bei den Versicherungsanstalten für die Invalidenversicherung sowie bei ständischen oder solchen Instituten, welche ganz oder zum Teil aus Mitteln des Reichs, Staates oder der Gemeinden unterhalten werden, jedoch mit Ausschluß des Forstdienstes, sollen nach Maßgabe der vom Bundesrate festzusetzenden allgemeinen Grundsätze vorzugsweise mit Inhabern des Zivilversorgungsscheins (Militäranwärter) und Inhabern des Anstellungsscheins besetzt werden.

Diese Grundsätze sind dem Reichstage zur Kenntnisnahme vorzulegen.

§ 19.

Die im § 15 bezeichneten Kapitulanten, denen der Zivilversorgungsschein wegen mangelnder Brauchbarkeit zum Beamten nicht erteilt wird, erhalten bei der Entlassung aus dem aktiven Dienste eine laufende Geldentschädigung (Zivilversorgungsentschädigung) von 12 Mark monatlich.

Wird ihnen der Anspruch auf den Zivilversorgungsschein wegen mangelnder Würdigkeit zum Beamten nicht zuerkannt, so kann die Zivilversorgungsentschädigung bewilligt werden, sofern sie nicht durch ihr Verhalten einen Mangel an ehrliebender Gesinnung bekundet haben.

§ 20.

Die im § 15 bezeichneten Kapitulanten können bei der Entlassung und bis zum Ablaufe von vier Jahren nach der Entlassung aus dem aktiven Militärdienst an Stelle des Scheines die Zivilversorgungsentschädigung von 12 Mark monatlich wählen, sofern sie nicht in einer Stelle des Zivildienstes (§ 36) schon endgültig angestellt worden sind. Eine spätere Wahl der Zivilversorgungsentschädigung ist zulässig, sofern der Kapitulant wegen Unbrauchbarkeit aus dem Zivildienst ohne Zivilpension ausgeschieden ist.

Die einmalige Wiederwahl des Zivilversorgungsscheins ist zulässig.

Das Wahlrecht erlischt mit dem Verluste der Würdigkeit zum Beamten.

§ 21.

Den im § 15 bezeichneten Kapitulanten, welche auf den Zivilversorgungsschein oder auf die Zivilversorgungsentschädigung Anspruch haben, kann bei der Entlassung und bis zum Ablauf eines Jahres nach der Entlassung aus dem aktiven Militärdienst auf ihren

Antrag, gegen Verzicht auf den Schein und auf die Zivilversorgungsentschädigung, durch die oberste Militärverwaltungsbehörde des Kontingents eine einmalige Geldabfindung von 1500 Mark bewilligt werden, wenn sie für eine nützliche Verwendung des Geldes Gewähr bieten.

Soweit die Zivilversorgungsentschädigung schon bezogen ist, sind die gezahlten Beträge auf die einmalige Abfindung anzurechnen.

§ 22.

Kapitulanten, welche die einmalige Geldabfindung gemäß § 21 erhalten haben, sind zur Rückzahlung des Betrags verpflichtet, wenn sie in einer Stelle des Zivildienstes (§ 36) angestellt oder ohne Unterbrechung länger als sechs Monate beschäftigt werden.

Ein Anspruch auf Aushändigung des Zivilversorgungsscheins entsteht erst nach völliger Rückzahlung der einmaligen Geldentschädigung.

§ 23.

Den im Zivilstaatsdienste sowie im Kommunal- und Institutendienst usw. angestellten Militäranwärtern und forstversorgungsberechtigten Personen des Jägerkorps wird die Militärdienstzeit bei Ermittelung der Pension als pensionsfähige Dienstzeit nach Maßgabe des Reichsbeamtengesetzes oder doch mindestens soweit angerechnet, als die Zivildienstzeit nach den Vorschriften des Landesrechts angerechnet wird.

Landesrechtliche Vorschriften, welche hinsichtlich der Anrechnung der Militärdienstzeit günstiger sind, bleiben unberührt.

Bedingte Rente und Rentenzuschüsse.

§ 24.

Den im § 16 bezeichneten Kapitulanten, welche mit dem Zivilversorgungsschein entlassen werden, aber nicht alsbald im Zivildienst (§ 36) Anstellung oder Beschäftigung finden, kann im Falle des Bedürfnisses eine Rente oder, falls sie eine solche beziehen, ein Rentenzuschuß bis zur Erreichung der Vollrente ihres Dienstgrads

(§ 9 Abs. 1) gewährt werden, jedoch längstens auf die Dauer eines Jahres von der Entlassung ab.

§ 25.

Unteroffizieren und Gemeinen, die wegen körperlicher Gebrechen aus dem aktiven Dienste entlassen werden und auf Rente keinen Anspruch haben, kann eine solche im Falle dringender Bedürftigkeit vorübergehend bis zum Betrage von $^{50}/_{100}$ der Vollrente ihres Dienstgrads (§ 9 Abs. 1) gewährt werden.

Die erstmalige Gewährung ist nur bis zum Ablaufe von zwei Jahren nach der Entlassung zulässig.

Alterszulage.

§ 26.

Erreicht das jährliche Gesamteinkommen eines Empfängers der Kriegszulage (§ 14) nicht 600 Mark, so kann ihm vom ersten Tage des Monats ab, in welchem er das fünfundfünfzigste Lebensjahr vollendet, eine Zulage (Alterszulage) bis zur Erreichung dieses Betrags gewährt werden. Die Zulage kann bereits früher gewährt werden, wenn dauernde völlige Erwerbsunfähigkeit festgestellt worden ist.

Die Alterszulage ist kein Bezug im Sinne des § 48 Abs. 1 Nr. 2 des Invalidenversicherungsgesetzes vom 13. Juli 1899.

Verfahren.

§ 27.

Die Feststellung und Anweisung der Versorgungsgebührnisse erfolgt durch die oberste Militärverwaltungsbehörde des Kontingents; diese kann ihre Befugnisse auf andere Behörden übertragen, wenn sie ihr nicht durch dieses Gesetz ausdrücklich vorbehalten sind.

§ 28.

Der Grad der Erwerbsunfähigkeit (§ 4) wird sowohl für sich, als in seinem ursächlichen Zusammenhange mit einer erlittenen Dienstbeschädigung durch die dazu verordneten Militärbehörden festgestellt. Dem Verletzten steht es frei, Beweismittel beizubringen.

Die auf Grund der Feststellungen getroffene Entscheidung ist dem Verletzten schriftlich mitzuteilen.

§ 29.

Gegen die Entscheidung einer niederen Behörde kann bei der nächsthöheren zuständigen Behörde, an letzter Stelle bei der obersten Militärverwaltungsbehörde des Kontingents, Einspruch eingelegt werden.

Für das geschäftliche Verfahren sind die von der obersten Militärverwaltungsbehörde des Kontingents zu erlassenden Vorschriften maßgebend.

Der Einspruch muß bis zum Ablaufe von drei Monaten nach Zustellung der Vorentscheidung eingelegt werden.

Die Form der Zustellung bestimmt die oberste Militärverwaltungsbehörde des Kontingents.

Jede Entscheidung muß die Bezeichnung der für den Einspruch zuständigen Behörde sowie die Belehrung über die einzuhaltende Frist enthalten.

§ 30.

Die Versorgungsgebührnisse werden auf Antrag oder von Amts wegen anders festgesetzt oder entzogen, wenn in den Verhältnissen, welche für die Bewilligung maßgebend gewesen sind, eine wesentliche Veränderung eintritt.

Die Prüfung von Anträgen auf andere Festsetzung der Versorgungsgebührnisse findet alljährlich nur einmal statt. Die Militärbehörde kann bei Anmeldung eines höheren Anspruchs sowie in den Fällen der §§ 24, 25 von dieser Einschränkung absehen.

§ 31.

Die Versorgungsgebührnisse werden von Amts wegen anders festgesetzt oder entzogen, sobald erwiesen ist, daß die Voraussetzungen, unter denen sie bewilligt worden waren, den tatsächlichen Verhältnissen nicht entsprochen haben. Die Vorschriften über die Anfechtung gerichtlicher Urteile bleiben unberührt.

Zahlung der Versorgungsgebührnisse.

§ 32.

Die Versorgungsgebührnisse werden monatlich im voraus gezahlt.

Die Zahlung beginnt, wenn der Anspruch vor der Entlassung aus dem Dienste angemeldet worden ist, mit dem ersten Tage des auf die Entlassung folgenden Monats und bei den Empfängern von Gnadengehalt mit dessen Wegfall.

Ist der Anspruch erst nach der Entlassung aus dem Dienste angemeldet worden, so beginnt die Zahlung mit dem Monat, in welchem die Bedingungen für die Gewährung der Versorgungsgebührnisse erfüllt sind, frühestens mit dem Monat, in welchem die Anmeldung erfolgt ist. Das Gleiche gilt bei Anmeldung eines höheren Anspruchs.

Eine Minderung oder Entziehung der Versorgungsgebührnisse (§ 30) tritt mit dem Ablaufe des Monats in Wirksamkeit, in welchem der die Veränderung aussprechende Bescheid zugestellt worden ist.

Erlöschen und Ruhen des Rechtes auf den Bezug der Versorgungsgebührnisse.

§ 33.

Das Recht auf den Bezug der Versorgungsgebührnisse erlischt:

1. mit dem Wiedereintritt in den aktiven Militärdienst;
2. durch rechtskräftige Verurteilung zu Zuchthausstrafe wegen Hochverrats, Landesverrats, Kriegsverrats oder wegen Verrats militärischer Geheimnisse.

Das Recht auf den Bezug der Zivilversorgungsentschädigung erlischt außerdem in den Fällen des § 34.

§ 34.

Der Zivilversorgungsschein erlischt, sobald der Inhaber aus dem Zivildienste (§ 36) mit einer Pension in den Ruhestand tritt. Er ist verwirkt, wenn gegen den Inhaber rechtskräftig auf eine Strafe erkannt worden ist, welche die dauernde Unfähigkeit zur Bekleidung öffentlicher Ämter von Rechts wegen zur Folge hat.

Das Gleiche gilt von dem Anstellungsscheine.

§ 35.

Das Recht auf den Bezug der Versorgungsgebührnisse ruht:

1. solange der Versorgungsberechtigte nicht Reichsangehöriger ist;
2. wenn gegen den Versorgungsberechtigten wegen Hochverrats, Landesverrats, Kriegsverrats oder wegen Verrats militärischer Geheimnisse vor einem Zivilgerichte die öffentliche Klage erhoben oder im militärgerichtlichen Verfahren die Einleitung der Strafverfolgung angeordnet worden ist, solange der Versorgungsberechtigte sich im Ausland aufhält oder sein Aufenthalt unbekannt ist. Die einbehaltenen Gebührnisse werden ausgezahlt, wenn der Versorgungsberechtigte rechtskräftig freigesprochen oder zu geringerer als Zuchthausstrafe verurteilt worden ist oder wenn dem strafgerichtlichen Verfahren wegen unzureichender Verdachtsgründe oder wegen mangelnder Strafbarkeit keine weitere Folge gegeben wird.

§ 36.

Das Recht auf den Bezug der Rente (§§ 9 bis 11) und der Gebührnisse aus den §§ 24, 25 ruht:

1. solange der Rentenberechtigte sich in einem Invalideninstitut oder in einer militärischen Kranken-, Heil- oder Pflegeanstalt befindet.

   Bei dem Aufenthalt in einer Kranken-, Heil- oder Pflegeanstalt ist denjenigen Rentenberechtigten, welche die Ernährer von Familien sind, die Rente nach Bedürfnis ganz oder zum Teil zur Bestreitung des Unterhalts ihrer Familie zu gewähren;
2. bei vorübergehender Heranziehung zum aktiven Militärdienst in Höhe des gewährten Diensteinkommens;
3. während einer Anstellung oder Beschäftigung im Zivildienste nach Maßgabe folgender Vorschriften:

a) es ruhen alle unter $^{21}/_{100}$ der Vollrente zuerkannten Rententeile;

b) von höheren Renten ruhen außerdem alle $^{60}/_{100}$ der Vollrente übersteigenden Rententeile;

c) Renten, die Kapitulanten lediglich auf Grund des § 1 Abs. 3 zuerkannt worden sind, ruhen, soweit als Zivildiensteinkommen und nach § 9 bemessene Rente zusammen den jährlichen Betrag von 2000 Mark übersteigen. Rententeile, die sich aus der Erhöhung der Vollrente gemäß §§ 10, 56 ergeben, bleiben hierbei außer Ansatz und ruhen nur nach der Vorschrift unter b;

4. neben dem Bezug einer im Zivildienst erdienten Pension, soweit als Zivilpension und zuerkannte Rente zusammen den in der zuletzt bekleideten Stelle erreichbaren Höchstpensionsbetrag oder, wenn es für den Pensionär günstiger ist, soweit als die tatsächlich erdiente Zivilpension und die nach Nr. 3 b nicht ruhenden Rententeile zusammen den Betrag von 2000 Mark übersteigen. Der an den Pensionär nicht zu zahlende Rentenbetrag wird dem Zivilpensionsfonds erstattet.

Als Zivildienst gilt jede Anstellung oder Beschäftigung als Beamter oder in der Eigenschaft eines Beamten im Reichs-, Staats- oder Kommunaldienste, bei den Versicherungsanstalten für die Invalidenversicherung, bei ständischen oder solchen Instituten, welche ganz oder zum Teil aus Mitteln des Reichs, Staates oder der Gemeinden unterhalten werden, oder in solchen zu den vorbezeichneten nicht gehörenden Zivilstellen, welche ganz oder zum Teil den Militäranwärtern und den Inhabern des Anstellungsscheins vorbehalten sind, wenn und solange der Angestellte oder Beschäftigte durch diesen Dienst ein Einkommen bezieht.

Bei Berechnung des Zivildiensteinkommens sind diejenigen Beträge, welche für die Bestreitung eines Dienstaufwandes sowie zur Entschädigung für außergewöhnliche Teuerungsverhältnisse gewährt werden, nicht in Ansatz zu bringen; die Dienstwohnung ist mit dem pensionsfähigen oder sonst hierfür festgesetzten Werte, der Wohnungsgeldzuschuß oder eine dementsprechende Zulage mit dem pensionsfähigen Betrag oder, sofern er nicht pensionsfähig ist, mit dem Durchschnittssatz anzurechnen. Ist der wirkliche Betrag des Wohnungsgeldzuschusses oder der Zulage jedoch geringer, so ist nur dieser anzurechnen.

§ 37.

Das Recht auf den Bezug der Zivilversorgungsentschädigung (§ 19) ruht in den Fällen, in welchen nach § 36 Nr. 3 das Recht auf den Bezug der Rente im Zivildienste ganz oder teilweise zu ruhen hat.

§ 38.

Tritt das Erlöschen oder das Ruhen des Rechtes auf den Bezug der Versorgungsgebührnisse gemäß §§ 33, 35, 36 Nr. 1, 2, 4 im Laufe eines Monats ein, so wird die Zahlung mit dem Ende des Monats eingestellt; tritt es am ersten Tage eines Monats ein, so hört die Zahlung mit dem Beginne des Monats auf.

Das Ruhen des Rechtes auf den Bezug der Versorgungsgebührnisse gemäß § 36 Nr. 3, § 37 beginnt mit dem Ablaufe von sechs Monaten vom ersten Tage des Monats der Anstellung oder Beschäftigung an gerechnet.

Lebt das Recht auf den Bezug der Versorgungsgebührnisse nach den §§ 35 bis 37 wieder auf, so hebt die Zahlung mit dem Beginne des Monats an.

Anspruch der Hinterbliebenen.

§ 39.

Hinterläßt ein Rentenempfänger eine Witwe oder eheliche oder legitimierte Abkömmlinge, so werden für die auf den Sterbemonat folgenden drei Monate (Gnadenvierteljahr) noch diejenigen Versorgungsgebührnisse gezahlt, welche dem Verstorbenen nach diesem Gesetze zu zahlen gewesen wären. Die Versorgungsgebührnisse werden im voraus in einer Summe gezahlt.

An wen die Zahlung erfolgen soll, bestimmt die oberste Militärverwaltungsbehörde des Kontingents; die Befugnis zu solcher Bestimmung kann von ihr auf andere Behörden übertragen werden.

Die Zahlung kann mit Genehmigung dieser Behörden auch dann erfolgen, wenn der Verstorbene Verwandte der aufsteigenden Linie, Geschwister, Geschwisterkinder oder Pflegekinder, deren Ernährer er ganz oder überwiegend gewesen ist, in Bedürftigkeit hinterläßt, oder wenn und soweit der Nachlaß nicht ausreicht, um die Kosten der letzten Krankheit und der Beerdigung zu decken.

Ausschluß von der Pfändung und Besteuerung.

§ 40.

Die Versorgungsgebührnisse und der Anspruch der Kapitulanten auf die in den Dienstvorschriften der Militärverwaltung ausgesetzte Dienstprämie sind der Pfändung nicht unterworfen. Das Gleiche gilt für einen der Dienstprämie und der einmaligen Geldabfindung für den Zivilversorgungsschein (§ 21) gleichkommenden Geldbetrag bis zum Ablaufe von drei Monaten nach Auszahlung dieser Beträge. Die Vorschrift des § 850 Abs. 4 der Zivilprozeßordnung findet auf die Dienstprämie entsprechende Anwendung.

Wegen des Anspruchs des Militärfiskus auf Rückzahlung zu Unrecht erhobener Beträge ist die Pfändung von Versorgungsgebührnissen ohne Beschränkung zulässig; jedoch sind die für das Gnadenvierteljahr an Hinterbliebene zu zahlenden Versorgungsgebührnisse (§ 39) der Pfändung nicht unterworfen.

Die Verstümmelungszulage, die Kriegszulage und die Alterszulage bleiben bei der Veranlagung zu den Steuern und anderen öffentlichen Abgaben jeder Art außer Ansatz.

Schadensersatz.

§ 41.

Die nach Maßgabe dieses Gesetzes versorgungsberechtigten Personen haben aus dem Grunde einer Dienstbeschädigung gegen die Militärverwaltung nur die auf diesem Gesetze beruhenden Ansprüche.

Soweit den nach Maßgabe dieses Gesetzes versorgungsberechtigten Personen ein gesetzlicher Anspruch auf Ersatz des ihnen durch die Dienstbeschädigung verursachten Schadens gegen Dritte zusteht, geht dieser Anspruch im Umfange der durch dieses Gesetz begründeten Pflicht zur Gewährung von Versorgungsgebührnissen auf die Militärverwaltung über.

Rechtsweg.

§ 42.

Wegen der Ansprüche aus diesem Gesetz ist der Rechtsweg mit folgenden Maßgaben zulässig:

1. Der Militärfiskus wird durch die oberste Militärverwaltungsbehörde des Kontingents vertreten.
2. Die Entscheidung der obersten Militärverwaltungsbehörde des Kontingents muß der Klage vorhergehen; das Klagerecht geht verloren, wenn gegen die Entscheidung einer der im § 29 angeführten Behörden nicht rechtzeitig Einspruch eingelegt oder wenn die Klage nicht bis zum Ablaufe von sechs Monaten nach Zustellung der Entscheidung der obersten Militärverwaltungsbehörde des Kontigents erhoben wird.

Auf die Frist von sechs Monaten finden die Vorschriften der §§ 203, 206 des Bürgerlichen Gesetzbuchs entsprechende Anwendung.

Für die Ansprüche aus diesem Gesetze sind die Landgerichte ohne Rücksicht auf den Wert des Streitgegenstandes ausschließlich zuständig.

§ 43.

Für die Beurteilung der vor Gericht geltend gemachten Ansprüche sind die Entscheidungen der obersten Militärverwaltungsbehörde des Kontingents darüber maßgebend:

1. ob eine Gesundheitsstörung als eine Dienstbeschädigung anzusehen ist (§ 3);
2. ob eine Dienstbeschädigung als durch den Krieg erlitten anzusehen ist (§ 14);
3. ob Brauchbarkeit und Würdigkeit zum Beamten besteht (§§ 15 bis 17, 20).

Über die im Abs. 1 Nr. 1 bis 3 genannten Fragen entscheidet innerhalb der obersten Militärverwaltungsbehörde des Kontingents ein aus drei Offizieren oder Beamten der Heeresverwaltung gebildetes Kollegium endgültig.

Personen der freiwilligen Krankenpflege im Kriege.

§ 44.

Die vorstehenden Vorschriften finden entsprechende Anwendung auf das auf dem Kriegsschauplatze verwendete Personal der freiwilligen Krankenpflege.

Soweit diesen Personen nicht ein höherer militärischer Rang verliehen ist, erhalten sie die Rente der Gemeinen.

Übergangsvorschriften.

§ 45.

Für die vor dem Inkrafttreten dieses Gesetzes aus dem aktiven Militärdienst entlassenen Personen bleiben die bisherigen Gesetzesvorschriften mit folgenden Ausnahmen in Kraft:

1. Die Versorgungsgebührnisse der seit dem 1. April 1905 aus dem aktiven Militärdienst entlassenen Personen sind nach den Vorschriften dieses Gesetzes festzustellen.

   Die Versorgungsgebührnisse der versorgungsberechtigten Hinterbliebenen solcher Personen, die seit dem 1. April 1905 verstorben sind, denen aber, wenn sie beim Inkrafttreten dieses Gesetzes gelebt hätten, nach Maßgabe dieses Paragraphen höhere Versorgungsgebührnisse zustehen würden, sind unter Zugrundelegung der höheren Versorgungssätze festzustellen. Dasselbe gilt für die Versorgungsgebührnisse der versorgungsberechtigten Hinterbliebenen von den seit dem 1. April 1905 im aktiven Dienste verstorbenen Personen.

2. Die Versorgungsgebührnisse derjenigen Friedensinvaliden, welche an einem der von den deutschen Staaten vor 1871 oder von dem Deutschen Reiche geführten Kriege teilgenommen haben, sind nach den Vorschriften dieses Gesetzes festzustellen.

   Den vor dem Inkrafttreten dieses Gesetzes aus dem Zivildienste mit einer Zivilpension ausgeschiedenen Invaliden ist der gegen die bisherige Pension nebst Dienstzulage bei Neufeststellung der Versorgungsgebührnisse sich ergebende Mehrbetrag in Grenzen des § 36 Nr. 4 zu zahlen und auf die Zivilpension nicht anzurechnen. Nicht zu zahlende Rentenbeträge werden dem Zivilpensionsfonds nicht erstattet.

3. Die als halbinvalide anerkannten Kriegsinvaliden erhalten die Kriegszulage im Betrage von 15 Mark monatlich, auch kann ihnen unter den Voraussetzungen des § 26 die Alterszulage gewährt werden.

4. Die Vorschriften der §§ 27, 29 bis 36 Nr. 1, 2, §§ 37, 38, 40 finden auf die aus dem aktiven Militärdienste bereits entlassenen Personen entsprechende Anwendung. Die vor dem Inkrafttreten dieses Gesetzes erfolgten Pfändungen und Veranlagungen zu den Steuern und anderen öffentlichen Abgaben jeder Art werden hierdurch nicht berührt.

Während der Anstellung oder Beschäftigung im Zivildienst ist die zuerkannte Militärpension nebst Dienstzulage soweit zu gewähren, als ihr Betrag nach der Vorschrift des § 36 Nr. 3 zu zahlen ist; für das Ruhen der den Kapitulanten lediglich auf Grund achtzehnjähriger und längerer Dienstzeit zuerkannten Pensionen nebst Dienstzulagen gilt die Vorschrift im § 36 Nr. 3c.

5. Die als verstümmelt oder pflegebedürftig anerkannten Invaliden erhalten Verstümmelungszulage nach den Vorschriften des § 13 dieses Gesetzes. Neben dieser Zulage ist jedoch nur die nach den bisherigen Gesetzen für gänzliche Erwerbsunfähigkeit zustehende Pension zu gewähren.

6. Den nach dem Inkrafttreten dieses Gesetzes aus dem Zivildienste mit einer Beamtenpension ausscheidenden Invaliden ist die zuerkannte Militärpension nebst Dienstzulage soweit zu gewähren, als ihr Betrag nach der Vorschrift des § 36 Nr. 4 neben dem Bezug einer Zivilpension zu zahlen ist.

7. Die Vorschriften des § 39 finden auf die Hinterbliebenen derjenigen Invaliden entsprechende Anwendung, deren Tod nach dem Inkrafttreten dieses Gesetzes eintritt.

§ 46.

Den nicht im § 45 Nr. 1, 2 genannten Friedensinvaliden, die als gänzlich erwerbsunfähig anerkannt sind, kann im Falle der Bedürftigkeit eine Beihilfe bis zur Erreichung eines jährlichen Gesamteinkommens von 540 Mark gewährt werden.

Unter den gleichen Voraussetzungen kann den als größtenteils erwerbsunfähig zur Pension dritter Klasse und zum Zivilversorgungsschein anerkannten Friedensinvaliden, welche von dem Zivilversorgungsscheine wegen körperlicher Untauglichkeit keinen Gebrauch gemacht haben, oder welche nur die Zulage für Nichtbenutzung des Zivilversorgungsscheins in Höhe von 9 Mark beziehen, eine jährliche Beihilfe bis zum Betrage von 144 Mark oder 36 Mark bewilligt werden.

§ 47.

Die Vorschriften des § 45 finden auf die daselbst bezeichneten Personen nur insoweit Anwendung, als die nach den bisherigen Gesetzesvorschriften zustehende Versorgung nicht günstiger ist.

Nachzahlungen für eine vor dem Inkrafttreten dieses Gesetzes liegende Zeit finden nicht statt.

Anwendung von Vorschriften des zweiten und dritten Teiles dieses Gesetzes.

§ 48.

Werden Unteroffiziere und Gemeine des Reichsheeres sowie die im § 44 bezeichneten Personen der freiwilligen Krankenpflege auf dienstlichen Seereisen oder in außereuropäischen Ländern verwendet, so finden auf sie die Vorschriften des zweiten Teiles dieses Gesetzes, werden sie gleich den Kaiserlichen Schutztruppen in den Schutzgebieten verwendet, so finden auf sie die Vorschriften des dritten Teiles dieses Gesetzes entsprechende Anwendung.

Zweiter Teil.

Kaiserliche Marine.

Allgemeine Vorschriften.

§ 49.

Auf die Kaiserliche Marine finden die §§ 1 bis 47 und, falls Unteroffiziere oder Gemeine der Kaiserlichen Marine oder die im § 44 bezeichneten Personen der freiwilligen Krankenpflege gleich den Kaiserlichen Schutztruppen in den Schutzgebieten verwendet werden, auch die Vorschriften des dritten Teiles dieses Gesetzes mit den nachfolgenden Maßgaben entsprechende Anwendung.

§ 50.

Zu den Personen der Unterklassen des Soldatenstandes im Sinne dieses Gesetzes gehören nicht die Deckoffiziere.

Anspruch auf Rente.

§ 51.

Die für Schiffe der Kaiserlichen Marine angestellten Personen gelten, sofern sie zu den Personen des Soldatenstandes zählen und Angehörige des Deutschen Reichs sind, als Kapitulanten im Sinne des § 1 Abs. 4.

Ihre Dienstzeit wird jedesmal vom Tage des Dienstantritts oder des Anschlusses an ein ausreisendes Ablösungskommando bis zum Tage des Aufhörens des Dienstes, bei Anschluß an ein heimkehrendes Ablösungskommando bis zum Tage des Abganges von dem Ablösungskommando berechnet. Die aktive Militärdienstzeit wird auf die Gesamtdienstzeit angerechnet; die Vorschriften der §§ 5, 53 finden hierbei entsprechende Anwendung.

§ 52.

Schiffsjungen, deren Erwerbsfähigkeit durch Krieg oder durch Dienstbeschädigung auf einer Seereise aufgehoben oder gemindert ist, werden wie Gemeine (Nichtkapitulanten) versorgt.

Berechnung der Dienstzeit.

§ 53.

Den Personen der Unterklassen des Soldatenstandes, welche vor ihrem Eintritt in den aktiven Marinedienst zur Besatzung eines in Dienst gestellten Schiffes der Kaiserlichen Marine gehört haben, wird die Dienstzeit vom Tage der ersten Einschiffung an Bord eines Schiffes der Kaiserlichen Marine ab gerechnet.

§ 54.

Die in der Kaiserlichen Marine auf einer Seereise in außerheimischen Gewässern bei ununterbrochenem Bordkommando zugebrachte Dienstzeit wird, sofern ihre Dauer mindestens sechs Monate beträgt, doppelt gerechnet.

Hat eine Seereise von kürzerer Dauer sich als besonders schädigend und nachteilig für die Gesundheit der Schiffsbesatzung erwiesen, so kann die Dienstzeit mit Genehmigung des Kaisers doppelt gerechnet werden.

Personen der Unterklassen der Kaiserlichen Marine, welche, ohne zur Besatzung eines Schiffes der Kaiserlichen Marine zu gehören, in den deutschen Schutzgebieten oder deren Hinterländern sich einschließlich der damit in Verbindung stehenden Reisen in außerheimischen Gewässern mindestens sechs Monate ohne Unterbrechung dienstlich aufgehalten haben, wird die dort zugebrachte Dienstzeit doppelt gerechnet.

Ausgenommen von dieser Doppelrechnung ist die in solche Jahre fallende Dienstzeit, welche bereits als Kriegsjahre zu erhöhtem Ansatze kommen.

Diese Doppelrechnung ist ausgeschlossen bei Berechnung der Dienstzeit zwecks Erlangung des Anspruchs auf den Zivilversorgungsschein (§ 15).

Außerheimisch sind die Gewässer, welche weder zur Ostsee noch zur Nordsee gehören, diese gerechnet bis zur Linie Dover-Calais, längs der Ostküste Englands bis zu 3 Grad Westlänge von Greenwich und bis zum Breitenparallel von 60 Grad Nordbreite.

§ 55.

Die im § 8 Abs. 1 bezeichneten Freiheitsstrafen können mit Genehmigung des Kaisers als Dienstzeit angerechnet werden.

Betrag der Rente.

§ 56.

Eine Erhöhung der Vollrente tritt außer in den Fällen des § 10 Abs. 1 für die Kapitulanten der Kaiserlichen Marine ein:

1. um $^{75}/_{100}$ der beim Ausscheiden bezogenen Dienstalters- und Seefahrzulage soweit als die Erhöhung die Hälfte der Vollrentenbeträge des § 9 Abs. 1 nicht überschreitet, und
2. um $^{75}/_{100}$ der beim Ausscheiden bezogenen Fachzulage.

Rentenerhöhung.

§ 57.

Auf eine Rentenerhöhung im Betrage der Kriegszulage (§ 14) haben diejenigen Personen der Unterklassen der Kaiserlichen Marine Anspruch, welche entweder:

1. durch im Dienste erlittenen Schiffbruch oder infolge einer militärischen Unternehmung auf einer dienstlichen Seereise oder
2. infolge außerordentlicher Einflüsse des Klimas während eines dienstlichen Aufenthalts in einem außereuropäischen Lande oder während einer dienstlichen Seereise

rentenberechtigt geworden sind, falls nicht die Verminderung ihrer Erwerbsfähigkeit eine Folge ihres Vorsatzes ist.

Der Kaiser bestimmt, welche Unternehmung als eine militärische Unternehmung im Sinne des Abs. 1 Nr. 1 anzusehen ist.

Kriegszulage und Rentenerhöhung werden nicht nebeneinander gewährt.

§ 58.

Der Anspruch auf Rentenerhöhung ist innerhalb zehn Jahren anzumelden; der Lauf der Frist beginnt mit der Rückkehr in die Heimat oder mit der im Ausland erfolgten Entlassung.

Die Vorschriften des § 2 Abs. 2 und des § 40 Abs. 3 finden auf die Rentenerhöhung entsprechende Anwendung.

Die Rentenerhöhung ist kein Bezug im Sinne des § 48 Abs. 1 Nr. 2 des Invalidenversicherungsgesetzes vom 13. Juli 1899.

Alterszulage.

§ 59.

Den im § 57 Abs. 1 Nr. 1 bezeichneten Personen kann unter den Voraussetzungen des § 26 auch die Alterszulage gewährt werden.

Zuständigkeit und Rechtsweg.

§ 60.

Die Befugnisse, die im ersten Teile dieses Gesetzes der obersten Militärverwaltungsbehörde des Kontingents übertragen sind, werden für dein Bereich der Kaiserlichen Marine von der obersten Marineverwaltungsbehörde ausgeübt.

§ 61.

Die Entscheidung der obersten Marineverwaltungsbehörde ist für die Beurteilung der vor Gericht geltend gemachten Ansprüche auch darüber maßgebend, ob die Voraussetzungen des § 57 Abs. 1 Nr. 1, 2 erfüllt sind.

Übergangsvorschriften.

§ 62.

Die Versorgungsgebührnisse derjenigen Friedensinvaliden, welche im Dienste an einem Schiffbruch oder an einer als Feldzug erklärten militärischen Unternehmung auf einer dienstlichen Seereise teilgenommen haben, sind nach den Vorschriften dieses Gesetzes festzustellen.

Die Vorschrift des § 45 Nr. 2 Abs. 2 findet hierbei Anwendung.

Bei Berechnung des Teiles der Pension und der Dienstzulage, welcher den bereits anerkannten Invaliden der Kaiserlichen Marine im Falle des § 45 Nr. 4

Abs. 2 zu gewähren ist, ist nur die Vollrente aus § 9 Abs. 1, § 10 Abs. 1 zu Grunde zu legen, für Invalide, welche gemäß den Unfallfürsorgegesetzen für Beamte und für Personen des Soldatenstandes vom 15. März 1886 oder vom 18. Juni 1901 anerkannt sind, dagegen die aus § 56 sich ergebende erhöhte Vollrente.

Dritter Teil.

Kaiserliche Schutztruppen in den afrikanischen Schutzgebieten.

Allgemeine Vorschriften.

§ 63.

Die §§ 1 bis 48 finden auf die Personen der Unterklassen der Kaiserlichen Schutztruppen, welche

1. aus dem Reichsheer übernommen sind
   oder
2. ihrer aktiven Dienstpflicht bei den Kaiserlichen Schutztruppen Genüge leisten
   oder
3. aus dem Beurlaubtenstand in Fällen von Gefahr zu notwendigen Verstärkungen der Kaiserlichen Schutztruppen herangezogen werden
   oder
4. nach Ableistung ihrer aktiven Dienstpflicht in einem Schutzgebiet als Kapitulanten der Kaiserlichen Schutztruppe angehören,

sowie auf die Personen der Unterklassen der Kaiserlichen Schutztruppen, welche aus der Kaiserlichen Marine übernommen sind, auf diese außerdem die §§ 54 bis 58 mit den nachfolgenden Maßgaben entsprechende Anwendung.

Fristen.

§ 64.

Ist der Verlust oder die Minderung der Erwerbsfähigkeit die Folge einer Friedensdienstbeschädigung, welche durch die besonderen Fährlichkeiten des Dienstes bei den Kaiserlichen Schutztruppen in den Schutzgebieten verursacht worden ist, so kann die Dienstbeschädigung auch nach der Entlassung festgestellt und der Anspruch auf Rente bis zum Ablaufe von zehn Jahren geltend gemacht werden. Der Lauf der Frist beginnt mit der Rückkehr in die Heimat oder mit der im Ausland erfolgten Entlassung.

Die Vorschrift des § 2 Abs. 2 findet entsprechende Anwendung.

Berechnung der Dienstzeit.

§ 65.

Die bei den Kaiserlichen Schutztruppen in den Schutzgebieten zugebrachte Dienstzeit wird, sofern sie mindestens 6 Monate ohne Unterbrechung gedauert hat, doppelt gerechnet. Seereisen in außerheimischen Gewässern (§ 54 Abs. 6) rechnen hierbei der Verwendung bei den Kaiserlichen Schutztruppen in den Schutzgebieten gleich.

Ausgenommen von dieser Doppelrechnung ist die in solche Jahre fallende Dienstzeit, welche bereits als Kriegsjahre zu erhöhtem Ansatze kommen.

Die Dienstzeit bei den Kaiserlichen Schutztruppen in den Schutzgebieten ist auch für diejenigen Personen der Unterklassen doppelt zu rechnen, welche aus den Kaiserlichen Schutztruppen in ihr früheres Dienstverhältnis zurücktreten und demnächst aus diesem mit Anspruch auf Rente entlassen werden.

Die im § 69 Abs. 2 aufgeführten Personen der Unterklassen haben nur im Falle der §§ 6 und 7 Anspruch auf höhere Anrechnung von Dienstzeit.

§ 66.

Die im § 8 Abs. 1 bezeichneten Freiheitsstrafen können mit Genehmigung des Kaisers als Dienstzeit angerechnet werden.

Tropenzulage.

§ 67.

Auf eine Tropenzulage haben diejenigen Personen der Unterklassen der Kaiserlichen Schutztruppen Anspruch, welche entweder infolge außerordentlicher Einflüsse des Klimas während eines dienstlichen Aufenthalts in den

Schutzgebieten oder infolge der besonderen Fährlichkeiten des Dienstes in den Schutzgebieten rentenberechtigt geworden sind, falls nicht die Verminderung ihrer Erwerbsfähigkeit eine Folge ihres Vorsatzes ist.

Die Tropenzulage beträgt monatlich 25 Mark.

Kriegszulage (§ 14), Rentenerhöhung (§ 57) und Tropenzulage werden nicht nebeneinander gewährt.

Die Tropenzulage ist kein Bezug im Sinne des § 48 Abs. 1 Nr. 2 des Invalidenversicherungsgesetzes vom 13. Juli 1899.

§ 68.

Sind Personen der Unterklassen der Kaiserlichen Schutztruppen in den Schutzgebieten länger als drei Jahre dienstlich verwendet worden, so steigt mit jedem weiteren vollen, wenn auch nicht im Anschluß an die frühere Dienstzeit in den Schutzgebieten geleisteten Dienstjahre die Tropenzulage um ein Sechstel bis zur Erreichung des Doppelbetrags. Eine Doppelrechnung von Dienstzeit findet hierbei nicht statt.

Die Vorschriften der §§ 64 und 40 Abs. 3 finden auf die Tropenzulage entsprechende Anwendung.

§ 69.

Auf Tropenzulage haben auch diejenigen Personen der Unterklassen Anspruch, welche früher den Kaiserlichen Schutztruppen angehört haben und nach ihrem Wiedereintritt in das Reichsheer oder in die Kaiserliche Marine innerhalb der im § 64 festgesetzten Frist wegen der Folgen einer im Dienste bei den Kaiserlichen Schutztruppen in den Schutzgebieten erlittenen Dienstbeschädigung rentenberechtigt geworden sind.

Wehrpflichtige Reichsangehörige, die ihrer aktiven Dienstpflicht bei den Kaiserlichen Schutztruppen genügen, sowie in den Schutzgebieten sich dauernd aufhaltende Personen des Beurlaubtenstandes des Reichsheeres und der Kaiserlichen Marine, die in Fällen von Gefahr zu notwendigen Verstärkungen der Kaiserlichen Schutztruppen herangezogen werden, haben keinen Anspruch auf Tropenzulage.

§ 70.

Werden Personen der Unterklassen nach dem Ausscheiden aus den Kaiserlichen Schutztruppen wegen der Folgen einer im Dienste bei den Kaiserlichen Schutztruppen in den Schutzgebieten erlittenen Dienstbeschädigung rentenberechtigt, nachdem sie in das Reichsheer oder in die Kaiserliche Marine wieder eingetreten sind, so fallen die gesamten Versorgungsgebührnisse dem Pensionsfonds des Reichsheeres oder der Kaiserlichen Marine zur Last.

Zahlung der Versorgungsgebührnisse.

§ 71.

Scheiden Personen der Unterklassen aus den Kaiserlichen Schutztruppen mit Anspruch auf Rente aus, so beginnt die Zahlung der Versorgungsgebührnisse mit dem Ablaufe des auf den Monat der Entlassung folgenden Vierteljahrs.

Zuständigkeit und Rechtsweg.

§ 72.

Die Befugnisse, die im ersten Teile dieses Gesetzes der obersten Militärverwaltungsbehörde des Kontingents übertragen sind, werden für den Bereich der Kaiserlichen Schutztruppen von der Kolonialzentralverwaltung ausgeübt.

§ 73.

Die Entscheidung der Kolonialzentralverwaltung ist für die Beurteilung der vor Gericht geltend gemachten Ansprüche auch darüber maßgebend, ob die Voraussetzungen des § 67 Abs. 1 erfüllt sind.

Übergangsvorschriften.

§ 74.

Der nach Maßgabe des gegenwärtigen Gesetzes zu zahlende Gesamtbetrag an Versorgungsgebührnissen für die zur Zeit des Inkrafttretens dieses Gesetzes den Kaiserlichen Schutztruppen angehörenden Personen der Unterklassen darf nicht hinter der Summe derjenigen Beträge zurückbleiben, welche ihnen im Falle der Pensionierung zur Zeit des Inkrafttretens dieses Gesetzes an Pension und Pensionserhöhung zugestanden haben würden. Bei Ermittelung dieser Beträge ist für Deckoffiziere das Dienstalter und der Dienstgrad zugrunde zu legen, welche sie bei Fortsetzung ihres Dienstverhältnisses in der Heimat erreicht haben würden.

Die Versorgungsgebührnisse derjenigen Friedensinvaliden, welche an einer als Feldzug erklärten militärischen Unternehmung teilgenommen haben, sind nach den Vorschriften dieses Gesetzes festzustellen.

Die Vorschrift des § 45 Nr. 2 Abs. 2 findet hierbei Anwendung.

Schlußvorschrift.

§ 75.

Die Versorgungsgebührnisse derjenigen Personen, deren Bezüge nach den bestehenden Vorschriften aus den Mitteln des Reichs-Invalidenfonds zu decken sind, werden aus dem Reichs-Invalidenfonds bestritten.

Dem Königreiche Bayern wird zur Bestreitung der gleichartigen Ausgaben, mit Ausnahme der infolge des Krieges 1870/71 erwachsenen, alljährlich eine Summe überwiesen, welche sich nach der Höhe des tatsächlichen Aufwandes für Angehörige des Reichsheeres und deren Hinterbliebene im Verhältnisse der Kopfstärke des Königlich Bayerischen Militärkontingents zu jener der übrigen Teile des Reichsheeres bemißt.

§ 76.

Dieses Gesetz tritt mit dem 1. Juli 1906 in Kraft. Außer Kraft treten alsdann:

1. die bisherigen Militärpensionsgesetze, soweit sie die Militärpersonen der Unterklassen und die im § 44 bezeichneten Personen betreffen, mit Ausschluß der Vorschriften für Hinterbliebene;
2. das Unfallfürsorgegesetz für Beamte und für Personen des Soldatenstandes vom 18. Juni 1901, soweit es die Militärpersonen der Unterklassen und deren Hinterbliebene betrifft;

3. die Vorschriften des Gesetzes, betreffend die Kaiserlichen Schutztruppen in den afrikanischen Schutzgebieten und die Wehrpflicht daselbst, vom 7./18. Juli 1896, soweit sie die Versorgung der Personen der Unterklassen regeln, mit Ausschluß der Vorschriften für Hinterbliebene.

Für das Königreich Bayern tritt § 23 erst mit dem Erlaß eines neuen Beamtenpensionsgesetzes in Kraft. Bis dahin werden die an den Pensionär gemäß § 36 Nr. 4 nicht zu zahlenden Rentenbeträge den Zivilpensionsfonds nicht erstattet.

Urkundlich unter Unserer Höchsteigenhändigen Unterschrift und beigedrucktem Kaiserlichen Insiegel.

Gegeben Berlin im Schloß, den 31. Mai 1906.

(L. S.) Wilhelm.

Graf von Posadowsky.

Anlage.

Tabelle über die Dienstgradeinteilung.

A. Nach der Dienstgradeinteilung der Unteroffiziere und Gemeinen des Heeres gehören

a) im Sinne des § 9 des Mannschaftsversorgungsgesetzes

I. Zum Dienstgrad der Feldwebel:

1. Feldwebel,
2. Wachtmeister,
3. Fähnriche (auch charakterisierte),
4. Vizefeldwebel,
5. Vizewachtmeister,
6. Regiments- u. Bataillonstambours,
7. Oberfahnenschmiede,
8. Waffenmeister-Unteroffiziere,
9. Zahlmeisteraspiranten,
10. Sanitätsfeldwebel,

(3.–10.) mit Gebührnissen eines Unteroffiziers nach neunjähriger Dienstzeit.

11. Sanitätsvizefeldwebel,
12. Oberbäcker-Vizefeldwebel,
13. Sergeanten,
14. Sanitätssergeanten,
15. Oberbäcker-Sergeanten,
16. Unteroffiziere,
17. Fahnenschmiede,
18. Sanitätsunteroffiziere,
19. Oberbäcker-Unteroffiziere,
20. Oberhandwerker bei den Trains,

(11.–20.:) mit Gebührnissen eines Unteroffiziers nach neunjähriger Dienstzeit.

21. Unterärzte,
22. Einjährig-freiwillige Ärzte,
23. Unterveterinäre,
24. Einjährig-freiwillige Tierärzte,
25. Unterapotheker,
26. Einjährig-freiwillige Militärapotheker,
27. Feldgendarmeriewachtmeister, Obergendarmen der Feldgendarmerie,[1])
28. Sanitätsfeldwebel in größeren Garnisonlazaretten,
29. Feldwebel-Sergeanten, Feldwebel-Unteroffiziere und Unteroffiziere der Schloßgarde-Kompagnie,
30. Außerdem gehören hierzu in pensionsrechtlicher Beziehung: Reitende Feldjäger, sofern sie nicht Offiziersgebührnisse beziehen.

II. Zum Dienstgrad der Sergeanten:

1. überzählige Feldwebel oder Wachtmeister,
2. überzählige Vizefeldwebel oder Vizewachtmeister,
3. Sergeanten,
4. Regiments- u. Bataillonstambours,
5. Oberfahnenschmiede,
6. Waffenmeister-Unteroffiziere,
7. Zahlmeisteraspiranten,
8. Sanitätsfeldwebel,
9. Sanitätssergeanten,

(1.–9.:) mit Gebührnissen eines Unteroffiziers nach $5^{1}/_{2}$jähriger Dienstzeit.

[1]) Landgendarmen gehören nicht zu den Personen der Unterklassen des Reichsheeres.

10. Oberbäcker-Sergeanten, 11. Unteroffiziere, 12. Fahnenschmiede, 13. Sanitätsunteroffiziere, 14. Oberbäcker-Unteroffiziere, 15. Oberhandwerker bei den Trains, 16. Feldgendarmen-Unteroffiziere, soweit sie nicht unter A I gehören,	mit Gebührnissen eines Unteroffiziers nach 5¹/₂jähriger Dienstzeit.

III. Zum Dienstgrad der Unteroffiziere:

1. überzählige Vizefeldwebel, 2. " Vizewachtmeister, 3. " Sergeanten, 4. Unteroffiziere, 5. Oberjäger, 6. Regiments- u. Bataillonstambours, 7. Oberfahnenschmiede und Fahnenschmiede, 8. Waffenmeister-Unteroffiziere, 9. Zahlmeisteraspiranten, 10. Sanitätsunteroffiziere, 11. Oberbäcker-Unteroffiziere, 12. Oberhandwerker bei den Trains, 13. Etatsmäßige Hoboisten, Hornisten u. Trompeter,	mit Gebührnissen eines Unteroffiziers mit weniger als 5¹/₂jähriger Dienstzeit.

IV. Zum Dienstgrad der Gemeinen:

1. überzählige Vizefeldwebel, 2. " Vizewachtmeister, 3. " Sergeanten, 4. " Oberfahnenschmiede, 5. " Oberbäcker-Sergeanten, 6. " Oberhandwerker bei den Trains, 7. überzählige Unteroffiziere, 8. " Oberjäger, 9. " Fahnenschmiede, 10. " Oberbäcker-Unteroffiziere,	ohne Gebührnisse eines Unteroffiziers.

11. Überzählige Hoboisten, Hornisten, Trompeter ohne Gebührnisse der etatsmäßigen Hoboisten usw.,
12. Fahnenjunker,
13. Einjährig-freiwillige Unteroffiziere, Gefreite, Gemeine,
14. Einjährig- oder mehrjährig-freiwillige Veterinäraspiranten,
15. Kapitulanten ohne Gebührnisse eines Unteroffiziers,
16. Obergefreite,
17. Gefreite,
18. Sanitätsgefreite,
18a. Feldgendarm-Gefreite,
19. Schießer bei den Militärbäcker-Abteilungen,
20. Hilfshoboisten, -Hornisten, -Trompeter,
21. Spielleute,
22. Gemeine,
23. Trainsoldaten,
24. Sanitätssoldaten,
25. Ökonomiehandwerker,
26. Handwerker bei den Trains,
27. Bäcker bei den Militärbäcker-Abteilungen,
28. Militärkrankenwärter,
29. Militärkrankenträger,
30. Gefreite } der Unteroffiziersschulen.
31. Füsiliere } der Unteroffiziersschulen.
32. Arbeitssoldaten.

b) Im Sinne des § 10 MVG. 1906 gehören:

1. Zu den Unteroffizieren mit pensionsfähigen Löhnungszuschüssen oder Zulagen:

1. Registratoren:
   bei den Generalkommandos,
   „ „ Generalinspektionen,
   „ der Inspektion der Feldartillerie,
   „ dem Gouvernement Berlin,
   „ der Kommandantur Berlin,
   „ „ Kommandantur Potsdam,
2. Oberfahnenschmiede und Fahnenschmiede,

3. Waffenmeister-Unteroffiziere bei den Maschinengewehr-Truppen,
4. Handwerksmeister,
5. Arrestaufseher in einzelnen Garnisonanstalten.

2. Zu den Unteroffizieren als Gehaltsempfänger:

(Besoldungsordnung IV, Ges. v. 15. Juli 1909.)

1. Luftschiff-Untersteuerleute,
2. „ Untermaschinisten,
3. „ Steuerleute,
4. „ Maschinisten,
5. Feuerwerker,
6. Unterzahlmeister,
7. Unterinspektoren:
   bei den Proviantämtern,
   „ „ Bekleidungsämtern,
   „ „ Garnisonverwaltungen,
   „ „ Lazaretten,
8. Zeugfeldwebel,
9. Oberfeuerwerker,
10. Festungsbaufeldwebel,
11. Schirrmeister,
12. Obermusikmeister und Musikmeister,
13. Oberwallmeister und Wallmeister,
14. Kompagnieverwalter bei den Kadettenanstalten,
15. Luftschiff-Obersteuerleute,
16. „ Obermaschinisten.

c) Personen der freiwilligen Krankenpflege im Kriege.

Zugführer stehen im Range der Feldwebel,
Zugführerstellvertreter stehen im Range der Sergeanten,
Sektionsführer stehen im Range der Unteroffiziere,
Krankenpflegerinnen, Krankenpfleger, Krankenträger, Kaufmann, Schreiber, Diener, Koch, Köchin stehen im Range der Gemeinen.

B. Nach der Dienstgradeinteilung der Militärpersonen der **Marine** vom Feldwebel abwärts gehören im Sinne des § 9 des Mannschaftsversorgungsgesetzes

I. Zum Dienstgrad der Feldwebel:

1. Feldwebel,
2. Wachtmeister, einschließlich beim III. Seebataillon,
3. Obermusikmeister und Musikmeister,[1]
4. Artilleriewarte,[1]
5. Vizefeldwebel, Vizewachtmeister (letztere beim III. Seebataillon),
6. Sanitätsfeldwebel,
7. Divisionstamboure,
8. Abteilungstamboure, wenn sie Obermaate sind,
9. Unteroffiziere der Marineinfanterie, einschl. Bataillontamboure, Schreiber u. Oberfahnenschmiede (letztere beim III. Seebataillon),
10. Obersanitätsmaate,
11. Etatsmäßige Schreiber,

(4.–11.) mit Vizefeldwebel- bzw. Vizewachtmeistergebührnissen.

12. Etatsmäßige Verwaltungsschreiber,
13. Fähnriche zur See,
14. Schuhmachermeister,
15. Schneidermeister,
16. Marineunterärzte (einjährig-freiwillige Marineärzte),
17. Festungsbaufeldwebel[1] (Kiautschou).

II. Zum Dienstgrad der Sergeanten:

1. Oberbootsmannsmaate,
2. Oberstückmeistersmaate,
3. Oberfeuerwerksmaate,
4. Oberwachtmeistersmaate,
5. Obersignalmaate,
6. Obersteuermannsmaate,
7. Obervermessungsmaate,
8. Divisionstamboure,

[1]) Sind zur Klasse der Unteroffiziere gehörende Gehaltsempfänger (§ 10 Abs. 2 MVG. 1906).

9. Exerziersergeanten,
10. Ingenieuroberapplikanten,
11. Obermaschinistenmaate,
12. Artilleriemechanikerobermaate,
13. Zahlmeisterapplikanten,
14. Oberfeuermeistersmaate,
15. Oberzimmermannsmaate,
16. Obersegelmachersmaate,
17. Obermalersmaate,
18. Obermaterialienverwaltersmaate,
19. Oberbotteliers,
20. Obersanitätsmaate,
21. Oberbüchsenmachersmaate,
22. Bäckermeister mit Obermaatengebührnissen,
23. Oberschreiber,
24. Oberverwaltungsschreiber,
25. Sergeanten (der Marineinfanterie),
26. Oberartilleristenmaate,
27. Torpedo-Oberbootsmannsmaate,
28. U-Oberbootsmannsmaate,
29. Minen-Oberbootsmannsmaate,
30. Torpedoingenieuroberapplikanten,
31. Torpedo-Obermaschinistenmaate,
32. U-Obermaschinistenmaate,
33. Minen-Obermaschinistenmaate,
34. Torpedo-Oberfeuermeistersmaate,
35. Funkentelegraphie-Obermaate,
36. Torpedo-Obermaate,
37. Artilleriemechanikerobermaate, Torpedo-Obermechanikermaate,
38. Kammerunteroffiziere der Bekleidungsämter (mit Obermaatengebührnissen),
39. Abteilungstamboure (mit Obermaatengebührnissen),
40. Unteroffiziere der Marineinfanterie einschließlich Bataillonstamboure, Schreiber und Oberfahnenschmiede (letztere beim III. Seebataillon) mit Sergeantengebührnissen,
41. Schuhmachermeister (mit Obermaatengebührnissen),
42. Schneidermeister (mit Obermaatengebührnissen).

III. Zum Dienstgrad der Unteroffiziere:

1. Bootsmannsmaate,
2. Feuerwerksmaate,
3. Signalmaate,
4. Vermessungsmaate,
5. Hoboisten, Trompeter (letztere beim III. Seebataillon) mit Maaten- oder Unteroffiziersgebührnissen,
6. Abteilungstamboure,
7. Exerzierunteroffiziere,
8. Ingenieurapplikanten,
9. Maschinistenmaate,
10. Artilleriemechanikermaate,
11. Zahlmeisterapplikanten (mit Maatengebührnissen),
12. Feuermeistersmaate,
13. Zimmermannsmaate,
14. Segelmachersmaate,
15. Malersmaate,
16. Materialverwaltermaate,
17. Botteliers,
18. Sanitätsmaate,
19. Büchsenmachermaate,
20. Bäckermeister (mit Maatengebührnissen),
21. Schreiber,
22. Verwaltungsschreiber,
23. Unteroffiziere (der Marineinfanterie),
24. Bataillonstamboure und Fahnenschmiede (letztere beim III. Seebataillon),
25. Artilleristenmaate,
26. Torpedo-Bootsmannsmaate,
27. U-Bootsmannsmaate,
28. Torpedo-Maschinistenmaate,
29. U-Maschinistenmaate,
30. Torpedo-Feuermeistersmaate,
31. Torpedoingenieur-Applikanten (mit Maatengebührnissen),
32. Minen-Bootsmannsmaate,
33. Minen-Maschinistenmaate,
34. Torpedomaate,
35. Torpedo-Mechanikermaate,

36. Funkentelegraphiemaate,
37. Schuhmachermeister (mit Maatengebührnissen),
38. Schneidermeister (mit Maatengebührnissen),
39. Kammerunteroffiziere der Bekleidungsämter (mit Maatengebührnissen),
40. die für Schiffe der Kaiserlichen Marine angestellten Personen (§ 51 MVG. 1906).

IV. Zum Dienstgrad der Gemeinen:

Hierzu gehören auch Unteroffiziere der Marineinfanterie als Nichtkapitulanten).

1. Obermatrosen,
2. Matrosen,
3. Obersignalgasten,
4. Signalgasten,
5. Obervermessungsgasten,
6. Vermessungsgasten,
7. Hoboisten, Trompeter (letztere beim III. Seebataillon) mit Obermatrosen- bzw. Gefreiten- oder Matrosen- bzw. Gemeinengebührnissen,
8. Spielleute,
9. Ingenieuroberanwärter,
10. Ingenieuranwärter,
11. Obermaschinistenanwärter,
12. Maschinistenanwärter,
13. Oberheizer,
14. Heizer,
15. Artilleriemechanikeroberanwärter,
16. Artilleriemechanikeranwärter,
17. Artilleriemechanikerobergasten,
18. Artilleriemechanikergasten,
19. Oberzimmermannsgasten,
20. Zimmermannsgasten,
21. Obersegelmachersgasten,
22. Segelmachersgasten,
23. Obermalersgasten,
24. Malersgasten,
25. Oberböttchersgasten,
26. Böttchersgasten,

27. Oberschuhmachersgasten,
28. Schuhmachersgasten,
29. Oberschneidersgasten,
30. Schneidersgasten,
31. Materialienverwaltersapplikanten,
32. Obersanitätsgasten,
33. Sanitätsgasten,
34. Marinekrankenwärter,
35. Oberbüchsenmachersgasten,
36. Büchsenmachersgasten,
37. Oberbäckersgasten,
38. Bäckersgasten,
39. Oberbotteliersgasten,
40. Oberschreibersgasten,
41. Schreibersgasten,
42. Zahlmeisteranwärter,
43. Oberverwaltungsschreibersgasten,
44. Verwaltungsschreibersgasten,
45. Gefreite (der Marineinfanterie),
46. Seesoldaten, Feldartilleristen (letztere beim III. Seebataillon),
47. Obermatrosenartilleristen,
48. Matrosenartilleristen,
49. Torpedo-Obermatrosen,
49a. Torpedo-Matrosen,
50. U-Obermatrosen,
51. U-Matrosen,
52. Minen-Obermatrosen,
53. Minen-Matrosen,
54. Torpedo-Obermaschinistenanwärter,
55. Torpedo-Maschinistenanwärter,
56. U-Obermaschinistenanwärter,
57. U-Maschinistenanwärter,
58. Torpedooberheizer,
59. Torpedo-Heizer,
60. U-Oberheizer,
61. U-Heizer,
62. Torpedo-Ingenieuroberanwärter,
63. Torpedo-Ingenieuranwärter,
64. Torpedo-Obermechanikeranwärter,

65. Torpedomechanikeranwärter,
66. Minen-Obermechanistenanwärter,
67. Minen-Maschinistenanwärter,
68. Minen-Oberheizer,
69. Minen-Heizer,
70. Funkentelegraphie-Obergasten,
71. Funkentelegraphie-Oberanwärter,
72. Funkentelegraphie-Gasten,
73. Funkentelegraphie-Anwärter,
74. Torpedo-Funkentelegraphieobergasten,
75. Torpedo-Funkentelegraphiegasten,
76. Ökonomieoberhandwerker,
77. Ökonomiehandwerker,
78. Seekadetten,
79. Schiffsjungen und Schiffsjungenunteroffiziere, deren Erwerbsfähigkeit durch Krieg oder durch Dienstbeschädigung auf einer Seereise aufgehoben oder gemindert ist.

7. Militärhinterbliebenengesetz.

Vom 17. Mai 1907.

Wir Wilhelm, von Gottes Gnaden Deutscher Kaiser, König von Preußen rc. verordnen im Namen des Reichs, nach erfolgter Zustimmung des Bundesrats und des Reichstags, was folgt:

Erster Teil.

Reichsheer.

I. Allgemeine Versorgung.

A. Hinterbliebene von Offizieren einschließlich Sanitätsoffizieren des Friedensstandes.

§ 1.

Die Witwen und die ehelichen oder legitimierten Kinder von Offizieren des Friedensstandes, welchen zur Zeit ihres Todes ein Anspruch auf lebenslängliche Pension aus der Reichskasse im Falle der Versetzung in den Ruhestand zugestanden hätte, sowie die Witwen und die ehelichen oder legitimierten Kinder von verabschiedeten Offizieren des Friedensstandes, welche eine lebenslängliche Pension aus der Reichskasse zu beziehen hatten, erhalten Witwen- und Waisengeld.

§ 2.

Das Witwengeld besteht in vierzig vom Hundert derjenigen Pension, zu welcher der Verstorbene berechtigt gewesen ist oder berechtigt gewesen sein würde, wenn er am Todestag in den Ruhestand versetzt worden wäre.

Das Witwengeld soll jedoch, vorbehaltlich der im § 4 verordneten Beschränkung, mindestens 300 Mark und höchstens 5000 Mark betragen.

Bei Berechnung des Witwengeldes bleibt die Pensionsbeihilfe, die Verstümmelungszulage und die Alterszulage (§ 7 Abs. 1, §§ 11, 13 des Offizierpensionsgesetzes vom 31. Mai 1906) stets, die Kriegszulage, die Pensionserhöhung und die Tropenzulage (§§ 12, 49, 66, 67 ebenda) in dem Falle außer Betracht, daß die Witwe zu einer Kriegsversorgung berechtigt ist.

Der Jahresbetrag des Witwengeldes ist nach oben so abzurunden, daß bei Teilung durch drei sich volle Markbeträge ergeben.

§ 3.

Das Waisengeld beträgt jährlich:

1. für jedes Kind, dessen Mutter noch lebt und zur Zeit des Todes des Verstorbenen zum Bezuge von Witwengeld berechtigt war, ein Fünftel des Witwengeldes;
2. für jedes Kind, dessen Mutter nicht mehr lebt oder zur Zeit des Todes des Verstorbenen zum Bezuge von Witwengeld nicht berechtigt war, ein Drittel des Witwengeldes.

Der Jahresbetrag des Waisengeldes ist nach oben so abzurunden, daß bei Teilung durch drei sich volle Markbeträge ergeben.

§ 4.

Witwen- und Waisengeld dürfen weder einzeln noch zusammen den Betrag der Pension übersteigen, zu welcher der Verstorbene berechtigt gewesen ist oder berechtigt gewesen sein würde, wenn er am Todestag in den Ruhestand versetzt worden wäre.

Ergibt sich an Witwen- und Waisengeld zusammen ein höherer Betrag, so werden die einzelnen Sätze im gleichen Verhältnisse gekürzt.

§ 5.

Nach dem Ausscheiden eines Witwen- oder Waisengeldberechtigten erhöht sich das Witwen- oder Waisengeld der verbleibenden Berechtigten von dem Beginne des folgenden Monats an insoweit, als sie sich noch nicht im vollen Genusse der ihnen nach §§ 2 bis 4 gebührenden Beträge befinden.

§ 6.

War die Witwe mehr als 15 Jahre jünger als der Verstorbene, so wird das nach Maßgabe der §§ 2, 4 berechnete Witwengeld für jedes angefangene Jahr des Altersunterschieds über 15 bis einschließlich 25 Jahre um $^{1}/_{20}$ gekürzt. Nach fünfjähriger Dauer der Ehe wird für jedes angefangene Jahr ihrer weiteren Dauer dem gekürzten Betrag $^{1}/_{10}$ des berechneten Witwengeldes solange hinzugesetzt, bis der volle Betrag wieder erreicht ist.

Auf den nach § 3 zu berechnenden Betrag des Waisengeldes ist diese Kürzung des Witwengeldes ohne Einfluß.

§ 7.

Liegen die Voraussetzungen einer Kürzung sowohl nach § 4 als auch nach § 6 vor, so ist zunächst das Witwen- und Waisengeld nach § 4 und erst dann das Witwengeld nach § 6 zu kürzen, demnächst aber der gemäß § 6 gekürzte Betrag des Witwengeldes dem nach § 4 gekürzten Waisengelde bis zur Erreichung des vollen Betrags zuzusetzen.

§ 8.

Keinen Anspruch auf Witwengeld hat die Witwe, wenn die Ehe mit dem Verstorbenen innerhalb dreier

Monate vor seinem Ableben geschlossen worden und die Eheschließung zu dem Zwecke erfolgt ist, um der Witwe den Bezug des Witwengeldes zu verschaffen.

Keinen Anspruch auf Witwen- und Waisengeld haben die Witwe und die hinterbliebenen Kinder, wenn der Verstorbene die Ehe erst nach der Pensionierung oder Stellung zur Disposition und,

a) falls er im Heere oder in der Kaiserlichen Marine in einer mit Pensionsberechtigung verbundenen oder in einer im Militär- oder Marine-Etat für pensionierte Offiziere vorgesehenen Stelle Verwendung gefunden hat, nach dem Ausscheiden aus dieser Stelle,

b) falls er mit einer mit Gehalt oder Dienstzulage verbundenen Offizierstelle in einem Invalideninstitute beliehen worden ist, nach dem Ausscheiden aus dieser Stelle

geschlossen hat.

Eine Ehe gilt nur dann als nach der Pensionierung oder Stellung zur Disposition geschlossen, wenn die Eheschließung nach dem Schlusse des Monats stattgefunden hat, in welchem das Ausscheiden aus dem Dienste erfolgt ist.

§ 9.

Der Witwe und den ehelichen oder legitimierten Kindern eines Offiziers, dem, wenn er am Todestage verabschiedet worden wäre, auf Grund des § 7 Abs. 2 des Offizierpensionsgesetzes eine Pension hätte bewilligt werden können, sowie der Witwe und den ehelichen oder legitimierten Kindern eines verabschiedeten Offiziers, der am Todestag eine nicht lebenslängliche Pension zu beziehen hatte, kann durch die oberste Militärverwaltungsbehörde des Kontingents Witwen- und Waisengeld bis zu der in den §§ 2 bis 7 angegebenen Höhe bewilligt werden.

§ 10.

Stirbt ein Offizier, welchem im Falle der Pensionierung bei Berechnung der Pension die Anrechnung gewisser Zeiten auf die in Betracht kommende Dienstzeit nach § 15 Abs. 2, § 18 Abs. 2 des Offizierpensionsgesetzes hätte bewilligt werden dürfen, so kann eine solche Anrechnung auch bei Festsetzung des Witwen- und Waisengeldes durch die oberste Militärverwaltungsbehörde des Kontingents zugelassen werden.

B. Hinterbliebene von Offizieren einschließlich Sanitätsoffizieren des Beurlaubtenstandes und von den ausgeschiedenen, zum aktiven Militärdienste vorübergehend wieder herangezogenen Offizieren.

§ 11.

Der Witwe und den ehelichen oder legitimierten Kindern eines Offiziers des Beurlaubtenstandes, dem zur Zeit seines Todes ein Anspruch auf Pension aus der Reichskasse im Falle der Verabschiedung zugestanden hätte, sowie der Witwe und den ehelichen oder legitimierten Kindern eines verabschiedeten Offiziers des Beurlaubtenstandes, welcher eine Pension aus der Reichskasse zu beziehen hatte, kann durch die oberste Militärverwaltungsbehörde des Kontingents Witwen- und Waisengeld bis zu der in den §§ 2 bis 7 angegebenen Höhe bewilligt werden.

Das Gleiche gilt für die Hinterbliebenen von Offizieren, die, ohne Pension ausgeschieden, zum aktiven Militärdienste vorübergehend wieder herangezogen worden sind, sowie für die Hinterbliebenen von Offizieren, die, mit Pension ausgeschieden, zum aktiven Militärdienste vorübergehend wieder herangezogen worden sind, falls die Ehe nach dem Ausscheiden aus dem Friedensstande geschlossen worden ist.

In den Fällen des Abs. 1 muß der Tod des Verstorbenen durch die Dienstbeschädigung verursacht worden sein, welche zur Pensionierung des Offiziers hätte führen können oder geführt hat.

C. Hinterbliebene von Militärpersonen der Unterklassen.

§ 12.

Die Witwen und die ehelichen oder legitimierten Kinder von Militärpersonen der Unterklassen, die während der Zugehörigkeit zum aktiven Heere entweder infolge einer Dienstbeschädigung oder nach zehnjähriger Dienstzeit gestorben sind, erhalten Witwen- und Waisengeld.

Das Gleiche gilt für die Witwen und die ehelichen oder legitimierten Kinder von ehemaligen Militärpersonen der Unterklassen, die

1. zur Zeit ihres Todes nach Ablauf mindestens achtzehnjähriger Dienstzeit eine Rente zu beziehen hatten, oder
2. infolge einer Dienstbeschädigung vor Ablauf von sechs Jahren nach der Entlassung aus dem aktiven Dienste

gestorben sind.

Die Dienstbeschädigung muß im Falle der Nr. 2 innerhalb der Fristen des § 2 des Mannschaftsversorgungsgesetzes festgestellt sein.

§ 13.

Das Witwengeld beträgt jährlich 300 Mark.

Dieser Betrag erhöht sich für die Witwen der Militärpersonen der Unterklassen mit mehr als fünfzehnjähriger Dienstzeit für jedes Jahr dieser weiteren Dienstzeit bis zum vollendeten vierzigsten Dienstjahr um sechs vom Hundert.

Dem hiernach berechneten Betrage des Witwengeldes treten für die Witwe einer der im § 10 Abs. 1 des Mannschaftsversorgungsgesetzes bezeichneten Personen, falls diese als Rentenempfänger verstorben ist, vierzig vom Hundert desjenigen Betrags hinzu, den der Verstorbene infolge der im § 10 Abs. 1 ebenda vorgeschriebenen Erhöhung der Vollrente bezogen hat. Ist der Tod vor dem Ausscheiden aus dem aktiven Dienste eingetreten, so beträgt die Erhöhung des Witwengeldes $^{15}/_{100}$ der von dem Verstorbenen zuletzt bezogenen, im Etat als pensionsfähig bezeichneten Löhnungszuschüsse oder Zulagen und steigt bei Witwen von Kapitulanten mit mehr als achtzehnjähriger Dienstzeit für jedes fernere Dienstjahr um $^{9}/_{1000}$ bis höchstens $^{30}/_{100}$ dieser Löhnungszuschüsse oder Zulagen.

Sofern sich bei Anwendung der Vorschriften des Reichsbeamtengesetzes für die Witwe eines zur Klasse der Unteroffiziere gehörenden Gehaltsempfängers, mit Einschluß der im Range der Unteroffiziere stehenden Verwalter bei den Kadettenkorps ein höheres Witwengeld ergeben würde, ist dieses zu gewähren.

Der Jahresbetrag des Witwengeldes ist nach oben so abzurunden, daß bei Teilung durch drei sich volle Markbeträge ergeben.

§ 14.

Die §§ 3, 6, 8 Abs. 1 und § 10 finden mit der Maßgabe Anwendung, daß an Stelle der im § 10 erwähnten Paragraphen des Offizierpensionsgesetzes § 5 Abs. 2 und § 8 Abs. 2 des Mannschaftsversorgungsgesetzes treten.

§ 15.

Witwen- und Waisengeld dürfen weder einzeln noch zusammen den Betrag der im § 9 des Mannschaftsversorgungsgesetzes für den betreffenden Dienstgrad festgesetzten Vollrente übersteigen.

In Fällen des § 13 Abs. 3 Satz 1 erhöht sich diese Grenze um denjenigen Betrag, von welchem die Erhöhung des Witwengeldes zu berechnen ist, in den Fällen des § 13 Abs. 3 Satz 2 um $^{75}/_{200}$ der von dem Verstorbenen zuletzt bezogenen im Etat als pensionsfähig bezeichneten Löhnungszuschüsse oder Zulagen.

Bei den Hinterbliebenen der im § 12 Abs. 2 Nr. 1 erwähnten Personen dürfen Witwen- und Waisengeld weder einzeln noch zusammen den Betrag der vom Verstorbenen bezogenen Rente übersteigen.

Ergibt sich an Witwen- und Waisengeld zusammen ein höherer Betrag, so werden die einzelnen Sätze im gleichen Verhältnisse gekürzt.

Nach dem Ausscheiden eines Witwen- oder Waisengeldberechtigten erhöht sich das Witwen- oder Waisengeld der verbleibenden Berechtigten von dem Beginne des folgenden Monats ab insoweit, als sie sich noch nicht im vollen Genusse der ihnen nach §§ 13, 14 gebührenden Beträge befinden.

Liegen die Voraussetzungen einer Kürzung sowohl nach Abs. 1 als auch nach §§ 6, 14 vor, so ist zunächst das Witwen- und Waisengeld nach Abs. 1 und erst dann das Witwengeld nach §§ 6, 14 zu kürzen, demnächst aber der gemäß §§ 6, 14 gekürzte Betrag des Witwengeldes dem nach Abs. 1 gekürzten Waisengelde bis zur Erreichung des vollen Betrags zuzusetzen.

§ 16.

Keinen Anspruch auf Witwen- und Waisengeld haben die Witwe und die hinterbliebenen Kinder, wenn der Verstorbene die Ehe erst nach der Entlassung aus dem aktiven Militärdienst und,

a) falls er zum Militärdienste wieder herangezogen worden ist, nach der Wiederentlassung,
b) falls er in einem Invalideninstitut Aufnahme gefunden hat, nach dem Ausscheiden aus diesem

geschlossen hat.

D. Hinterbliebene von Beamten des Beurlaubtenstandes, von Personen, die gemäß §§ 34, 35 des Offizierpensionsgesetzes im Kriege als Heeresbeamte verwendet worden sind, und von Personen der freiwilligen Krankenpflege auf dem Kriegsschauplatze.

§ 17.

Der Witwe und den ehelichen oder legitimierten Kindern

1. von Heeresbeamten des Beurlaubtenstandes,
2. von Personen, die nicht zu den Heeresbeamten des Beurlaubtenstandes gehören, aber während der Dauer eines Krieges bei dem Feld- oder Besatzungsheer als Heeresbeamte verwendet worden sind,

kann, falls der Verstorbene zur Zeit seines Todes auf Grund der §§ 33, 34, 35 des Offizierpensionsgesetzes zu einer Pension im Falle seines Ausscheidens berechtigt gewesen sein würde oder eine Pension zu beziehen hatte, und falls der Tod durch Dienstbeschädigung verursacht worden ist, durch die oberste Militärverwaltungsbehörde des Kontingents Witwen- und Waisengeld bewilligt werden.

Diese Vorschrift findet entsprechende Anwendung auf die Hinterbliebenen von Personen der freiwilligen Krankenpflege, falls der Tod infolge dienstlicher Verwendung auf dem Kriegsschauplatze vor Ablauf von sechs Jahren nach dem Friedensschluß eingetreten ist. Beim Fehlen eines Friedensschlusses beginnt der Lauf der Frist mit dem Schlusse des Jahres, in welchem der Krieg beendigt worden ist.

§ 18.

Auf die Hinterbliebenen der im § 17 Abs. 1 erwähnten Personen finden die §§ 2 bis 8 Abs. 1, § 10, auf die Hinterbliebenen von Personen der freiwilligen Krankenpflege finden § 13 Abs. 1, § 14, § 15 Abs. 1, 4 bis 6 mit folgender Maßgabe Anwendung:

1. Witwen- und Waisengeld kann nur gewährt werden, wenn die Ehe der ersteren vor dem Ausscheiden aus dem aktiven Heere und der letzteren vor Beendigung ihrer Verwendung auf dem Kriegsschauplatze geschlossen ist.
2. Das Witwengeld kann bis zu den aus vorstehenden Vorschriften sich ergebenden Sätzen gewährt werden, in keinem Falle darf es jedoch den Betrag von 3500 Mark übersteigen.

II. Kriegsversorgung.

§ 19.

Die Witwen und die ehelichen oder legitimierten Kinder der zum Feldheere gehörigen Offiziere, einschließlich Sanitätsoffiziere, Beamten und Militärpersonen der Unterklassen mit Einschluß der in den §§ 34, 35 des Offizierpensionsgesetzes erwähnten Personen und der auf dem Kriegsschauplatze verwendeten Personen der freiwilligen Krankenpflege, die

1. im Kriege geblieben oder infolge einer Kriegsverwundung gestorben sind,
2. eine sonstige Kriegsdienstbeschädigung erlitten haben und an ihren Folgen gestorben sind,

erhalten Kriegswitwen- und Kriegswaisengeld, in dem Falle zu 2 jedoch nur, wenn der Tod vor Ablauf von 10 Jahren nach dem Friedensschluß oder dem im § 17 letzter Absatz Satz 2 angegebenen Zeitpunkt eingetreten ist.

§ 20.

Das Kriegswitwengeld beträgt jährlich:

a) wenn die allgemeine Versorgung zusteht:

1.	für die Witwe eines Offiziers bis zum Stabsoffizier einschließlich abwärts . .	1500 Mark,
2.	für die Witwe eines Hauptmanns, Oberleutnants, Leutnants oder Feldwebelleutnants	1200 „
3.	für die Witwe eines Feldwebels, Vizefeldwebels, eines Sergeanten mit der Löhnung eines Vizefeldwebels, eines Zugführers der freiwilligen Kriegskrankenpflege oder eines Unterbeamten mit einem pensionsfähigen Diensteinkommen von jährlich mehr als 1200 Mark . . .	300 „
4.	für die Witwe eines Sergeanten, Unteroffiziers, Zugführer-Stellvertreters oder Sektionsführers der freiwilligen Kriegskrankenpflege oder eines Unterbeamten mit einem pensionsfähigen Diensteinkommen von jährlich 1200 Mark und weniger	200 „
5.	für die Witwe eines Gemeinen oder einer jeden anderen Person des Unterpersonals der freiwilligen Kriegskrankenpflege	100 „

b) wenn die allgemeine Versorgung nicht zusteht:

1.	für die Witwe eines Generals oder eines Offiziers in Generalsstellung .	2000 Mark,
2.	für die Witwe eines Stabsoffiziers .	1600 „
3.	für die Witwe eines Hauptmanns, Oberleutnants, Leutnants oder Feldwebelleutnants	1200 „

4. für die Witwe eines Feldwebels, Vizefeldwebels, eines Sergeanten mit der Löhnung eines Vizefeldwebels, eines Zugführers der freiwilligen Kriegskrankenpflege oder eines Unterbeamten mit einem pensionsfähigen Diensteinkommen von jährlich mehr als 1200 Mark . . .	600	Mark
5. für die Witwe eines Sergeanten, Unteroffiziers, Zugführer-Stellvertreters oder Sektionsführers der freiwilligen Kriegskrankenpflege oder eines Unterbeamten mit einem pensionsfähigen Diensteinkommen von jährlich 1200 Mark und weniger	500	„
6. für die Witwe eines Gemeinen oder einer jeden anderen Person des Unterpersonals der freiwilligen Kriegskrankenpflege	400	„

Erreicht das Jahresgesamteinkommen der zu Kriegswitwengeld berechtigten Witwe

1. eines Generals oder eines Offiziers in Generalsstellung nicht	3000	Mark,
2. eines anderen Offiziers mit Ausnahme der Feldwebelleutnants nicht	2000	„
3. eines Feldwebelleutnants nicht . . .	1500	„

so kann mit Genehmigung der obersten Militärverwaltungsbehörde des Kontingents das Kriegswitwengeld bis zur Erreichung dieser Sätze erhöht werden.

§ 21.

Das Kriegswaisengeld beträgt jährlich:

a) wenn die allgemeine Versorgung zusteht:

1. für jedes vaterlose Kind eines Generals oder eines Stabsoffiziers in Generals- oder Regimentskommandeur-Stellung .	150	Mark,
eines anderen Offiziers	200	„
für jedes elternlose Kind eines Generals oder eines Stabsoffiziers in Generals- oder Regimentskommandeur-Stellung .	225	„
eines anderen Offiziers	300	„

2. für jedes vaterlose Kind einer Militärperson der Unterklassen, eines Angehörigen der freiwilligen Krankenpflege oder eines Unterbeamten . . . 108 Mark
für jedes elternlose Kind einer Militärperson der Unterklassen, eines Angehörigen der freiwilligen Kriegskrankenpflege oder eines Unterbeamten . . 140 „

b) wenn die allgemeine Versorgung nicht zusteht:

1. für jedes vaterlose Kind eines Offiziers 200 Mark,
für jedes elternlose Kind eines Offiziers 300 „
2. für jedes vaterlose Kind einer Militärperson der Unterklassen, eines Angehörigen der freiwilligen Kriegskrankenpflege oder eines Unterbeamten . . . 168 „
für jedes elternlose Kind einer Militärperson der Unterklassen, eines Angehörigen der freiwilligen Kriegskrankenpflege oder eines Unterbeamten . . . 240 „

Dem elternlosen Kinde steht das Kind gleich, dessen Mutter zur Zeit des Todes seines Vaters zum Bezuge des Kriegswitwengeldes nicht berechtigt ist.

§ 22.

Den Verwandten der aufsteigenden Linie der im § 19 erwähnten Personen kann unter den dort bestimmten Voraussetzungen für die Dauer der Bedürftigkeit ein Kriegselterngeld gewährt werden, wenn der verstorbene Kriegsteilnehmer

a) vor Eintritt in das Feldheer oder
b) nach seiner Entlassung aus diesem zur Zeit seines Todes oder bis zu seiner letzten Krankheit

ihren Lebensunterhalt ganz oder überwiegend bestritten hat.

Das Kriegselterngeld beträgt jährlich höchstens:

1. für den Vater und jeden Großvater, für die Mutter und jede Großmutter eines Offiziers . . . . 450 Mark,

2. für den Vater und jeden Großvater, für die Mutter und jede Großmutter einer Militärperson der Unterklassen, eines Unterbeamten oder eines Angehörigen der freiwilligen Krankenpflege . . . . 250 Mark

§ 23.

Die Höhe der Kriegsversorgung richtet sich:

1. bei den Hinterbliebenen der Personen, die an dem Kriege als Personen des Soldatenstandes teilgenommen haben,
   nach dem militärischen Dienstgrade, den der Verstorbene zuletzt vor seinem Tode im aktiven Heere bekleidet hatte oder dessen Charakter ihm verliehen war,
2. bei den Hinterbliebenen der Personen, die an dem Kriege als Heeresbeamte teilgenommen haben oder als solche verwendet worden sind,
   nach dem Diensteinkommen, das bei Berechnung des Ruhegehalts des Verstorbenen zugrunde gelegt worden ist oder zugrunde zu legen gewesen sein würde, falls der Verstorbene am Todestag in den Ruhestand versetzt worden wäre,
3. bei den Hinterbliebenen der während der Dauer eines Krieges in Stellen von Heeresbeamten verwendeten Personen des Soldatenstandes
   nach dem letzten militärischen Dienstgrade des Verstorbenen (Nr. 1),
4. bei den Hinterbliebenen der im § 35 des Offizierpensionsgesetzes bezeichneten Personen
   nach dem Betrage, der gemäß den vom Bundesrate festgestellten Grundsätzen bei Berechnung des Ruhegehalts des Verstorbenen zugrunde gelegt worden ist oder zugrunde zu legen gewesen sein würde, falls der Verstorbene am Todestag in den Ruhestand versetzt worden wäre. Den Hinterbliebenen von solchen im

§ 35 des Offizierpensionsgesetzes genannten Personen, denen kein höherer militärischer Rang verliehen worden ist, sind die den Hinterbliebenen von Gemeinen zustehenden Sätze zu zahlen.

§ 24.

Das Diensteinkommen oder der zu berücksichtigende Geldbetrag der oberen Heeresbeamten und der im § 35 des Offizierpensionsgesetzes erwähnten Personen ist für die Höhe der Kriegsversorgung ihrer Hinterbliebenen dergestalt maßgebend, daß, je nachdem es dem pensionsfähigen Diensteinkommen einer der im § 20 erwähnten Offizierdienstgrade bis zum Leutnant abwärts am nächsten gestanden hat, auch die für Hinterbliebene dieses Dienstgrads zustehenden Sätze gewährt werden.

Steht das pensionsfähige Diensteinkommen eines oberen Heeresbeamten genau in der Mitte zwischen dem pensionsfähigen Diensteinkommen zweier Offizierdienstgrade, so wird die höhere Versorgung gewährt.

§ 25.

Keinen Anspruch auf Kriegswitwengeld hat die Witwe, wenn die Ehe bei den Teilnehmern an den vor dem 1. April 1901 beendeten Feldzügen erst nach dem Jahre 1900, im übrigen erst nach Ablauf von 15 Jahren nach dem Friedensschluß oder dem im § 17 letzter Absatz Satz 2 angegebenen Zeitpunkt oder wenn die erst nach dem Friedensschluß oder diesem Zeitpunkt eingegangene Ehe innerhalb dreier Monate vor dem Ableben des Ehegatten geschlossen und die Eheschließung zu dem Zwecke erfolgt ist, um der Witwe den Bezug des Kriegswitwengeldes zu verschaffen.

§ 26.

Die Vorschriften der §§ 19 bis 25 finden auf die Hinterbliebenen der Teilnehmer an einer solchen militärischen Unternehmung, die gemäß § 17 des Offizierpensionsgesetzes und § 7 des Mannschaftsversorgungsgesetzes als ein Krieg anzusehen ist, entsprechende Anwendung.

Durch die oberste Militärverwaltungsbehörde des Kontingents kann eine den §§ 19 bis 25 entsprechende Kriegsversorgung gewährt werden:

1. den Hinterbliebenen von solchen nicht dem Feldheere zugeteilten Angehörigen des aktiven Heeres, die in der Zeit von der Mobilmachung bis zur Demobilmachung wegen des eingetretenen Krieges außerordentlichen Anstrengungen oder Entbehrungen oder dem Leben und der Gesundheit gefährlichen Einflüssen ausgesetzt waren und infolgedessen vor Ablauf eines Jahres nach dem Friedensschluß oder dem im § 17 letzter Absatz Satz 2 angegebenen Zeitpunkte gestorben sind,
2. den Hinterbliebenen von solchen Angehörigen des Heeres, die auf Befehl dem Kriege eines ausländischen Heeres oder einer ausländischen Marine beigewohnt haben und infolgedessen vor Ablauf eines Jahres nach der Rückkehr vom Kriegsschauplatze gestorben sind.

§ 27.

Den nicht nach § 19 versorgungsberechtigten Witwen von solchen Kriegsteilnehmern und von solchen im § 26 Abs. 1 genannten Personen, die infolge einer durch den Krieg erlittenen Dienstbeschädigung pensions- oder rentenberechtigt geworden sind oder geworden sein würden, falls sie am Todestag aus dem aktiven Dienste in den Ruhestand versetzt worden wären, können Witwenbeihilfen in der Art gewährt werden, daß das Jahresgesamteinkommen:

1. für die Witwe eines Generals oder eines Offiziers in Generalsstellung oder für die Witwe eines entsprechenden (§ 24) oberen Heeresbeamten höchstens . . .	3000 Mark,
2. für die Witwe eines anderen Offiziers mit Ausnahme des Feldwebelleutnants oder für die Witwe eines anderen oberen Heeresbeamten höchstens	2000 „
3. für die Witwe eines Feldwebelleutnants höchstens	1500 „

4. für die Witwe einer der im § 20 b Nr. 4 genannten Personen höchstens . . . . 600 Mark,
5. für die Witwe einer der im § 20 b Nr. 5 genannten Personen höchstens . . . . 500 „
6. für die Witwe einer der im § 20 b Nr. 6 genannten Personen höchstens . . . . 400 „

beträgt.

Die Vorschrift des § 25 findet entsprechende Anwendung.

III. Sonstige Vorschriften.

§ 28.

Die Festsetzung des Witwen- und Waisengeldes sowie der Kriegsversorgung und die Bestimmung darüber, an wen die Zahlung zu leisten ist, erfolgt durch die oberste Militärverwaltungsbehörde des Kontingents, dem der Verstorbene zuletzt angehört hat, oder, wenn er einem Kontingente nicht angehört hat, durch die oberste Militärverwaltungsbehörde des Kontingents, in dessen Bezirk er zuletzt gewohnt hat.

Die oberste Militärverwaltungsbehörde kann diese Befugnisse auf andere Behörden übertragen.

§ 29.

1. Die Zahlung des Witwen- und Waisengeldes und der Gebührnisse aus der Kriegsversorgung beginnt mit dem Ablaufe der Zeit, für die Gnadengebührnisse (Gnadenvierteljahr, Gnadenmonat, Gnadenlöhnung) gewährt sind, oder, wenn solche nicht gewährt sind, mit dem auf den Sterbetag folgenden Tage, für die nach dem Tode ihres Vaters geborenen Waisen nicht früher als mit dem Tage ihrer Geburt.

2. Für die ersten zwei Monate des Bezugs von Witwen- und Waisengeld ist den Hinterbliebenen der im aktiven Dienste gestorbenen Personen des Soldatenstandes zu ihren Bezügen ein Zuschuß soweit zu gewähren, daß der Betrag des Gnadenmonats oder der Gnadenlöhnung erreicht wird.

Haben die vorbezeichneten Hinterbliebenen keinen Anspruch auf Witwen- und Waisengeld, so ist ihnen eine einmalige Zuwendung in Höhe des zweifachen Betrags der Gnadengebührnisse zu gewähren.

Wenn der Verstorbene Verwandte der aufsteigenden Linie, Geschwister, Geschwisterkinder oder Pflegekinder, deren Ernährer er ganz oder überwiegend gewesen ist, in Bedürftigkeit hinterläßt, oder wenn und soweit der Nachlaß nicht ausreicht, um die Kosten der letzten Krankheit und der Beerdigung zu decken, kann mit Genehmigung der obersten Militärverwaltungsbehörde des Kontingents eine einmalige Zuwendung gewährt werden, sofern Gnadengebührnisse bewilligt worden sind. Die einmalige Zuwendung darf den zweifachen Betrag der Gnadengebührnisse nicht überschreiten. Die oberste Militärverwaltungsbehörde kann ihre Befugnisse auf andere Behörden übertragen.

3. Das Witwen- und Waisengeld und die Kriegsversorgung werden monatlich im voraus, die in diesem Paragraphen erwähnten Zuschüsse und Zuwendungen in einer Summe im voraus gezahlt.

4. Die Gebührnisse der allgemeinen Versorgung und die der Kriegsversorgung werden nebeneinander gewährt.

5. Bei Veränderung in der Höhe der bewilligten fortdauernden Gebührnisse ist der veränderte Betrag vom ersten Tage des Monats an zu zahlen, der auf das die Veränderung verursachende Ereignis folgt.

§ 30.

Das Recht auf den Bezug des Witwen- und Waisengeldes und der Kriegsversorgung erlischt:

1. für jeden Berechtigten mit dem Ablaufe des Monats, in dem er sich verheiratet oder stirbt;
2. für jede Waise außerdem mit dem Ablaufe des Monats, in dem sie das 18. Lebensjahr vollendet.

§ 31.

Das Recht auf den Bezug des Witwen- und Waisengeldes und der Kriegsversorgung ruht, solange der Berechtigte nicht Reichsangehöriger ist.

Das Recht auf den Bezug des Witwen- und Waisengeldes ruht:

1. neben einer Versorgung, welche einem Hinterbliebenen aus einer Wiederanstellung oder Beschäftigung des Verstorbenen in einer der im § 24 des Offizierpensionsgesetzes und § 36 des Mannschaftsversorgungsgesetzes bezeichneten Stellen des Zivil- oder Gendarmeriedienstes zusteht, insoweit das Witwen- oder Waisengeld unter Hinzurechnung jener anderweiten Versorgung den Betrag überschreitet, den der Hinterbliebene nach den Vorschriften dieses Gesetzes zu beziehen hätte, und zwar:
   a) sofern es sich um den Hinterbliebenen eines Offiziers handelt, unter Zugrundelegung desjenigen Betrags, welcher dem Verstorbenen gemäß § 26 des Offizierpensionsgesetzes zu zahlen gewesen ist oder zu zahlen gewesen wäre,
   b) sofern es sich um den Hinterbliebenen einer Militärperson der Unterklassen handelt, falls der Verstorbene die im Zivildienste verbrachte Zeit auch im Militärdienste zurückgelegt hätte.

   Bei Feststellung des ruhenden Betrags ist das Einkommen derjenigen Stelle zugrunde zu legen, die der Verstorbene zuletzt im aktiven Heere bekleidet hat;
2. bei Anstellung oder Beschäftigung als Beamter oder in der Eigenschaft eines Beamten im Zivildienste im Sinne des § 24 des Offizierpensionsgesetzes und des § 36 des Mannschaftsversorgungsgesetzes, wenn das Diensteinkommen der Witwe 2000 Mark, das der Waise 1000 Mark übersteigt, und zwar in Höhe des Mehrbetrags.

   Bei Berechnung des Diensteinkommens findet § 24 Nr. 3 Abs. 3 des Offizierpensionsgesetzes und § 36 Nr. 4 Abs. 3 des Mannschaftsversorgungsgesetzes Anwendung.

§ 32.

Das Recht auf den Bezug des Witwengeldes ruht neben einer im Zivildienst im Sinne des § 24 des

Offizierpensionsgesetzes, § 36 des Mannschaftsversorgungsgesetzes erdienten Pension über 1500 Mark in Höhe des Mehrbetrags.

§ 33.

Tritt das Ruhen des Rechtes auf den Bezug von Witwen- und Waisengeld und der Kriegsversorgung gemäß §§ 31, 32 im Laufe eines Monats ein, so wird die Zahlung mit dem Ende des Monats eingestellt; tritt es am ersten Tage eines Monats ein, so hört die Zahlung mit dem Beginne des Monats auf.

Bei vorübergehender Beschäftigung gegen Tagegelder oder eine andere Entschädigung beginnt das Ruhen des Rechtes auf den Bezug von Witwen- und Waisengeld mit dem Ablaufe von sechs Monaten, vom ersten Tage des Monats der Beschäftigung an gerechnet.

Lebt das Recht auf den Bezug von Witwen- und Waisengeld und die Kriegsversorgung wieder auf, so hebt die Zahlung mit dem Beginne des Monats an.

§ 34.

Ist eine Person, deren Hinterbliebenen auf Grund dieses Gesetzes Witwen- und Waisengeld oder Kriegsversorgung zustehen würde oder bewilligt werden könnte, verschollen, so kann den Hinterbliebenen von der obersten Militärverwaltungsbehörde des Kontingents das Witwen- und Waisengeld oder die Kriegsversorgung auch schon vor der Todeserklärung gewährt werden, wenn das Ableben des Verschollenen mit hoher Wahrscheinlichkeit anzunehmen ist. Den Tag, mit welchem die Zahlung des Witwen- und Waisengeldes oder der Kriegsversorgung beginnt, bestimmt in diesem Falle die oberste Militärverwaltungsbehörde des Kontingents.

§ 35.

Wegen der Ansprüche aus diesem Gesetz ist der Rechtsweg mit folgenden Maßgaben zulässig:

Die Entscheidung der obersten Militärverwaltungsbehörde des Kontingents muß der Klage vorhergehen; das Klagerecht geht verloren, wenn die

Klage nicht bis zum Ablaufe von sechs Monaten nach Zustellung dieser Entscheidung erhoben wird.

Hat gemäß § 28 eine andere Behörde Entscheidung getroffen, so tritt der Verlust des Klagerechts auch dann ein, wenn gegen diese Entscheidung von den Beteiligten nicht bis zum Ablaufe von sechs Monaten nach der Zustellung Einspruch bei der obersten Militärverwaltungsbehörde des Kontingents eingelegt ist.

Auf die Frist von sechs Monaten finden die Vorschriften der §§ 203, 206 des Bürgerlichen Gesetzbuchs entsprechende Anwendung.

Die Form der Zustellung bestimmt die oberste Militärverwaltungsbehörde des Kontingents.

Für die Ansprüche aus diesem Gesetze sind die Landgerichte ohne Rücksicht auf den Wert des Streitgegenstandes ausschließlich zuständig.

§ 36.

Für die Beurteilung der vor Gericht geltend gemachten Ansprüche sind die Entscheidungen der obersten Militärverwaltungsbehörde des Kontingents darüber maßgebend:

1. ob eine Gesundheitsstörung als eine Dienstbeschädigung anzusehen, ob eine Dienstbeschädigung durch den Krieg herbeigeführt ist;
2. ob der Tod mit den Folgen einer Dienstbeschädigung zusammenhängt;
3. ob der Verstorbene zum Feld- oder Besatzungsheere gehört hat.

Über die in Nr. 1 bis 3 genannten Fragen entscheidet innerhalb der obersten Militärverwaltungsbehörde das gemäß § 40 des Offizierpensionsgesetzes und § 43 des Mannschaftsversorgungsgesetzes gebildete Kollegium des betreffenden Kontingents endgültig.

§ 37.

Sind die in diesem Gesetze bezeichneten Personen, deren Hinterbliebenen ein Anspruch auf Versorgung zusteht, auf dienstlichen Seereisen verwendet gewesen, so finden auf die Hinterbliebenen die Vorschriften des zweiten Teiles dieses Gesetzes, sind sie gleich den Kaiserlichen Schutztruppen in den Schutzgebieten verwendet gewesen, so finden auf sie die Vorschriften des dritten Teiles dieses Gesetzes entsprechende Anwendung.

Zweiter Teil.

Kaiserliche Marine.

§ 38.

Auf die Hinterbliebenen von Angehörigen der Kaiserlichen Marine finden die §§ 1 bis 37 mit den nachfolgenden Maßgaben entsprechende Anwendung.

§ 39.

Die Befugnisse, die im ersten Teile dieses Gesetzes der obersten Militärverwaltungsbehörde des Kontingents übertragen sind, werden für den Bereich der Kaiserlichen Marine von der obersten Marineverwaltungsbehörde ausgeübt.

§ 40.

Im Sinne dieses Gesetzes stehen den Offizieren die Deckoffiziere der Kaiserlichen Marine vorbehaltlich der Vorschriften des § 43 gleich.

§ 41.

Dem nach § 13,1 berechneten Betrage des Witwengeldes treten für die Witwe einer der im § 56 des Mannschaftsversorgungsgesetzes bezeichneten Personen, falls diese als Rentenempfänger verstorben ist, auch vierzig vom Hundert desjenigen Betrags hinzu, den der Verstorbene infolge der ebenda vorgeschriebenen Erhöhung der Vollrente bezogen hat. Ist der Tod vor dem Ausscheiden aus dem aktiven Dienste eingetreten, so wird das Witwengeld auch um $^{15}/_{100}$ der von dem Verstorbenen zuletzt bezogenen Dienstalters-, Seefahr- und Fachzulagen erhöht und steigt weiter bei Witwen von Kapitulanten mit mehr als achtzehnjähriger Dienstzeit für jedes weitere Dienstjahr auch um $^{9}/_{1000}$ bis höchstens $^{30}/_{100}$ der zuletzt bezogenen Dienstalters-, Seefahr- und Fachzulagen.

Die Kürzungsgrenze des § 15 Abs. 2 erhöht sich im Falle des Abs. 1 Satz 1 auch um denjenigen Betrag, welcher von der Dienstalters-, Seefahr- und Fachzulage bei der Berechnung der Erhöhung des Witwengeldes berücksichtigt ist, im Falle des Abs. 1 Satz 2 um $^{75}/_{200}$ der von dem Verstorbenen zuletzt bezogenen Dienstalters-, Seefahr- und Fachzulagen. Die durch Berücksichtigung der Dienstalters- und Seefahrzulage eintretende Erhöhung darf auch nicht $^{1}/_{5}$ der Vollrentenbeträge übersteigen.

§ 42.

Der Kaiser bestimmt, welche Angehörige der Kaiserlichen Marine den Angehörigen des Feldheeres gleichstehen.

§ 43.

Für die Hinterbliebenen eines Deckoffiziers beträgt jährlich das Kriegswitwengeld (§ 20 a und b) 1200 Mark, das Kriegswaisengeld (§ 21 a und b)

für jedes vaterlose Kind . . . 200 „
für jedes elternlose Kind . . . 300 „

Erreicht das Jahresgesamteinkommen der zu Kriegswitwengeld berechtigten Witwe eines Deckoffiziers nicht 1500 Mark, so kann mit Genehmigung der obersten Marineverwaltungsbehörde das Kriegswitwengeld bis zur Erreichung dieses Satzes erhöht werden.

Den nicht nach § 19 versorgungsberechtigten Witwen von solchen Deckoffizieren, die infolge einer durch den Krieg erlittenen Dienstbeschädigung oder infolge einer der in § 26 Abs. 1, § 44 erwähnten Ursachen pensionsberechtigt geworden sind oder geworden sein würden, falls sie am Todestag in den Ruhestand versetzt worden wären, können Witwenbeihilfen in der Art gewährt werden, daß das Jahresgesamteinkommen (§ 27) 1500 Mark beträgt.

§ 44.

Die Vorschriften der §§ 19 bis 25 finden entsprechende Anwendung:

1. auf die Hinterbliebenen der im Dienste durch Schiffbruch getöteten oder an den Folgen einer durch Schiffbruch erlittenen Dienstbeschädigung gestorbenen Angehörigen der Kaiserlichen Marine, sofern der Tod vor Ablauf von 10 Jahren nach der Rückkehr in die Heimat oder nach der im Ausland erfolgten Entlassung eingetreten ist;
2. auf die Hinterbliebenen derjenigen Angehörigen der Kaiserlichen Marine, welche infolge außerordentlicher Einflüsse des Klimas während einer dienstlichen Seereise vor Ablauf von 10 Jahren nach der Rückkehr in die Heimat oder nach der im Ausland erfolgten Entlassung gestorben sind, sofern die Ehe zur Zeit der Seereise bestanden hat.

§ 45.

Auf die nicht nach § 41, 1 versorgungsberechtigten Witwen von solchen Angehörigen der Kaiserlichen Marine, die infolge einer durch Schiffbruch erlittenen Dienstbeschädigung pensions- oder rentenberechtigt geworden sind oder geworden sein würden, falls sie am Todestag in den Ruhestand versetzt worden wären, finden die Vorschriften des § 27 entsprechende Anwendung.

§ 46.

Für die Beurteilung der vor Gericht geltend gemachten Ansprüche sind die Entscheidungen der obersten Marineverwaltungsbehörde darüber maßgebend:

1. ob eine Dienstbeschädigung durch Schiffbruch oder außerordentliche Einflüsse des Klimas herbeigeführt ist;
2. ob der Tod mit den Folgen solcher Dienstbeschädigung zusammenhängt.

Über die in Nr. 1 und 2 genannten Fragen entscheidet innerhalb der obersten Marineverwaltungsbehörde das gemäß §§ 40, 45 des Offizierpensionsgesetzes und §§ 43, 49 des Mannschaftsversorgungsgesetzes gebildete Kollegium endgültig.

Dritter Teil.

Kaiserliche Schutztruppen in den afrikanischen Schutzgebieten.

§ 47.

Auf die Hinterbliebenen von Angehörigen der Kaiserlichen Schutztruppen finden die §§ 1 bis 37 mit den nachfolgenden Maßgaben entsprechende Anwendung.

§ 48.

Die Befugnisse, die im ersten Teile dieses Gesetzes der obersten Militärverwaltungsbehörde des Kontingents übertragen sind, werden für den Bereich der Kaiserlichen Schutztruppen von der Kolonialzentralverwaltung ausgeübt.

§ 49.

Die Vorschriften der §§ 19 bis 25 finden entsprechende Anwendung auf die Hinterbliebenen derjenigen Angehörigen der Kaiserlichen Schutztruppen, welche infolge außerordentlicher Einflüsse des Klimas während eines dienstlichen Aufenthalts in den Schutzgebieten oder infolge der besonderen Fährlichkeiten des Dienstes in den Schutzgebieten vor Ablauf von 10 Jahren nach der Rückkehr in die Heimat oder der im Schutzgebiet erfolgten Entlassung aus der Schutztruppe verstorben sind.

§ 50.

Der in einem Schutzgebiete befindliche Nachlaß eines Schutztruppenangehörigen kann den Hinterbliebenen kostenfrei nach ihrem Wohnsitz innerhalb des Deutschen Reichs übersandt werden.

Hinterbliebene, welche mit dem Schutztruppenangehörigen einen Hausstand bildeten, haben innerhalb eines Jahres nach dem Tode Anspruch auf freie Rückbeförderung in die Heimat.

§ 51.

Für die Beurteilung der vor Gericht geltend gemachten Ansprüche sind die Entscheidungen der Kolonialzentralverwaltung darüber maßgebend:

1. ob eine Dienstbeschädigung durch außerordentliche Einflüsse des Klimas oder durch die besonderen Fährlichkeiten des Dienstes in den Schutzgebieten herbeigeführt ist, und
2. ob der Tod mit den Folgen solcher Dienstbeschädigung zusammenhängt.

Über die in Nr. 1 und 2 genannten Fragen entscheidet innerhalb der Kolonialzentralverwaltung das gemäß §§ 40, 62 des Offizierpensionsgesetzes und §§ 43, 63 des Mannschaftsversorgungsgesetzes gebildete Kollegium endgültig.

Übergangsvorschriften.

§ 52.

Vom Inkrafttreten dieses Gesetzes ab erhalten die Witwen und die Kinder von denjenigen bereits verstorbenen Offizieren, welche an einem der von deutschen Staaten vor 1871 oder von dem Deutschen Reiche geführten Kriege teilgenommen hatten, sofern ihnen nach den früheren Gesetzen Witwen- und Waisengeld zusteht und die Ehe schon zur Zeit des Krieges bestanden hat, Witwen- und Waisengeld in demjenigen Betrage, der ihnen zu bewilligen gewesen sein würde, wenn bei der Berechnung der Pension des Verstorbenen der § 6 des Offizierpensionsgesetzes zur Anwendung gekommen wäre. Unter den gleichen Voraussetzungen wird die Versorgung der Hinterbliebenen von Personen des Soldatenstandes vom Feldwebel abwärts nach Maßgabe dieses Gesetzes festgesetzt. Auf die Witwen und Kinder der bereits verstorbenen gehaltsberechtigten Unteroffiziere, der Registratoren bei den Generalkommandos und der im Range der Unteroffiziere stehenden Verwalter bei den Kadettenkorps findet die Vorschrift des § 20 des Beamtenhinterbliebenengesetzes sinngemäße Anwendung, wenn die Berechnung des Witwen- und Waisengeldes nach den Bestimmungen des Reichsbeamtengesetzes erfolgt ist.

§ 53.

Die Bezüge der Hinterbliebenen von Personen des Soldatenstandes, die vor dem Inkrafttreten dieses Gesetzes verstorben sind, ruhen von diesem Zeitpunkt ab nur nach den Vorschriften der §§ 31 bis 33 dieses Gesetzes.

§ 54.

Der den Hinterbliebenen der vor dem Inkrafttreten dieses Gesetzes verstorbenen Personen zu zahlende Betrag an Versorgungsgebührnissen darf nicht hinter demjenigen zurückbleiben, welcher ihnen nach den früheren Gesetzen zusteht.

Schlußvorschriften.

§ 55.

Dieses Gesetz tritt mit Wirkung vom 1. April 1907 in Kraft.

Außer Kraft treten alsdann die bisherigen Militärpensionsgesetze mit Einschluß der Bundesgesetze vom 14. Juni 1868 und 3. März 1870 (Bundes-Gesetzbl. für 1868 S. 335, für 1870 S. 39), des Schutztruppengesetzes vom 7./18. Juli 1896 (Reichs-Gesetzbl. S. 653), soweit diese Gesetze die Versorgung der Hinterbliebenen betreffen; das Gesetz, betreffend die Fürsorge für die Witwen und Waisen von Angehörigen des Reichsheeres und der Kaiserlichen Marine, vom 17. Juni 1887 (Reichs-Gesetzbl. S. 237), soweit es die Personen des Soldatenstandes und ihre Hinterbliebenen betrifft; das Gesetz, betreffend den Erlaß der Witwen- und Waisengeldbeiträge von Angehörigen der Reichszivilverwaltung, des Reichsheeres und der Kaiserlichen Marine, vom 5. März 1888 (Reichs-Gesetzbl. S. 65), soweit es die Personen des Soldatenstandes betrifft; das Gesetz, betreffend die Fürsorge für die Witwen und Waisen der Personen des Soldatenstandes des Reichsheeres und der Kaiserlichen Marine vom Feldwebel abwärts, vom 13. Juni 1895 (Reichs-Gesetzbl. S. 261); ferner das Gesetz wegen anderweiter Bemessung der Witwen- und Waisengelder vom 17. Mai 1897 (Reichs-Gesetzbl. S. 455), soweit es die Hinterbliebenen der Personen des Soldatenstandes betrifft.

Die unter der Herrschaft der vorstehend aufgeführten Gesetze erklärten und nicht rechtsgültig widerrufenen

Verzichte auf Witwen- und Waisengeld behalten auch mit bezug auf dieses Gesetz ihre Wirksamkeit.

§ 56.

Die Versorgungsgebührnisse derjenigen Personen, deren Bezüge nach den bestehenden Vorschriften aus den Mitteln des Reichs-Invalidenfonds zu decken sind, werden aus dem Reichs-Invalidenfonds bestritten.

§ 57.

Die Bestimmungen dieses Gesetzes kommen in Bayern nach Maßgabe des Bündnisvertrags vom 23. November 1870 zur Anwendung.

Dem Königreiche Bayern wird zur Bestreitung der Ausgaben hierfür, mit Ausnahme der infolge des Krieges von 1870/71 erwachsenen, alljährlich eine Summe überwiesen, die sich nach der Höhe des tatsächlichen Aufwandes im Verhältnisse der Kopfstärke des Königlich Bayerischen Militärkontingents zu der der übrigen Teile des Reichsheeres bemißt.

Urkundlich unter Unserer Höchsteigenhändigen Unterschrift und beigedrucktem Kaiserlichen Insiegel.

Gegeben Wiesbaden, den 17. Mai 1907.

(L. S.) Wilhelm.

Fürst von Bülow.

Sachregister.

(Die Zahlen bedeuten die Seiten).

A.

L.

M.

N.

Z.

FSC
www.fsc.org
MIX
Papier | Fördert gute Waldnutzung
FSC® C083411

Kolibri 360 GmbH
Ferdinand-Jühlke-Straße 7
99095 Erfurt, Deutschland
produktsicherheit@kolibri360.de